新时代城乡基层治理前沿问题研究丛书

分群治理论

陈玉生　著

中国农业出版社
农村设物出版社
北　京

目 录

绪 论

21世纪，人们享受着现代文明带来的各种令人难以置信的多姿多彩的社会生活。全球化进程下，几十亿世界人口面临着空前的全球性社会互动，人们每天都在面对新信息、新环境和新问题，社会生活日新月异。但是，社会问题也随之纷至沓来，从个人自我心灵环境到全人类的全球化生态环境，张力无处不在，我们的生活仍然充满竞争、冲突、排斥和风险。人类迎来了全新的现代生活，也迎来了更具挑战的生存处境。在以往历史进程中，我们的祖先和我们一样，在不断变化的生存处境中为掌控自己的命运，迎战各种风险，谱写了既豪情万丈又悲壮万分的恢宏历史。从个人印象管理到全球治理，学术界进行了大量深入研究，形成的成果令人难以想象。这为我们如何掌控自我命运、如何应对社会处境、如何构建未来梦想、如何创造生活奇迹提供了理论基础。今天，我们在继承前人掌控自我命运的法宝的同时，又不断挑战新机遇、新困境。我们仍然有许多困惑。

➢ 社会治理创新和社会体制改革成为全球现象，但是“社会”到底在哪里，仍待说清楚。

➢ 人类集群从原始氏族聚落发展到现代全球社会，规模越来越大、形态越来越多元，但是人类“集群”历史学和集群“博物学”尚未建立。

➢ 一些组织常由少数人发起，可发展出来的集群能力超乎想象，如政党能领导一个国家，联合国能“号令”全世界，但是我们对其集群逻辑仍然所知有限。

➢ 每个人都穿梭于生活的各种社群形态中，但是各种社群形态都充满集群分群力量，“大同世界”理想一直在路上，世界宪政、人类命运共同体等集群理论与实践仍然举步维艰。

历史的车轮滚滚向前，稳态的乡村社会、现代科层化的工厂体制、交通工具落后时代的聚落社会逐渐式微，继之而起的是所谓的后工业社会、原子化社会、后现代社会、信息社会、流动社会、“时空大压缩”的社会、消费社会，现代社会的复杂性远远超过传统社会。曾经通过官僚体系来塑造社会和管理社会的雄心似乎遇到了前所未有的挑战，这种相对稳态的传统社会中产生的国家官僚体系不得不努力适应快速变迁的社会形势。但是，大众集群方式发生翻天覆地的变化，在稳态社会基础上产生的传统国家治理方式似乎难以适应快速变化的社会。在快速变化的社会中，人们既植根于又超越了村庄和宗族，既联结着又摆脱了工厂体制，既嵌入于又穿梭于各种社会网络，大众集群形态越来越多元、越来越复杂，国家通过传统的社区体制、工厂体制、条块行政区划体制、户籍制等来服务、监管、建设社会的局限性越来越明显。快速变化的复杂社会中的大众似乎杂乱无章，社会分化的力量不仅越发多元，而且趋势明显。从国家治理角度看，如何集结越来越原子化的社会，如何维护越来越碎片化的社会等问题亟须解决，社会体制改革和社会治理创新迫在眉睫。但是，从国家治理角度看，面对快速变化的复杂社会，面对大众的不断流动，国家要治理的“社会”到底为何物？在哪里出了问题？

社会为何物？社会不是自然社会，不是后现代社会，不是监狱社会，也不只是宪政体制，不只是科层体制，不只是市民社会，不只是生活世界。社会是一个个民集聚而成的一个个群，是诸个体集聚而成的并穿梭于其中的相互嵌套的诸群。“社会”在本质上是“民”聚集而成的“群”，表达为民集聚成群的形态与过程。集群形态实为相对于“个人”并由“个人”所构成的一切类型或形式的人类群体或结合体，包括氏族、部落、家庭、家族、村落、关系网、企业、军队、社团、学校、政府、国家、跨国组织、国家联盟等。这就是社会。

社会在哪里？笔者提出“民—群”视角，跳出受主体哲学影响的西方社会学看社会学世界。西方社会学虽然建构了许多社会学概念，阐明了许多社会学理论，但对社会是什么却一直语焉不详。笔者的研究做了一个小小的位移，将社会安置在“民—群”视角下，从而使社会变得可见，变得直观，并希望能够产生一门“集群形态”的博物学。笔者提出“民—群”视角，为导赏社会、表征社会、解释社会提供了新思路，从而看到了实实在在的“社会”，增强了社会的“可见性”，进而建构了“分群治理论”，以便增强我们干预社会的能力。

以“民—群”视角观之，人类历史不仅是集群规模越来越大的历史，而且是集群形态和过程越来越复杂多元的历史。集群形态的复杂化、多元化、流变化是现代社会最典型的特征之一。包括无数集群形态的社会，既是我们的生存处境，也是我们的改造对象。人类不仅认识社会，还改造社会。集群分群是人类现实生活状态，“大同社会”是照进现实生活的理想。理想的社会本质上就是理想的集群形态，是照进现实的集群形态的光，指引人类向前迈步。为此，我们需要认识集群、干预集群，从逻辑上看，有关“认识社会”的知识首先是各种各样的集群形态的博物学，有关“改造社会”的实践首先是集群形态合理化的社会治理。

社会治理是什么？社会治理指为了社会，社会发展和发动社会力量服务、监管、建设社会的活动过程。社会治理既是对“群”及构成“群”的“民”的治理，又是通过“群”及构成“群”的“民”来实践。社会治理是取之于社会，用之于社会，是社会性的。可见，社会治理服从分群治理、以群治群逻辑，实为一群人引领一群人为了一群人的理想生活而奋斗的过程。这种以社群作为治理主体，以社群作为治理对象，通过阻断或者联通相互嵌套的民—群的联结纽带，干预民集聚成群的形态与过程，使一群人引领一群人为一群人的理想生活而奋斗，实现理想的社群生活目标，就是“分群治理”。“分群治理论”就是描述和分析分群治理实践的理论体系。

社会治理是合理推动“社群”从一种状态向另一种状态改变的活动过程。社会治理总是在践行某种社会想象，在变革现实社会的同时迈向目标社会，治理之“社会”始终处于从现实社会通向未来社会的过渡状态，故实为“过渡社会治理”。过渡社会治理是在人为干预的理性活动下促使集群形态从一种状态向另一种状态发展变化的过程，蕴含着明显的“未来价值”。过渡社会治理既包含着价值取向和社会想象，也包含着科学理性与技术理性，是社会发展的合理化机制。过渡社会治理的最终落脚点就是“社会”，包括治理客体和治理内容的“社会”，以及治理主体和治理手段的“社会”。社会治理在形式上就是以“群”治“群”，通过有治理能力的“民”集结成的有治理力量的“群”去治理（服务、监管、建设）有社会需求的“民”集结成的有社会困境的“群”。在社会治理中，“民”集结成“群”首先集结于“社会想象”和“社会事务”。社会治理主体因社会想象或社会事务而集聚成群，社会治理对象同样因社会想象或社会事务而集聚成群。这就是分群治理。

有关“民”集结成“群”的理论范畴非常多，如商谈、集体情感、群体心理、社会化等。与此同时，使“民”集“群”的历史实践也非常丰富，如封土建国、现代国家创制、社会组织建设等。那么，一个个民如何集群、分群形成一个个群的呢？民集群的深层逻辑是什么呢？不管是社会治理中的施为之“民”的集“群”，还是受持之“民”的集“群”，都由各种名称加以分别。“名分”是集“群”机制，民集群服从“名分使群”逻辑。这些分群的名称各种各样，当分群模式化并且被相当数量的个体或群体所接受时，就会形成道德规范和集体期望；当分群模式进一步被国家等掌握暴力机构的组织所接受并制度化时，就会形成法律规范和权力强制。这就是“民”集“群”的体制化，也称为社会体制。在分群治理中，有两类重要的集群，一是治理主体的集群，二是治理对象的集群。

从治理主体看，民集结于具体社会治理事务，从逻辑上看，是因为这些社会治理事务依靠传统的某种社会力量难以应对，才需要民重新集结（那种需要外部力量维持旧的集结和强化旧的集结的，也属重新集结）。社会治理事务问题化和议题化后，到底依靠什么力量即什么“群”来应对，有两条路径：一条是将原来社会私人领域处理的事务纳入公共领域，成为公共事务；另一条是将原来公共领域处理的事务纳入私人领域，成为社会事务。比如，将包括市场经济领域与社会自治领域中属于社会性的事务国家化，属于“社会性的公共化”；反之，将国家制度中公共性的事务私域化，属于“公共性的社会化”。欧美国家社会治理主要特征就是国家溢出原本属于其自身的公共事务，交由社会力量来处理。这是典型的“公共性的社会化”。对治理主体之关系模式，西方治理理论形成了自由主义、法团主义、威权主义三大理论范式。三大理论范式在本质上都将国家与社会对立起来，其是否适用于阐明中国国家治理或社会治理存在许多争议。

从治理对象看，民集结于具体的社会治理事务，从逻辑上看，是因为这些治理事务需要落实到具体的人群，从而需要识别并区分社群。社会体制就是区分社群促使“民”集“群”形成相对稳定形态的规范模式。广义而言，家庭制度、社区制度、城市制度、国家制度、跨国公司制度、国际惯例、联合国组织制度、国际组织制度、户籍制度、工会制度、行业制度、企业制度、社会组织制度、政党制度等社会设置制度，以及养老制度、教育制度、医疗制度、残疾人制度、社区照料制度、网格化服务管理制度、婚姻制度等民集群的制度化形式，都属于社会体制。狭义而言，除政治系统和经济系统之外，有关民集群的制度化形式属于狭义的社会体制，如社区居委会、社会组织、社会服务体系等。从治理角度看，社会体制包括社会治理对象体制与社会治理主体体制，是有关治理者集群形态的制度化和治理对象集群的制度化形式。如果社会体制被用作治理手段，那么，作为治理对象的体制同时也变成了作为治理主体的体制。社会治理主体与社会治理对象是一体两面的，通常被整合到一个体制中，如信息化养老服务中，一边是有服务需求的老年人群体，一边是能够供给老年人服务需求产品的服务者群体，中间是运用信息化平台的群体。[①] 当这类信息

① 于潇，孙悦．“互联网＋养老”：新时期养老服务模式创新发展研究［J］．人口学刊，2017（1）．

化养老服务模式制度化时，就形成了相应的信息化养老服务体制，其间必然包含着需求服务的老年人、服务供给主体等集群的制度化形态与过程。名分治理的体制化包括“为了社会”“发展和发动社会力量”“服务、监管、建设社会”三大功能的体制化，这就是社会治理体制，具体表现为诊断社会、规划设计社会、动员社会、组织社会、整合社会、服务社会、监管社会、建设社会等方面的社会体制。

社会体制实为名分使群的模式化、规范化和制度化效应。比如，为了实现小邦周统治大邑商，先秦创制宗法封建制；为了实现正义世界，罗尔斯设计了无知之幕和重叠共识；为了实现世界宪政，哈贝马斯倡导商谈伦理。这些都遵循“名分使群”的机制。但是，当“名分（fēn）”在“使群”方面的效力无法发挥或效力发挥到极致时，通常是“名分（fèn）”带给“民”的权益实现了大众化或不能增加新的权益。比如，当自由民主治理体系因赋予每个人“自由民主”的“名分（fèn）”，在历史发展到一定时期再不能带给每个人更多权益时，其制度效力就出现内卷，新的社会问题或新的社会想象就很难在这种体制下得以解决，那么就需要创制新的“名分（fēn）”方式，进行社会体制改革。当社会治理体制效力内卷化时，同样需要进行改革创新。笔者对农村土地制度改革中的农户家庭集群现象进行了分析，表明三次土地制度改革都发挥了农户家庭集群及其体制化的作用，但是，一旦体制化就意味着农户家庭将朝着脱离体制化约束的趋势发展。这个案例说明集群分群是名分使群逻辑的双重效应。

社会体制约束下的社会大众仍然在经济社会生活中不断集群、分群。那么，人群在多大程度上聚集起来？聚集有多频繁和持久？[①] 其集群分群具有什么样的规律呢？笔者研究发现，民集聚成群服从“社会参与层次”模型，人们参与的空间、活动、组织、政治，都对参与人群起到筛选的作用，发挥着集群分群的效应。社会体制发挥社会筛选的功能，被社会体制挤压出去的人们将在国家治理中迎来新的体制召唤和约束。社会体制因此改革，社会治理因此创新，社会和社会治理处于过渡状态，永不停歇。反之，社会不断处于过渡状态，处于集群分群的过程中，社会体制与社会治理也不断处于改革创新之中。这就是过渡社会治理的逻辑。在过渡社会中，社会和治理都处于不断的流变之中，治理对象集群形态和治理主体集群形态不断发生着变化。分群治理论直面集群分群现象，使民集群的形态和过程变得可见，并且通过强化或者阻断个体之间或群体之间的联通来干预社会，使社会朝着理想状态发展变化。干预社

① 兰德尔·柯林斯．互动仪式链［M］．北京：商务印书馆，2009：13.

会，无非干预集群形态与过程，以免出现社会极化、权利关系失谐、矛盾冲突极端化等危险的集群分群现象。

为阐明上述观念，本书分八章内容展开。第一章以“民—群”视角重新审视社会，将社会定义为“民聚集成群的形态与过程”，并阐明人类历史就是民聚集成群的形态越来越多元，规模越来越大的历史。第二章分析社会大众集群、分群过程中会出现社会分化、社会失序、社会极化等问题，因此需要社会治理，并提出社会治理本质上就是分群治理。那怎么治理呢？第三章指出，社会治理是一群人引领一群人为了一群人的理想生活而奋斗的过程，其根本属性就是社会性，即集群性，社会治理意味着诊断规划社会、发展发动社会、服务监管建设社会等治理环节都需要围绕集群而展开。从治理主体角度看，这些集聚起来的诸群参与社会治理时彼此如何协调关系呢？第四章通过分析西方治理理论范式对这个问题予以阐述，具体阐明了多元主义、法团主义、威权主义三大治理理论的基本观点和各自特征，其共同点实际上就是分群治理。为了针对不同的社会群体实施治理，治理主体集群和治理对象集群通常会走向体制化，从而形成社会体制，这就是第五章的内容。从社区、社会组织、社会服务三大领域分析我国社会体制发展的情况，发现社会体制仍然处于不断改革创新之中。社会体制和社会治理之所以需要不断改革创新，就在于民集聚成群的集群形态体制化的同时总是存在被体制挤压的社会大众，需要将其纳入新的社会体制和社会治理体系之中。因此，几乎所有体制在制度化集群的过程中同时产生分群的效应，这就是第六章要证明的内容，第六章通过分析土地制度改革中的农户家庭联结现象，阐明了三次土地制度改革既发挥了农户家庭集群的效应，又导致农户家庭集群方式变革。制度化的集群总是意味着分群趋势，其中的逻辑到底是什么？第七章分析表明，空间、活动、组织、政治既是集群的机制，又是分群的机制，集群服从社会参与层次模型。可以说，社会体制改革和社会治理创新永远在路上，这也使得分群治理永远在路上。为此，我们需要增强集群形态和过程的可见性，通过增强或阻断大众的集群联结，从而干预集群分群。这就是第八章的内容。

概言之，社会表达为民集聚成群的形态与过程，人类历史是集群规模不断增大和集群形态不断创新的历史，集群分群形影相随，社会分化总是存在，“大同世界”始终占据着人们的想象世界。社会治理是人们实现想象社会的一种方式，它在本质上是社会性的，是以群治群的一种典型形式。围绕治理主体如何集群，西方治理理论建构了三大理论范式，围绕治理对象如何集群，人们创新社会体制和社会治理体制。集群体制化发挥着集群效应，也发挥着分群效应，促使社会体制和社会治理不断改革创新，社会治理实为过渡社会治理，需要不断甄别集群形态和过程，干预集群分群，不断朝着“大同世界”理想而努力。这就是分群治理。

分群治理的价值在于通过干预集群分群，回应治理体制中最为微观的“民”，以及“国家”这一最为宏观的“群”，激发社会活力和维护社会秩序，最终实现国家治理的战略目标。社会体制既是社会价值的美好想象，又是社会实体的改造对象，包含着价值和行动双重属性。在价值取向的指引下，以往的研究围绕“社会权利的实现”与“共同体的建设”展开；在行动取向的指引下，以往的研究围绕“资源配置方式的转变”“社会政策的调整”“社会组织的培育”展开。但是，社会体制改革与社会治理创新服从整个国家治理战略目标，对于我国而言，其战略目的就是“现代化”，最终实现中华民族的伟大复兴。反过来，社会体制与社会治理要服务于“民”与“群”（包括国家）的“未来价值”，并随着未来价值的不断转换、不断改革创新。国家治理和社会治理的未来价值，从抽象意义或理论表述上说，就是所有“民”的“权利”、所有“群”的“秩序”、主权“国家”的“现代化”在一定历史条件下最大限度地得到实现。这就是社会体制改革与社会治理创新的逻辑，服从过渡社会治理的逻辑。

总之，在“民—群”视角下，社会由一个个群体所构成，社会体制是民集群形态的制度化形式，社会治理是分群治理。分群治理论就是以“一群人引领一群人为了一群人的理想生活而奋斗”所形成的现象为研究对象的知识体系，为“一群一理，一群一梦，一群一制，一群一治”理想的实现提供理论基础。这就是“分群治理论”。

第一章 “民—群”视角下的集群与分群

在中文语境下，“社会”是非常含糊的表达。作为社会学专业从业人员，在学习和工作过程中被问及社会学是什么，我们经常无言以对。同样，社会学课堂通常没法向学生阐明社会是什么。究其原因，语境是其中一个重要因素。如果将“社会”视为“群体”或“社群”时，“社会”所指含义变得清晰。在中文语境下，“群体”是鲜活的，可见的。儿童、青少年、妇女、老年人，士农工商、公侯伯子男、五十六个民族、五服制度、三教九流、地富反坏右，等等，都是有关群的表达。社会正是诸群体之表征，是诸个体和诸群体的结合体。通过转换，将社会与群结合起来，重新思考“社会”。

一、西方社会学阴影中的“社会”

随便打开一本西方社会学概论类的书，第一个学术概念通常是“社会化”。社会化指自然人从生物人变成社会人的过程。人之社会化奠定了社会的基础，其理论建构也奠定了社会学理论大厦的基础。但是，一个无法回避的悖论因此出现：假定社会化是社会形成的前提，那社会化中能化育生物人成为社会人的社会因素如何形成？如果承认社会化是社会的基础，相当于同时承认社会化之前就存在社会本身。这个悖论导致社会学一直存在难以协调的“个人与社会”之二元论。虽然如此，社会学理论仍然在此基础上继续建构。

在社会化中，自然人自婴幼儿时起就开始社会化，人们学会了扮演角色，通过“过家家”等各种游戏方式，模仿“概化他人”，习得角色扮演，并不断固化自己有关角色的意识，扮演别人眼中期待的角色，这便是“超我”“宾我”；接受自己生物性的冲动，这便是“本我”；学会扮演独具个性的现实的自己，这便是“自我”“主我”。所谓角色，指的是一整套确定社会结构的规范丛，以约束自然人实施各种规范行为，履行各种规范义务，形成各种规范关系。由此可见，“社会化”的悖论在社会学理论对人性的建构中进一步体现，或者说得到了承认和阐明。这个悖论通过建构“本我”和“超我”体现出来，社会学因此陷入二元思维逻辑困境之中。

社会学的基本概念“社会化”是西方主体哲学思想的重要体现。主体哲学影响下的社会学有关概念早在笛卡尔“我思故我在”思想中就奠定了基础，在黑格尔精神现象学中有集中体现。受主体哲学的影响，社会学在考察自然人成长为社会人之后，建构社会互动、初级群体、次级群体、社会设置（家庭、社区、城市、国家）、社会分层、社会分化、社会整合、社会团结、社会流动、社会变迁等概念。这些概念构成了社会学概论类著作的知识结构与核心内容。它们试图讲述不同自然人之间相互联结的模式及其变化形态。这也导致“社会”具有非常复杂和抽象的含义。

那么，社会到底是什么？从内涵外延角度看，学术界对“社会”的界定方法大概有领域区分法和系统分析法两大类。领域区分法将社会与非社会区分开来，以明确社会的镜像结构，从而勾勒社会的外观轮廓整体想象；系统分析法将社会内部领域加以分解，以明确社会的内涵要素结构，并以此评判社会类型以及明确不同社会类型的特征和运行逻辑。

（1）领域区分法实际上将社会视为一个领域，假定在社会之外还有其他领域，其他领域自然地成为社会领域的参照。社会领域要界定自身，需要通过参照领域来实现。龚维斌从社会治理角度将“社会”概括出五种类型[①]：一是整个人类社会，二是相对政府领域的社会领域，三是相对政府、市场的社会，四是政府关于经济、市场、社会、公共服务四个职能的社会，五是政治、经济、文化、社会、生态五位一体的社会。

第一种理解，其界定的维度就是“人”，将人区别于其他动物，将人所处世界区别于动物世界，明确只要有人或人群存在的地方就存在一个社会，因此，其意指整个人类社会。此处社会是一个大社会的概念，属于广义的社会。

第二种理解，继承黑格尔的理论，社会指相对于国家而言的市民社会，包括经济领域和社会组织领域。

第三种理解，类似哈贝马斯的区分方法，他在黑格尔二分法基础上，又将经济系统从社会系统中切割出来，形成了政治、经济、社会三大部门的分类，其中的社会主要指市民社会，是更狭义的社会。并且，对狭义社会又分出公共领域和私人领域。家庭、谈恋爱场所、小伙伴私人聚会，都属于私人领域；广

① 龚维斌．社会治理是社会管理的升级版［J］．理论视野，2014（1）．

场、村头巷尾活动议事的地方，属于公共领域。一些社会组织，属于公共领域。

第四种理解，将社会视为政府职能的部分，与经济、市场、公共服务相对应。

第五种理解，则是政治、经济、文化、社会、生态五位一体的社会。

综上所述，人们对所处世界进行了不同的界定，“社会”内涵外延有了不同的解释。当然，各种界定都有其局限性，如在第五种理解中，文化、生态均交融着经济、政治和社会领域，彼此间很难区分；生态是社会生活系统的重要因素和构成部分，任何社会都有它的生态。

（2）系统分析法将整个人类社会视为一个系统，将人类社会比作有机体，就像“人”作为有机体包含呼吸系统、神经系统、消化系统、血液循环系统、运动系统等，将社会所包含的要素分为不同的系统。比如，帕森斯将整个社会分为经济系统、政治系统、文化系统、人格系统，几个系统在维系社会整体运行中发挥不同的功能。帕森斯因此建构了 AGIL 模型分析社会功能。

卢曼同样采取系统思维，将整个人类社会想象成不断分化出具有自我再生产能力的一个个不同层级的子系统构成的复杂系统。比如，法律系统由律师、检察官、法官等个体，以及公检法司等单位这些要素所构成，该系统一旦从整个社会系统中独立出来后，一方面，系统外的整个社会就变成了系统的外部环境，系统与外部环境互相输送能量；另一方面，系统自我运作，系统内部不断自我再生产，就像生产一部法律，该法律是否符合立法程序、规范和价值定位等，均在法律系统内部确定。

布迪厄将社会想象成一个个场域。场域既可以是物理空间，也可以是像卢曼阐述的抽象系统，其构成要素包括位置系统、赌注、资本、规范等。比如，社会学界就是一个抽象的场域，篮球运动场是一个场域，教育领域是一个场域等。

综上所述，西方社会学是主体哲学阴影下的社会理论，构建其知识体系的一系列基本范畴均能找到主体哲学的影子。这些范畴主要描述和分析的是一个个个体及个体互动后形成的结合形式。社会只是一种无处不在的抽象的宏观背景，是化育个体的环境。但是，综观西方社会学理论，它没有告诉我们“社会”的经验对象到底是什么。这严重影响社会学者对社会的想象。难怪社会学者对何为社会、何为社会学等问题总是语焉不详。同理，当什么是“社会”难以说清楚时，“社会治理”中的“社会”到底是什么，到底谁来治理、如何治理、治理什么，也难以名状。那么，如何跳出西方“主体”哲学阴影下的社会学，回到“社会”本身来思考社会学呢？对于汉语学者而言，将“社会”理解为“社群”是根本出路。

二、“群学”思想中的“社会”

“sociology”在近现代中国学术界有两种翻译，并因此引发两种“社会”思考。众所周知，严复曾将斯宾塞的《社会学原理》译为《群学肄言》，他把sociology译为“群学”。但是，受多种因素影响，sociology又被译为“社会学”。那么，society在学术上到底应该译为“群”还是“社会”呢？这两种译法又有何不同后果呢？

首先，译为“社会”时，人们将其对应到古代的“社”和“会”话语体系，将某种物理空间中形成的“聚落”视为“社”，将社会空间中形成的由成员资格构成的“组织”视为“会”。那么，什么是“聚落”，什么是“组织”呢？聚落和组织两者是否能够等同社会的全部要素呢？实际上，这两种传统的“社”“会”的经验形态所覆盖的经验实在或经验现象很难直观看到，也很难呼应西方社会理论所阐明的社会的真正含义，导致学术界对社会一直难以名状。其次，“群”的含义在学术界阐述很少，以致“群”作为本体在理论中没有得到深入的探究，结果，学术界对该路线下的“社会”同样难以名状。从结果看，将society翻译为“社会”，又进而解析为“社”和“会”的路径有很大的局限性，限制甚至混淆了人们的理解。中国近现代社会科学对“社会”到底是什么，如何将其意义与经验现象对应起来，一直语义不清。那么，将“society”定义和翻译为“群”是否更贴切，更能直观到其本质呢？

读者朋友可以尝试将社会学的一些基本概念做如下转换：

社会化——社群化

社会团结——社群团结

社会分层——社群分层

社会分化——社群分化

社会变迁——社群变迁

社会运行——社群运行

转换之后，中国社会转换为中国社群，法国社会转换为法国社群。我们会说翟城村的老年社群，翟城村村民的社群分层，翟城村的社群变迁。如此，群际的边界清晰可见，社会学的研究对象和研究领域变得鲜活、立体、直观，使得社会看得见、摸得着、想象得清楚。

当我们将“社会化”转换成“社群化”时，自然人受外在群体影响产生的变化变得更加丰富立体。张三出生后，习得一些社会文化，从而学会扮演社群角色，我们可以笼统地称其为社群化；当他进入学校学习，学会做一个学生，我们称其为学生化或学生社群化；当他作为家庭成员习得与家人相处之道，我们可称其为家庭化或家庭社群化；当他进入大学或工作后要适应教职生活，我们可以称其为教师化或教师社群化；当他退休离开工作单位融入老年人群体生活，我们可以称其为老年化或老年社群化。社会化、再社会化、重新社会化这些相对模糊的概念也有了更加具体的含义。为此，我们可以重新思考很多理论问题，比如，张三退休生活不适应，我们可以在他的老年化或老年社群化方面找找原因或提出问题的解决办法，等等，不一而足。

不仅如此，中国传统社会群学思想底蕴深厚，通过将“社会”转换为“社群”，可以将中国传统群学思想与西方社会学理论融贯起来，而融贯中国群学与西方社会学，可以丰富世界社会学知识体系，为社会学知识注入新鲜血液。我们不用追问中国古代群学是否为社会学，中国古代群学是否为社会学不是关键，关键在于如何通过回溯传统思想，贡献新的社会学知识。一项研究的重要前期工作是为研究找准方向，如果无的放矢，方向不对，白费功夫。笔者的研究策略就是融贯中国群学思想与西方社会学理论，构建更加适合汉语文化的社会知识体系，以便更好地理解我们自身的生活。

至于融贯之后，群学思想是否引起西方社会学理论的范式革命，那是非预期的后果。比如，帕森斯的结构功能主义理论，将社会分解为若干系统，各个系统分别有各自功能，共同维系社会整体运行，其理论被认为属于宏观社会学，抽象而难以用于经验分析。但是，通过转换思路，将宏观社会学理论用于微观社群分析，是可以被经验检验的。比如，微观村庄的经济系统、政治系统、社会系统、人格系统及其分别发挥的适应性功能、目标实现功能、整合功能、模式维持功能，难道不可以描述吗？笔者认为是可以描述的。只要概念可描述经验现象，定义经验现象，通常就可以转化为变量，就可以测量，进而可以建构命题和假设，开展实证研究。可见，宏观社会理论用于微观社会研究是可能的。我们并非要革西方社会学的命，恰恰是为了丰富西方社会学理论知识体系，为西方社会学注入新的活力，同时引入西方社会学，活化中国古代社会思想，最终为导赏、表征、评判、干预社会世界[①]提供更丰富的理论知识。

为此，通过融贯中国古代群学思想与现代社会学理论，将“社会”转换成

① 陈玉生．社会科学中的创新发现与对标研究［J］．社会科学，2022（11）．

“社群”作为策略，笔者提出一个总命题。

总命题：社会表达是民集聚成群的形态与过程。

那么，“民”如何集聚成“群”呢？群体是依靠什么凝聚而成的呢？对此，西方社会学者有许多论述，其中一个重要的视角就是集群的“媒介”，比如哈贝马斯强调“语言”媒介，涂尔干强调图腾这样的“集体情感”媒介，还有货币、权力等媒介。从一般意义上说，集体情感、货币、语言、权力等媒介确实能够发挥集群效用。人与人互相联结，必须利用这些联结媒介。但是，从具体历史实践看，这些媒介既发挥集群效应，也导致分群结果，因为有不同的货币、图腾、语言、权力等媒介。不过，我们不能止步于民集聚成群的规模、形式和媒介研究，还要探索普通大众依靠联结纽带如何组织成各种规模和形态的群体。民集聚成群的内在逻辑到底是什么，还需要探索。

近年，谢立中指出，人们对“社会”最少有三种用法：相对于“国家”的社会，相对于“共同体”的社会，相对于“个人”的社会。① 那些将社会视为国家和共同体的对应物的学者，其所考察的社会主要限定于“市民社会”。从群的角度看，“国家”就是“群”的一种。比如，严复认为国家就是群的一种形态。② 同样，谢立中列举“社会”的三种用法，实为相对于“个人”并由“个人”所构成的一切类型或形式的人类群体或结合体，包括氏族、部落、家庭、家族、村落、关系网、企业、军队、社团、学校、政府、国家、跨国组织、国家联盟等③。笔者在梳理郑杭生先生社会运行理论如何融贯中国传统群学和西方近现代社会学时，提出“群学”视角，确立了透视不同层次和规模的“群”及其构成单元的“自然人”的二维视野，建立了“自然人—群（初级群体、次级群体，家庭、社区、国家，社会集团、社会共同体等）”分析范式。④ 将社会视为“自然人”即“民”聚集而成的各种形态的“群”，是非常直观的。

“民”集聚成的“群”有各种形态。库利认为：“人类是一个不断成长的整体，它一方面由持续的互动过程所整合，另一方面分化为各种能量形式，如个人、小团体、社会倾向、理论教义和社会制度。”⑤ 库利将群体看作一个不断成长的过程，在成长过程中，持续互动的人们分化、整合，形成各种不同类型

---

① 谢立中．后社会学［M］．北京：社会科学文献出版社，2012：366.

② 斯宾塞．群学肄言［M］．严复，译．北京，商务印书馆，1981.

③ 谢立中．后社会学［M］．北京：社会科学文献出版社，2012：366.

④ 陈玉生．理论自觉的思想资源、本体创新与价值关怀——以社会运行理论为例［J］．学习与实践，2020（3）．

⑤ 查尔斯·霍顿·库利，著．社会过程［M］．洪小良，等，译．北京：华夏出版社，2000：4.

的能量形式。这些能量形式既表现为各种群体类型，也表现为各种群体类型的特征。谢立中反思许多社会学家将“社会”视为“一种完全独立于人们的话语系统、不依人们话语系统的变化而变化的‘给定性实在’”，认为这“只是一种由人们在特定话语系统的约束和引导下建构起来的‘话语性实在’”。[①] 因此，民集群既是自然演化的过程，也是话语建构过程。从这个意义上说，群的类型化就是一起起话语事件。比如，“国家”就是近现代的一个人造物，“市民社会”在黑格尔那里是相对“国家”的范畴。从“民—群”视角看，国家和市民社会就是近现代建构起来的话语性实在，表征为由民所构成的不同形态的群。国家与市民社会不是对立的，而是相互嵌套的不同的集群形态而已，就其构成成员而言，很可能大部分是相互重合的。总体而言，集群形态可以经由“民”的各种维度得到识别：比如按年龄分为婴幼儿、儿童、少年、青年、中年、老年群体，按性别分为男人和女人，按国籍分为中国人、法国人、新加坡人等，按居住区域可分为北京人、上海人、四川人，等等。

那么，“民”的特征如何塑造“群”呢？群的形态特征或群的名称，群与群之间的差别，是民的某个特征的显现，是民特征、民称谓在群上的集中反映。比如，可以说“他是残障人士”，也可以说“他们是残障人士”，残障人士因此指涉一类群体，这类群体的成员由具有某类残疾的自然人所构成。社会是由“民”类别化后聚集和联结而建构而成“群”。通过识别“民”的特征，就像博物学对植物、动物等自然物特征化一样，社会学通过对“民”特征化，然后才能对“民”进行分类，形成有关“民”的分类系统，每个特征都有相应的人口，这些相应的人口构成一个一个“群”。我们将这样的分群过程称为“名分使群”。

集群分群逻辑：名分使群，即民特征与群形态相互建构。

“名分使群”概念来源于先秦思想。早在先秦时期，孔子提出“名不正则言不顺”观点，荀子提出“明分使群”(《荀子（富国）》) 思想。“名分使群”与“明分使群”一字之差，含义有不同之处。“名分使群”概念以先秦“名学”思想为基础，荀子“明分使群”思想是其中的重要部分，因此，前者是对后者的继承与发展，并最终将荀子“明分”落实到操作层面的“名分”上，并最终表达为“名分使群”。“明分使群”主要指通过区分贵贱贫富和男女长幼等，以此为基础，规定人们物质财富的度量与分解，调节人们的欲望行为，以实现社会等差有序，人们各得其所，从而能群。“名分使群”不仅包含“明分使群”含

① 谢立中．后社会学［M］．北京：社会科学文献出版社，2012：367．

义，还包括“始制有名”“以名责实”“别物正名”“正名正政”“正名归礼”等名学思想，以“名分整理实在”思想为基础。“名”为记号，服从符号学思想，是表征世界的媒介，是世界表象的媒介，规定了世界秩序。对“民”特征的名分，便是人类世界的表象，规定了人类世界的秩序。“名分使群”在本章有两层含义，一是阐明民集聚成群的形态，以便从“民”的“名”角度构建“群”或“社会”的分类学和“博物学”；二是阐明“民”集聚成“群”的过程，以便揭示“民”的“名”所具有的分群和集群的效应和逻辑，进而阐明诸“群”的发生学。因此，笔者梳理先秦思想史后把“名分”的集群效应称为“名分使群”。

“名分使群”效应下形成的社会称为“名分社会”,[①] 而对作为“名分社会”基础的表象特征称为“样子”，并将“样子”的集群效应称为“样子使群”，“样子使群”效应下形成的社会称为“样子社会”[②]。“群”的构建服从这样的逻辑：“名分社会”的基础就是“样子社会”。那么，“样子”或“名分”是如何实现“使群”效应，如何发挥“群”建构作用的呢？

集群分群逻辑：样子使群，即民表象映射到群表象，民表象是名分使群的基础。

任何一类“名分”之群均表达为“民”特征的话语建构，因此，某种类型的群实际上也为一起话语事件。“群”建构的逻辑基础“样子”可分为两个层次：“民”表象、“群”表象。对“个体”自然人的“名分”是基于其“样子”构建出来的，因此，从这个角度看，群的构成基础是自然人的表象，即社会建构的“话语性实在”在于人之表象。当自然人某个维度的表象即“样子”具有“名分”效应时，也就有了“分群”的效用。比如，中国古人通过眼睛的颜色构建“色目人”，通过守丧行为表现甄别出“孝子”，将封土建国后居住于现山东省偏北的大部分地区的人称为“齐国人”，对具有一定德行的人称为“君子”，等等。“群”建构的是“民”之表象，这一层次是始基层次。当以“民”为基础构建出“群”体之后，“群体”特征也必然表征出来，此时，就有了衍生层次的“群”的“样子”即表象，以及“群”表象基础上的“群”“名分”。群体特征的描述具有许多共同之处，如群体分层等结构形态、群体的社会变迁等变化形态、群体的分化整合等组织形态、群体归属感等心理形态、群体婚姻

---

① 陈玉生．东周“名分”思想建构——作为“名分社会”的分析范式［J］．社会理论学报，2011.

② 陈玉生．“面子”理论批判与“样子”范畴建构［J］．社会理论学报，2016.

关系等制度形态，等等。涂尔干对氏族和胞族的研究表明，生活空间临近的群体之间为了区别彼此，会在集体情感基础上产生不同的图腾。图腾既是群象征，也是分群标志。

分群标志在经济社会生活中的运用随处可见。比如，按身高列队、按身高排座位、按学历招聘人才、按学历配置等级工资、按在校大学生成绩等进行综合测评、按业绩分配奖金、按跑步速度确定前三名，等等。分群标志几乎与描述“人”的所有语言一样复杂多样，编织成无止境的网络和藩篱，将人们既相互关联又相互区分开来。因此，“人”之特征的描述，具有“群”之特征描述的效用；人际具有群际之效用；人之表象具有群之表象的效用。

社会表达为民集聚成群的形态与过程，社会因此转译为“民群”。志愿者、中国人、六十岁以上的社区居民、幼儿园的幼儿、外卖骑行小哥、出租车司机、司乘人员、罕见病患者、社区矫正人员、拆迁户、钉子户、暴发户、尘肺病患者、佛教徒、孕产妇、华人、外国人、富人、中产阶层、地主、罪犯、乞丐等身份群体，以及家庭、家族、氏族、国家、社区、郊区、单位、企业、城市、村落、街道、楼栋、网格、华南、东亚等空间群体，均是民集聚之群的表达。因此，研究社会，首先要研究清楚民群的类型，这实际上是一门社会或群的博物学。

命题：有多少民表象就有多少群形态，有多少群形态意味着有多少民表象。群学首先是一门群形态的博物学，同理，社会学首先是一门群形态的博物学。群学博物学的研究对象就是民与群的样子之学和名分之学。

“样子”表象和“名分”使群是非常复杂的过程。人类为何会根据“样子”表征“群”，并构建名分社会？这里涉及“群”的“本体”存在论问题。福柯在《词与物》中阐明的是如何通过词表征物的世界，并最终构建了物的秩序，继而在《知识考古学》中又对构建的词如何摇身变换成知识，向人类社会拓展、扩散自身并嵌入和建构社会的过程做了分析。对于社会世界而言，以“名”表征人类世界、转译人类世界的过程就是样子使群的过程，是“名”表征人类“样子”的名分使群的过程。这个过程服从词对物的表征过程，词指“名分”，物指“民”之特征即样子。

“样子”和“名分”使群的过程，如果要用一个理论来概括，张一兵阐述的“构境论”非常适合。人类将自然之境，即人类通过自身感知到的世界表象，经由感知引发精神思想，形成感知世界，这个过程即为思想构境；进而思想构境通过符号表达和实践活动客观化自身，成为历史世界，即为历史构境。为何要用构境论来阐明呢？我们在研究样子思想时发现，人既可以故意显现某些样子，也可以遮蔽某些样子。样子不仅是人的肉身的表象，还包括反映人自身的外在的物。比如，骗子可以通过外在装束和言行伪装自己的行骗意图，博取他人信任。这个过程用微观社会学分析，那就是印象管理。按照名分使群角度分析，那便是骗子通过样子伪装，装模作样成实现其欺骗目的的样子和名分。因此，印象管理的主观效应可能是取悦他人，但客观效应却是样子使群和名分使群，即分群构境。印象管理行为客观上都具有分群构境效应。这就引出另一个推理，样子和名分既有集群效应，又有分群效应。

三、"民—群"视角：集群规模、形式与纽带

那么，如何认识民集聚成群的形态与过程呢？针对该问题，我们提出"民—群"视角，并以之对西方社会理论进行考察，梳理出几条理解该问题的线索。

"民—群"视角是在融贯了中国古代群学与西方社会学思想的"社会运行论"基础上提出的。从"民—群"视角看，可以将社会视为"民集聚成群"的形态与过程[①]。民是群的基本构成单位，民个体通过集群和分群形成不同形态的群实体。冯仕政认为，每个人无论出于何种需要都必须与他人发生接触和交往，这样一种属性就是社会性，一个人与他人的联结越多、越丰富，其社会性就越强[②]。社会是由民构成的形态各异、相互嵌套的民群，若干农民的集群构成农户，若干农户的集群构成农村，若干农村的集群构成乡镇。基于此，本章以"民—群"视角阐明家庭、家庭联结、户际关系等概念，将家庭视为家庭成员集聚成群的一种集群形态，将家庭联结视为一个个家庭相互联络、相互结合从而形成群实体的过程，并以户际关系作为描述家庭联结结果的结构形态。

"民—群"视角以民集聚成群的时间过程与空间形态为研究对象，通过考察不同民个体在群实体之中的化育、互动和结构化过程以及不同群实体之间的互构性、过渡性和系统性，研判社会运行过程和社会发展逻辑。那么，民集聚成群服从什么逻辑？《荀子·王制》讲，"人力不若牛，走不若马，而牛马为用"，其原因在于"人能群，彼不能群也。人何以能群？曰：分。分何以能行？曰：义"[③]。荀子非常简明地阐述了民集聚成群的逻辑，这就是"名分使群"[④]。"名分使群"思想在先秦诸子百家典籍中有大量表述。比如，《商君书·定分》

① 陈玉生．意象互动、文质世运与样子使群研究［J］．社会理论学报，2022，春季刊：75－114.
② 冯仕政．社会治理与公共生活：从连结到团结［J］．社会学研究，2021（1）：1－22，226.
③ 张觉．荀子校注［M］．长沙：岳麓书社，2006：95.
④ 陈玉生．意象互动、文质世运与样子使群研究［J］．社会理论学报，2002 春季刊：75－114.

讲："一兔走，百人逐之，非以兔也。夫卖者满市而盗不敢取，由名分已定也。"[1] 商鞅敏锐地注意到，在野外的兔子因为"名分"未定，可能引来许多人围捕。相反，在集市的兔子因为"名分"已定，连盗贼都不敢盗取。因此，"名分使群"包含集群与分群双重逻辑。

下面，我们以"民—群"视角考察西方社会理论，梳理几条认识集群分群现象的线索。

第一条线索：以情感纽带联结的"群"。涂尔干通过考察原始宗教和原始分类，阐明了氏族、胞族、图腾等重要范畴，并以之说明社会群体的分化，以及社会群体分类的逻辑和相互区分的标志。在原始社会，亲属之间聚族而居，采集捕猎，狂欢聚饮，当他们烧烤猎物时，围着篝火跳舞，一种集体情感、集体内聚力被激发出来。随着这种集体活动不断开展，集体情感会不断聚焦到某个标志物上。这个标志物逐渐符号化，结晶各种文化传说和历史故事，并被赋予某种神秘力量，逐渐变成了图腾。这些标志物反过来标识了各个氏族，成为氏族成员集群的情感媒介。各个氏族都有自己的标志物，以区别于其他氏族。随着氏族人口增长，氏族分化，分化的氏族之间彼此联结，形成胞族。进而，氏族、胞族之间彼此联结，形成部落，部落之间相互联结，形成部落联盟。涂尔干就是这样思考社会群体的。涂尔干的理论也深刻影响到另一位社会学家柯林斯。柯林斯考察了到底是什么维系着集体持续的情感能量。柯林斯在互动仪式中寻找答案，认为每个人都是互动仪式链上的点，在持续互动中形成集体情感，因此，是持续的互动本身蕴含着集体情感的力量。

第二条线索：集体心理驱动下的"乌合之众"。如果说涂尔干和柯林斯揭示了依靠持久的情感能量维系的群体，那么，勒庞则发现了一种依靠集体心理临时维系的群体——"乌合之众"。乌合之众虽然是临时的，非常脆弱，并且通常是非理性的，在智力上甚至不能与个人相比，容易受集体的影响而显得弱智，但却具有非常强大的能量。这种能量既可能产生巨大的社会正能量和积极影响，也可能产生相反结果。对此，周晓虹认为自柏拉图到马基雅维里的人类文明史，都在思考如何了解、把握群氓的本质并有效驾驭它。[2]

第三条线索：近现代"国家"作为"群"的创制。霍布斯等为了构造"国家"这个人造物，进行了大量理论论证。从"民—群"视角观之，霍布斯的利维坦构造基于一个"民"假设和两个"群"假设。其中，"民"假设是指霍布

① 张觉．商君书校注［M］．长沙：岳麓书社，2006：189.

② 周晓虹．群氓动力学——社会心理学的另类叙事［J］．社会学研究，2018（6）.

斯假定人是“政治动物”和“社会动物”。李猛认为现代政治哲学家，通常将亚里士多德的“人是社会的动物”这一论断，视为是对人的自然社会性的肯定。格劳秀斯在《战争与和平的法权》提出人具有“社会欲”（appetites societatis）。[①] 这个假设确定了人能够集成群的根本属性，并为创制国家提供了理论基础。但是，霍布斯又进行了另一个非常奇怪的“群”假设。该假设设定，两个自然人在丛林里相遇，由于彼此际遇且彼此体量差不多，为了更好地保全自己，最好的办法就是将对方杀死。保全自己就是自然权利，为了保全自己而对对方开战就是自然社会状态。这个“群”假设就是“两人际遇”假设。但是，在这种假设上构建现代国家缺乏历史经验基础，于是，霍布斯还有另一个“群”假设，并以后一个假设来支撑其国家建立在自然社会状态论断。第二个假设的“群”就是“家”，或者说“生殖群体”。经过一番论证，霍布斯称“亲子关系”就是一种自然状态下的奴役关系，并且“生殖”群体是所有群体建立的基础。包括家庭在内的自然社会基于自然权利，但这种权利却导致一切人对一切人开战的失序状态，为此，需要理性设计和干预，改变这种状态，路径就是每个人都让渡一部分自然权利，构成公权力，用公权力来维护秩序。这个体现公权力意志的产物就是“国家”，由主权者代理让渡部分自然权利的人并为之服务，提供安全。霍布斯三个假设在其后的许多社会理论那里都有所体现。国家最终表达为一定地域空间中的一定社会人口的集群形态，也表达为国际性的分群形态。

第四条线索：近现代政治建制的理想及其集群基础。霍布斯上述第一个“群”假设，在随后的许多西方社会理论家那里都可见，尤其在政治学领域。随着现代国家的创制，王权相对教权取得了胜利。但是，在霍布斯那里主张国王集权，这必然导致王权不受限制而存在许多不确定性，于是，社会契约论被提出。社会理论家们试图通过语言符号媒介来实现“民”聚集而成的“群”的合理性。但是，不管卢梭的社会契约论，还是罗尔斯的正义论，还是哈贝马斯的沟通行为理论，实际上都暗含着霍布斯第一个“群”假设，即两个自然人际遇。许多西方社会理论的理论原型就是“两个自然人际遇”。早期契约论假定两个自然人契约签订后将按照契约产生行为，以此实现社会秩序。但是，理想的理论在实践中运用时，发现自然法和契约论难以实现其理论本身设定的理想状态，因为人们会不断挑战契约，并且制度总是跟不上社会变迁，难以适应社

① 李猛．自然社会：自然法与现代道德世界的形成［M］．北京：生活·读书·新知三联书店，2015：43.

会需求。剩余价值理论、社会失范、文化堕距等理论就是佐证，表明为实现社会公平和社会秩序需要对契约论进行修正。罗尔斯提出无知之幕，试图通过屏蔽商谈者的“民”属性来实现“主体间”和“群际”的正义。显然，这种理想的集群方式受到挑战，哈贝马斯于是提出沟通行为理论，阐明际遇的自然人超越本体论束缚，通过理性商谈，遵守商谈伦理，实现共识，并进而以此形塑“宪政世界”。这条线索提供的模式与霍布斯提供的模式相同之处在于，均假定“两个自然人际遇”为集群基础，但提出的集群方式却不同。霍布斯是为了克服开战，提出自然人必须“让渡自然权利”并形成公权力；与此不同，罗尔斯等人提出的方式是相互际遇的人的集群需要建立在“商谈”方式基础上。同样分析“商谈”，罗尔斯侧重解决正义问题，哈贝马斯侧重阐明共识问题。

第五条线索：为国家树立的稻草人之“市民社会”。对相对国家而言的其他“群”，人们创制了许多概念和理论模型，比如黑格尔提出了相对国家的市民社会，哈贝马斯又在此基础上提出政治、经济和社会系统，将社会又区分出公共领域与私人领域；再如人们提出“国家与社会”分析范式；第三条道路、社群主义等理论更是在市民社会领域大做文章。这个市民社会，几乎涵盖了除了政治组织的所有组织，如家庭、村社、社会团体、社会服务机构、慈善基金组织、宗教组织、国际组织等。这个领域可视为霍布斯第二个“群”假设的延伸领域。市民社会的发明，通常假定“国家”作为组织“民”的群体形式存在某些缺陷。在霍布斯那里，国家是基于这种市民社会建立起来的。哈贝马斯甚至认为，人类社会在没有分化之前国家、市场和市民社会是一个整体，后来，政治和经济系统从生活领域中分离出来，获得自我生产和再生产能力，并殖民化日常生活世界。

西方近现代社会理论在很大程度上是启蒙运动时期开启的现代国家“主权理论”。主权理论是在教权组织群体的处境下产生的。那么，主权集群是如何最终克制和战胜教权集群的呢？国家是基于辖区内统治的规范化和合法化创制，它将集群的“民”建构为“公民”，将民集合而成的“群”及其所占领的“土地”构建为“主权国家”。从逻辑上看，国家是西方社会由领主和地主统治向宪政国家领袖统治的制度化发明。这些西方社会理论立论基础看似差别很大，但最终均回应近现代国家的生成逻辑，以及未来全球人类集群的逻辑。国家服从主权领土的分群逻辑。随着现代主权国家作为集群方式逐渐覆盖全人类，全球现代国家凌驾于其他社会组织之上，包括曾经辉煌的教权体系也被贬抑为社会主体，并创造出工业企业这类重要的社会主体。市民社会就是由这些社会主体构成的。社会主体如正式的企业组织和社会组织，同样主要为人造物，是被建构的集群模式。市民社会与国家的一个显著区别在于，国家宣称对领土拥有主权，而市民社会则必须依附在国家主权管辖之下，并主要由主权国家提供物理空间和制度空间环境才能成立，并在理论上可以无限分群，形成无限个集群组织。

近现代西方社会理论有一条非常重要的线索，那就是不管国家、市民社会、乌合之众，还是商谈集群、集体情感集群，均涉及“民集聚成群的形态与过程”。其中，现代国家是人造物，乌合之众是自然物，市民社会既包括自然属性又包括人为属性，三类群体包含着各自不同的集群逻辑。与国家那样依靠主权理论构建的人造物不同，乌合之众表达的是在情绪渲染之下的“民”集聚而成的群，为情绪感染后，乌合之众的集群整体情绪化、理智判断力下降、高度自信。

命题：国家、市民社会、乌合之众表达了民集群的形态，商谈集群、集体情感集群表达了民集群的过程。契约和商谈方式集聚的民群是人造物，集体情感方式集聚的民群是自然物。

有关集群形态、集群纽带、集群形式的实践创造和思想理论，构成群学的重要研究内容，也是人类不断发展的重要成就。路易斯·亨·摩尔根的《古代社会》一书提供了一个佐证，民集聚成群在规模上经历了从氏族、胞族、部落、部落联盟的不断演进。随后，恩格斯在摩尔根研究基础上完成《家庭、私有制和国家的起源》一书，阐明家庭从血缘家庭、普那路亚家庭、偶制家庭到专偶制家庭的不断演进，民集聚成群的形式由氏族向国家演进。民集聚成群在逻辑和历史两方面体现出几个特征：民聚集成群的规模不断增大，民集聚成群的纽带不断变化，民集聚成群的形式不断丰富。

命题：人类社会发展史也是更大规模集群形态的创造史。

四、哈贝马斯的世界宪政方案

世界混沌初开，名分世界已然。全人类已经际遇，面对分群逻辑，未来何去何从？

从样子使群和名分使群看，“民”的任何特征都可能产生集群和分群效应。现代国家试图将诸多原子化的拥有自然权利的个体集结到体现和代表集体人格的主权国家之中，但是，这又导致国家与国家之间的国际分化，导致多个国家结盟的国家集团化。人类社会集群的同时，也是分群的过程。国家与国家之间的分群经常以国家竞争和冲突的形式表达。

全人类如何形成一个地球村，已经成为理论上需要解决的问题。对于这个问题，在理论上有两种倾向：一是主张放弃理想化的社会工程，如后现代主义在宣布现代理性方案失败的同时对其进行了猛烈的抨击，承认社会的多元、差异、偶然等特征，主张人要像牧羊人那样的生活步调；二是宣布现代性工程仍然是未竟之业，如哈贝马斯仍然坚持探索人类社会未来发展理性方案。两种理论倾向或主张均看到了现代理性的局限性，它不但没有消除人类社会的纷争乃至战乱，甚至导致法西斯借助理性实现集权与大屠杀。现代化没有因为理性设置消弭分群与群分，反而导致更加惨烈的群体冲突。

两种方案差异明显，但有共通之处，后现代主义方案主张的牧羊人的生活与哈贝马斯主张的后本体主义共同致力于消解名分社会，在逻辑上倾向于回到人类已经走过的历史，回到那种世界混沌初开时先民的生活。几乎所有的社会理论都从事着类似的理论逻辑，一边建构，一边解构，以建构通向名分使群，以解构通向样子使群，摇摆于混沌世界和名分社会之间。实际上，历史逻辑同样如此，名分之后就是混沌，混沌之后迎来名分，人们总是在智慧之光与黑暗迷茫之中或之间游走。但是，世界混沌初开，人类只能在通向名分的历史进程中匍匐向前，后现代主义和后本体主义要引领我们再回到混沌的生活，已经不再可能。人类的眼里已经有了男女之分，有了敌我之分，要假装看不见，那不可能。

以下分析哈贝马斯提出的世界宪政方案。①

交往理性是哈贝马斯对现代性和世界秩序谋划的基础。哈贝马斯在普林斯顿大学系列讲座中提出“理想的对话情形”就是古代罗马广场式的自由自在的辩论，认为受权力压迫的谈话就不合理。哈贝马斯进而论证，谈话就是为了达成共识，这是非常符合理性的，极端地说，即使是骗子，首先也要谈话，并且要以共识为谈话取向。但是，要谈得来，达成共识，谈话有“真、正、诚、通”四个有效性要求（validity claim），就是真实性（truth claim），即呈现出某种事物时命题内容是真实的；正确性（rightness claim），即言词行动是正当得体的，与社会认可的期望相一致；真诚性（sincerity claim），即商谈者命题意向是真诚的；可理解性（comprehensibility claim），即言辞意义是可以理解的。

哈贝马斯理论设计的原型类似古罗马广场式的自由辩论，是照面式的谈话，彼此知道或根据言行可大致判断彼此的身世背景、谈话企图等。这个理论

① 陈玉生．商谈时代离我们有多远？——《哈贝马斯：当代新思潮的引领者》书评［EB/OL］．社会学视野网，2015-08-17.

用到建立正当的政治性正义概念时，罗尔斯提出异议，认为照面式的谈话这种机制并不是最合理的，因为难以避免人们的好恶。最合理的机制是什么？罗尔斯提出设想的原始地位，就是每个参与讨论的人对自己现在的、未来的身份、地位、利益，对他人未来的身份、地位和利益都不知道，而处于一种“无知之幕”下商谈。卢曼的商谈理论也设计在谈话双方历史背景清零的基础上展开。对这个主体间沟通过程可能存在的本体主义问题，哈贝马斯实际上提出了后形而上学或后本体论的处理方案。后形而上学思维具有民主性和开放性，以思维的规范性取代思维的本体性和同一性。比如，谈到宪法爱国主义的时候，哈贝马斯特别强调要放弃传统和历史偏见，放弃民族爱国主义，在共同民主政治文化和价值基础上，追求商谈规范的普遍性，搞宪法认同和宪法整合，以交往理性规范来克服传统偏见。

在宪法爱国主义中，公民身份和资格不以公民的民族属性为前提，而是不同宗族、种族、信仰、历史文化背景的人在认同共同的民主宪法及其理念和价值的基础上团结起来，共同组成国家。哈贝马斯批判斯密特为代表的“一族一国”理念，认为他制造出人民与人类在民主中的虚假对立。陈勋武因此写道：“宪法爱国主义的人民主权、人权、民主与宪政国家在本质上是共和主义的共和国家理念……民族属性不重要，更不用说它是民主与宪政国家的基础和人民主权的内涵或前提。”[①] 哈贝马斯强调宪法爱国主义，倡导宪政民主，真正目的是世界秩序，他提出欧洲宪法化、多元的世界社会宪法化等理念。这些理念，首先就要扫清民族化、宗教化的世界秩序障碍，将国家与民族拆离，以宗教宽容、重叠共识实现宗教多元主义。

哈贝马斯用交往理性和照面式商谈机制，回应和解决我们时代所面临的错综复杂的生活秩序、社会秩序、政治秩序和世界秩序问题。针对这些时代问题，陈勋武认为哈贝马斯对我们时代精神中的核心理念，包括理性理念、现代性理念、民主理念、法治理念、全球正义理念、世界主义理念、人权理念、反人类罪理念、宽容理念和文化多元主义理念做出了贡献。

因此，在理解这些理念时，陈勋武强调要采取后形而上学即后本体论思维方式，如把世界秩序理解为司法性秩序，人权是司法性权利，全球人权政治必须司法化，否则它将堕落为人权宗教激进主义政治。从“民—群”视角看，哈贝马斯提出的“后本体论”，旨在要消解或者隐匿基于“民”特征的各种分群效应。如何消解分群效应呢？哈贝马斯的世界宪政方案实际上将集群的希望寄

① 陈勋武．哈贝马斯：当代新思潮的引领者［M］．北京：九州版社，2014.

托在商谈程序和过程之中。哈贝马斯后本体论强调的是过程主义和规范主义的结合，一方面商谈基础虽然是照面式的，可能受到本体主义的影响，但哈贝马斯一是强调商谈过程要民主；二是强调商谈共识的法律规范，尤其是宪法或基本法，如国家宪法、欧洲宪法、世界宪法，通过宪法共识实现社会整合。任何单方面强调商谈或强调法律规范，都不能保证正义。

理解这些理念同时还要立足三大原则：话语原则，即商谈的所有参与者同意和接受，一个伦理的基本准则才正当有效；普遍性原则，即只有遵从它的正负实践效果对每个人的特殊利益是可接受的，一个伦理的基本准则才正当有效；民主准则，即公民同时是法律的受制约者和创造者。也就是说，规范是大家一起参与创造出来的，该规范可能造成的个人利益得失都可接受，每个人都愿意受其制约。

哈贝马斯雄心勃勃，高举商谈伦理理念，开展全球性演说，刮起重整世界秩序之雄风。哈贝马斯批判康德设想的国际共和秩序，倡导人权高于主权的全球秩序，谋求全球法律秩序。商谈伦理理念在微观方面运用到很多方面，住区规划不再由建筑商、开发商和设计师说了算，还由准居民协商确定，设计出个性化的公共领域和私人领域；在基层治理中，搞古罗马广场式的民主议事会，解决公共领域的问题。但是，在世界秩序方面，中东冲突、东南亚区域关系紧张、北约东进、区域宗教与民族冲突等区域关系问题，全球核武、全球生态环境、全球人权、全球反饥饿、全球反恐、跨国食品安全等问题，这些是国家之间的关系问题，需要世界各国携手商谈解决。就目前形势而言，国际社会虽倡导商谈，但商谈主体仍然主要是国家，哈贝马斯普遍民主和人权高于主权的全球司法秩序设计仍然是一种理想。

哈贝马斯世界宪政设计提出的后本体论，要求在商谈过程中放弃民族、性别、宗教等各种附着在“民”身上的“名分”特征的干扰达成共识。这种方案总体而言，是在个人主义视角下审视社会，将社会视为一个个原子化的理性人所构成的。哈贝马斯在《事实与规范》一书中提出“文明自主”概念，指每个人既懂得自己的基本人权与权利，又懂得其他人的基本人权与权利，以及自己有尊重他人的基本人权与权利的义务。这里的基本人权与权利包含着宪法规范的体现，这里的懂得要求人们掌握法律规范知识，法律不仅是一个行动系统，也是一个知识系统。我们再进而拓展，文明自主当然包括商谈本身。按照哈贝马斯的设计，交往理性要求真、正、诚、通，要求人们达到真、善、美的境界，才能完成理想的商谈过程。所以，商谈时代是我们不断商谈，其法律规范是商谈后达成共识并被普遍遵守和作为世界秩序基础的法律规范，在处理意见纠纷时，商谈压倒暴力、战争、意识形态控制、对抗等形式。商谈时代是人们放弃了本体的执着，学会了商谈，并热衷于商谈，在商谈过程中和宪法中维护世界秩序的时代。但是，不管是中国还是全世界，我们离哈贝马斯设计的商谈时代还有很远的距离。

五、天下主义与人类命运共同体思想

中国“天下—国—家”的政治系统与西方“个人—共同体—民族国家”的政治系统形成鲜明对比。[①] 中国传统思想中的集群模式有其特点，或可提供一种新思路。

在中国西周早期，小邦周克大邑商，取得战争胜利，为巩固战争胜利果实，以小国寡民统治商朝大国万民，西周采取封土建国制，周王以宗法制集结小邦周的统治者，这是身份集群；再以封土建国制集结战胜领地的万民，这是空间集群。在封国领地，又以国为中心分国—郊—野圈空间集群模式，以及以公、侯、伯、子、男身份群体区分与集结国内之民。正是通过这种集群方式，完美地实现了家天下的统治。与家天下集群的模式相对应和相匹配的“民”也随之不断产生新的特征，形成子民及其集聚而成的规模更小的家族和宗族等。但是，“宗法封建制”集群的模式留下了国际和族际等多层次双重裂缝。进入近现代化之后，中国开启主权国家建设进程。李怀印将该过程描述为“疆域国家”向“主权国家”的转型。[②] 不过，随着中国主权国家建构成功，族际的裂缝似乎逐渐消解，但与西方现代国家一样，不可避免地陷入国际和国家与社会双重群际裂缝中。

“天下主义”是中国学者贡献的一种全人类集群的思想。天下主义思想源于中国古代天下观，主要来自西周时期的天下观。“天下”思想超越民族、国家与超国家组织，畅想全人类的大同世界。《大学》曰：古之欲明明德于天下者，先治其国；欲治其国者，先齐其家；欲齐其家者，先修其身；欲修其身者，先正其心；欲正其心者，先诚其意；欲诚其意者，先致其知；致知在格物。中国古代天下思想正是超越国家，并承认和包含国家、家庭、个人等多元、多层次集群单位的世界体系理论。当前，学界在继承和发展传统天下思想基础上，提出新天下主义思想和天下体系理论。天下体系试图发现对于政治冲突的一个理性化最优解，但不能许诺人人幸福的终极世界，只是设想了一个和

① 赵汀阳．天下观与新天下体系［J］．中央社会主义学院学报，2019（2）．

② 李怀印．中国是怎样成为现代国家的？——国家转型的宏观历史解读［J］．开放时代，2017（2）．

平、普遍安全、有着文明活力的可能世界，因此完全区别于所有种类的历史终结论，包括一神教追求的宗教大统一、罗马帝国追求的普世帝国（cosmopolitan）、黑格尔的绝对精神圆满实现、马克思的人人得解放的共产主义社会、福山的普世自由主义世界，诸如此类。[①] 从集群角度看，天下主义并非一元论，不是基督教的上帝一元论，不是黑格尔的绝对精神论，不是历史终结论中普世自由主义，即不是那种将民集聚成群的世界模式统一于某种精神和理性中，而是统一到非常现实的“天下”空间之中，是承认和安置所有人及其集聚而成的所有群的共同存在的思想。“天下”就是所有人及其形成的所有群的集群形态。

“天下”首先是伦理德性概念。中国传统文化中“民”集聚成“群”的伦理理想是“民”经由格物致知、正心诚意修身于内，齐家治国平天下于外。其伦理要求是，所有的“民”克尽所能向外奉献，最终达到平天下和治理天下。从集群角度看，清末民初知识分子米迪刚认为，在“修齐治平”四个条目中，还少了一个环节。什么环节呢？就是家和国之间少了一个“社区”，中间再加上一个社区，就完善了。个人、家庭、社区、国家、天下等，形成一个集群的完整链条。这是一种经由个人修养不断增强，自身感召他人而最终实现“遐迩一体，率宾归王”的理想路径，属于修己集群。修己集群的想象中，有许多“民集聚成群”伦理规范，比如“达则兼济天下，穷则独善其身”。这是一种奉献伦理主义的集群模式，其集群逻辑既不同于为获得他人余物而用自己余物进行的交易，又不同于为赎罪而向上帝尽天职，更不同于为避免一切人对一切人开战而让渡自然权利。

命题：基于商谈伦理的世界宪政以及基于修齐治平的天下主义，均为全人类集群形态的理论建构。

先秦时期的老子是如何想象天下的呢？对个人，老子主张人的自然状态。在自然状态下，天下老百姓都像小孩或者婴儿，没有分别心，身体很健康，无忧无虑，这样的一种状态是个体最好的状态。对社会关系，老子主张社会世界尽量减少名分，但无名分并不是说世界上没有物质的名称，世界万物有其固有名称，也即“始制有名”。万物虽有名，但不区分价值，不区分价值，人们就不会争夺价值高者，就能减少纷争，人际关系自然和谐。对集群形态，老子憧憬小国寡民。在小国寡民的状态下，人们虽然住得很近，但老死不相往来。老子想象的社会，在多维度上正好和儒家伦理社会相反。庄子同样主张自然状态下的社会。自然状态下的社会类似于一种混沌的无名分世界。《庄子·应帝王》

① 赵汀阳．天下：在理想主义和现实主义之间［J］．探索与争鸣，2019（9）．

道：“南海之帝为儵，北海之帝为忽，中央之帝为浑沌。儵与忽时相与遇于浑沌之地，浑沌待之甚善。儵与忽谋报浑沌之德，曰：‘人皆有七窍以视听食息，此独无有，尝试凿之。’日凿一窍，七日而浑沌死。”庄子批判“开窍”，也即批判天地名分，倡导“浑沌”。这从庄子对妻子的去世鼓盆而歌行为可见一斑。在庄子看来，生死之间是混沌的。但是，盘古开天辟地，天地名分已然，混沌难免不死。[①] 可见，与儒家“天下”世界观相比，老子和庄子为代表的道家世界观中的世界是一种混沌世界。

命题：人类社会不断摆脱自然状态，集群分群是历史必然现象。

中国古人的创始说同样表达了世界从洪荒的混沌初开到秩序井然这样的发展过程。《艺文类聚》卷一：“天地浑沌如鸡子，盘古生其中。万八千岁，天地开辟，阳清为天，阴浊为地。盘古在其中，一日九变，神于天，圣于地。天日高一丈，地日厚一丈，盘古日长一丈，如此万八千岁。天数极高，地数极深，盘古极长。后乃有三皇。数起于一，立于三，成于五，盛于七，处于九，故天去地九万里。”在传说中，人类世界出现之前是混沌无序的。盘古开天辟地我们可以称之为天地名分。因此，世界始于天地名分。盘古使混沌如鸡子的天地名分之后，为使其不再混沌，在天地之间，自身进一步演化为自然世界。《绎史》卷一：“天气蒙鸿，萌芽兹始，遂分天地，肇立乾坤，启阴感阳，分布元气，乃孕中和，是为人也。首生盘古，垂死化身；气成风云，声为雷霆，左眼为日，右眼为月，四肢五体为四极五岳，血液为江河，筋脉为地里，肌肉为田土，发髭为星辰，皮毛为草木，齿骨为金石，精髓为珠玉，汗流为雨泽，身之诸虫，因风所感，化为黎氓。”（《艺文类聚》和《绎史》均引自三国徐整的《三五历纪》）盘古开天辟地说的是世界混沌初开始有天地名分，大地获得独立，万物得以生长，其中人与万物相协而生，但仍然受天昭示。中国古代思想首先要解决的是秩序问题，并以此解决沟通天地和意义之战的问题，即世界从混沌到名分的问题。

盘古开天辟地之后，世界混沌初开，天地名分已然，自此世界开始分化，万物生长并相互协调，构成乾坤宇宙。世界摆脱混沌，有了秩序，“阴阳四时运行，各得其序”（《庄子·知北游》）。有秩序的社会亦成为古人的理想追求。

总之，民集聚成群的形态表达为“民”之特征，故有多少民之特征，就有多少民集群之形态。但是，每个历史时期总有历史所身处与所创新之重要

---

① 陈玉生．社会名分秩序何以可能——先秦“天地名分”思想的社会实践逻辑［J］．社会理论学报，2012年秋．

形态。

政治现实主义认为，像社会的一般现象一样，政治受到根植于人性的客观法则的支配。为了改善社会，我们首先必须理解社会赖以生存的法则。① 现代国家集群模式的创制需要解决的历史问题，虽然霍布斯等人在论证过程中以形而上学的理论推演模式，将国家打扮为自然权利基础上的公权力意志形态，使得现代国家似乎孕育于真理之中。从集群逻辑看霍布斯设计的利维坦，它有两大特点：一是创造了主权领地作为空间集群的模式，在整个人类世界中嵌入了国家分群的形态；二是以让渡自然权利和公权力的名义宣称国家权力高于和凌驾于宗教等其他社会群体权力之上，在国家内部嵌入了公权力集群的形态。与主权国家集群的模式相对应和相匹配的“民”也随之不断产生新的特征，市民及其集聚而成的企业组织和社会组织等形成。但是，对于西方社会而言，宗教领地的精神信仰集群模式让渡给了空间领地集群模式，在宗教被抑制为社会部分的同时，留下了国际和国家与社会的双重群际裂缝。

摩根索的研究描述了主权国家面对双重裂缝的情形，拿破仑之前的时代，只有少部分人认同本国的外交政策，外交政策事实上不是国家的政策而是王朝的政策。歌德在其自传中说：“我们都同情特烈，但是普鲁士与我们有什么相干?”拿破仑发动战争后，人们才开始认同国家的外交政策，并取代了王朝利益认同。② 可以看出，国家作为集群的概念取代王朝作为集群的概念并非那么遥远。同样，德国只进攻法国不足以促使同时效忠法国和苏联的法国共产党人积极反抗；只有德国 1941 年进攻苏联，使他们能同时效忠两国时，他们才彻底认同自己的国家。②可见，国家集群和意识形态集群并行不悖地存在。直到今天，一些宣称普世价值的人们会陷入国家认同和意识形态认同困境。此外，第一次世界大战引起民主国家退化，超国家组织——包括欧洲煤钢联盟、共同市场（欧洲经济共同体）和欧洲原子能联盟——取得了一些具体的成就。②西方政治哲学缺乏相当于“天下”的政治概念，民族国家就是规模最大的主权单位。西方政治社会思想中缺乏全人类共同体的集群思想。

全人类在大航海时代之后靠交通通信等现代媒介工具，增进了彼此的联通、依存和交往互动，一种全人类集聚成群的形态呼之欲出。实际上，在全球化之前，中国的天下主义思想就已经包含着一统天下、怀柔四海的统治旨趣，就已经作为集聚天下人的制度模式而存在。欧洲传统帝国主义执着于“以一国

① 汉斯·摩根索．国家间政治权力斗争与和平［M].北京：北京大学出版社，2006：28.

② 汉斯·摩根索．国家间政治权力斗争与和平［M].北京：北京大学出版社，2006：142-143.

而统治世界”，随着近现代民主国家的建立，“帝国主义以民族主义为原则重塑帝国眼光，从而使精神变得更加狭隘，不仅失去了传统帝国兼收并蓄的胸怀，而且也把帝国的强权好战发展到了极致（历史上最大规模的战争都是现代帝国主义的作品）。”① 全球化之后，跨国公司、国际社会组织、联合国、欧洲联盟等超国家组织形态不断被创造。但就目前而言，政治性的超国家组织的定位主要是应对国际事务，一方面周旋国际纠纷，另一方面嵌入各个国家开展一些民生项目，有着宏伟远大的理想，从事着修修补补的工作，甚至沦为大国政治工具。总体而言，类似哈贝马斯所畅想的那种世界宪政约束下的遵守后本体思想的世界公民时代还远远没有到来，人们仍然主要生活在主权国家领域并仍然面临国际竞争和冲突。也就是说，超国家组织尚未成为普通之民集聚成群的模式，尚未成为全球人类普遍感知到的生活方式，尚未成为全球治理的有效手段，尚未成为普通之民所归属、所认同的社会设置。

全人类集群仍是未竟之业。

① 赵汀阳．“天下体系”：帝国与世界制度［J］．世界哲学，2005（5）．

第二章　社会分化中的集群与分群

混沌初开，天地名分，人类迈步于社会世界纯然混沌和绝对名分之间的历史进程之中。在名分使群逻辑下，精英与大众、好人与坏人、富人与穷人、朋友与敌人等各种群体类型及其中间形态始终共存。集群分群力量蔓延于社会世界。人们怀着理想，提出自由、平等、博爱等伦理和政治主张，努力抑制社会分化，消除贫困，杜绝剥削，加强团结，追求和谐社会理想。在人类历史进程中，集群规模越来越大的同时，集群形态更加多元，分化力量更加强劲；物质生活水平不断提升的同时，饥饿始终存在，贫富分化越发严重；意识形态宣传不断加强的同时，文化多元化发展生生不息，一些极端思想不时登上历史舞台。21世纪以来，社会分化趋势依然存在。

全人类集群仍是未竟之业，集群困境和风险随处可见。为此，我们要研究以下问题：

➢ 哪些集群分群现象是危险的？

➢ 那些危险的集群分群现象是如何形成的？

➢ 该如何干预那些危险的集群分群现象？

下面运用“民—群”视角，对社会极化、权利关系、极端主义情况作简要分析，以便为读者理解人类历史进程中的集群分群现象（尤其是那些有违理想的集群分群现象）提供一些思路。

一、社会极化：集群中的阶层分化

经济上的社会分层是针对人们在经济收入上出现社会分化现象的一个描述性概念，是集群分群的一种形态。20世纪末，全球化和技术更新导致资源型和传统型工业式微，高技术、高回报的金融和信息服务业迅猛发展。这推动了经济要素的再结构化，也带来了社会结构转型，比如城市社会贫困和社会排斥现象更加明显。针对这一现象，西方学者提出了极化理论，认为经济再结构化破坏了原有的城市社会空间的平衡，导致城市社会中间阶层萎缩，城市社会结构出现职业极化和收入极化。

1. 职业化、贫困化、社会极化理论

Heather · A. Smith 认为，有三种理论广泛应用于分析和解释当代西方城市社会阶层关系的主要发展变化，它们分别是：职业化理论、贫困化理论和社会极化理论。[①]

（1）职业化理论认为，当代城市社会的主要社会经济结构特征是一个正在增长的、逐渐强大的职业化阶层或"新中间"阶层，该理论的代表人物有 D. Bell、J. Myles、P. Ley 和 C. Hamnett 等。职业化理论关注新中间阶层的增长，认为新中间阶层与传统的中间阶层有明显区别，他们所称的新中间阶层主要是从事商业和金融服务业的人员，他们具有高学历、高技术水平、高收入，注重消费，对职业形势具有更强的控制能力，具有更广阔的生活和工作环境[②]。

（2）贫困化理论认为，当代城市社会经济结构的基本要素应该是逐渐增长的"下层阶级"、贫困劳工和长期失业人口，该理论的代表人物有 Wilson、Dear、Wolch、Ricketts、Sawhill、Wolch、Hughes、Holloway 等。贫困化理论认为，在城市社会，形成下层阶层的传统要素和逐渐增高的失业率最为显著。首先，传统工业萎缩，大量劳动力富余，他们曾经在第一和第二生产部门具有较高报酬，享受工会保护和长期就业保障。其次，政府有关社会福利投入缩减，工会职员及待遇优厚的经理人员受到影响；而公司为增加股金利润，也采取裁员措施，这些导致失业人口增加。所以，经济再结构化把许多工人挤压到回报低、风险大的行业；使得传统中间阶层人员大量跌落到低收入工作领域或长期处于失业状态。

（3）极化理论认为，城市社会经济结构的主要特征是传统型中间阶层的萎缩，以及随之而起的上层和下层阶层的同时膨胀，该理论的代表人物有 Friedmann、Murdie、Sassen、Kesteloot、Musterd、O' Loughlin、Friedrichs 等。极化理论关注经济社会领域两个端极的发展趋势，认为上下两个阶层相互强化[③]，一方面，越来越多的人员从事高收入、高技术的金融和信息服务业；另

① Heather Anne Smith. Where Worlds Collide：Social Polarisation at the Community Level in Vancouver's Gastown/downtown Eastside [D]. Vancouver：The University of British Columbia，2000：22 - 24.

② LEY D. Gentrification in recession：Social change in Canadian inner cities，1981 - 1986 [J]. Urban Geography，1992，13 (3)：230 - 256.

③ SASSEN S. The Global City：New York，London，Tokyo [M]. Princeton：Princeton University Press，1991.

一方面，这些职业又需要更低阶层职业人员提供服务，如现代秘书、旅游服务员和后台雇员等。此外，许多高收入家庭需要大量家庭保洁工、餐饮服务员和保姆等提供服务，低阶层职业队伍逐渐壮大。所以，市场劳动力要素两极分化趋势在加强，在一些城市，社会经济结构的极化随着传统工业及其岗位压缩而加重。

归纳起来可以看出，三种理论的共同之处在于，它们都暗示城市社会出现两种现象及它们之间存在着逻辑关系：现象一，经济再结构化；现象二，城市社会空间再结构化；现象一与现象二之间存在因果关系。三种理论间的差异在于：对变化后的经济结构的着眼点不同，或关注高技术、高回报的金融和信息服务业及其工作人员，或关注逐渐萎缩的传统工业及其工作人员，或关注两个端极的变化。这样看来，社会极化理论更像个中庸之道，但这并不是某种权宜，极化理论者们认为，社会极化是可确证的经验结论。对此，下文将作进一步分析。

2. 社会极化中的集群形态

群体经济收入和职业地位不断分化的趋势就是社会极化。20 世纪末，社会极化被广泛应用于分析西方城市社会的有钱人（haves）和穷人（have-nots）之间社会经济和社会空间逐渐分化的趋势这一现象。Hamnett 认为，这种观点“已经成为认识西方资本主义国家主要城市的社会结构变迁的常识”。[①]

那么，什么是社会极化呢？按照 Sassen 的理解，社会极化是指社会经济分布的底部和顶部的增长，即低技能、低收入家庭和高技能、高收入家庭的比例增长和数量增长。[②] Marcuse 则这样形象地定义社会极化：社会极化是指按收入分布的城市人口结构从鸡蛋（the egg）形向沙漏（the hourglass）形演化的过程。他说，城市人口收入结构通常都是呈鸡蛋形分布，中间宽，而两端逐渐趋小，当发生收入极化时，中间部分收缩、变窄，而两端扩展，直到看起来像沙漏形状。[③] Hamnett 给出的定义是：“社会极化是这样一个概念，它反映某种社会（人口）分布的变化，从一种统计学上正常的或鸡蛋形的分布，相对地或绝对地向底端和顶端过渡，而中间部分萎缩的过程。”[①] O’Loughlin 和

① Hamnett Chris. Social polarisation, economic restructuring and welfare state regimes [J]. Urban Studies, 1996, 33 (10): 1430.

② SASSEN S. The Global City: New York, London, Tokyo [D]. Princeton: Princeton University Press, 1991.

③ MARCUSE P. Dual city: a muddy metaphor for a quartered city [J]. International Journal of Urban and Regional Studies, 1989, 13 (12): 697-708.

Friedrichs 认为，极化应该包括两个方面的含义，一个是数量方面，另一个是结构方面，而其中结构上的变化最重要。[①] 按收入分布的城市人口结构如图 2-1 所示。

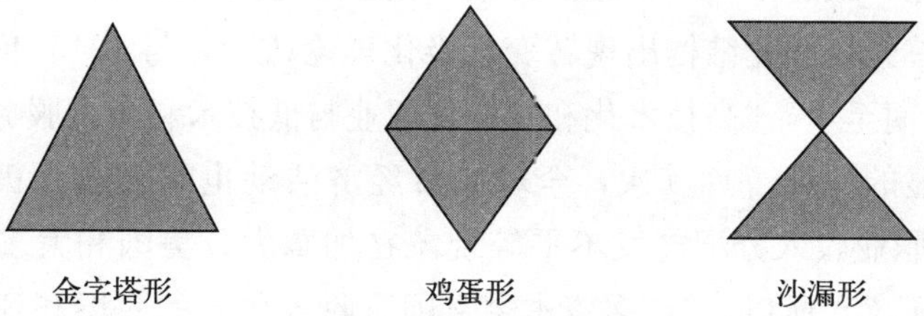

图 2-1 城市人口结构

以上定义各不相同，但其基本观点是一致的：富人和穷人逐渐增多，中间阶层人群规模逐渐缩小。

（1）社会极化理论关注城市人群的社会结构，主要是经济收入结构。它假设城市人口按经济收入所形成的社会分布一开始呈鸡蛋形，中间突出的部分指的是中间阶层，人数占绝大多数；由中间向上下两端逐渐趋小，分别形成上层阶层和下层阶层。橄榄形社会结构被认为是城市人口的正常分布形态，意味着社会具有相对稳定的结构。但是，如果中间阶层由于某种原因，逐渐分化到上下两个端极，以至中间小，两头大，像一个沙漏，这个群体分化过程就叫社会极化。沙漏形社会结构趋向不稳定。

社会极化理论如果单单从城市人口的经济收入结构的角度进行分析则并不新颖，对此，马克思的阶级理论早有论述。极化理论的新颖之处在于强调过程，与传统的一些静态的阶层理论不同，它更关注"极化"的动态过程，也就是中间阶层的萎缩过程。"社会极化理论的依据是，全球城市经济是全球控制的关键节点；这一理论在本质上既重视职业和收入领域的两个端极，也重视中间阶层的萎缩。"[②]社会极化理论关注时间问题，认为社会极化与贫困化、职业化在社会时间上同时进行，并且，城市大众在社会空间分群中，上升和下降分化同时发生。经济空间的职业分化和收入分化是社会空间分化的关键维度，它们同时发生。社会极化不是静态的线型，而是中间阶层向两个端极分化的连续过

① O'Loughlin J，Friedrichs J. Polarisation in Post Industrial Societies：Social and Econmic Roots and Consequences [M]. Berlin：Walterde Gruyter，1996.

② Baum Scott. SOCIAL TRANSFORMATIONS IN THE GLOBAL CITY：SINGAPORE [J]. Urban Studies，1999，36 (6).

程。橄榄结构向哑铃结构变形，富者愈富贫者愈贫，群体贫富分化加剧。

（2）当代西方城市已经出现社会极化。收入分配不平等逐渐成为当代社会的突出问题。在以往几十年，工业发展，社会不平等减弱，中间收入阶层发达；与此相比，最近十几年，经济再结构化已经导致收入结构极化增长，中间阶层萎缩。首先，职业结构出现转变。极化理论认为，与1945年后比，19世纪80年代后期至今，“高技术化和专业化职业与低技术和个人服务职业同时增长是尤其明显的特征。”① 其次，全球城市经济活动也导致收入极化。“大约1980年起，职业收入分配越发不平等现象在加拿大、美国和大多数西方发达国家得到印证。”② 所以，“许多资本主义国家收入分布的底层和顶层中个人和家庭增加的数量是相当大的，并且这种趋势与失业人数增长和劳动力市场风险增加相伴随。”③

（3）经济再结构化导致职业极化，从而引起西方城市居民收入分化和社会极化。Sassen等认为，全球性城市是“一个新的特殊的城市化发展形式，是国际劳动分工和全球经济调整的结果。”像伦敦、纽约、东京、洛杉矶等大城市，他们是世界经济组织的集中地，也是金融和其他专业服务公司的聚集地，是重要的产品市场和技术创新源头。她说，在这些大城市中，收入分配和职业分布的极化、工作机会的变化、因制造业的衰微而造成的中等收入层次的减少等，导致了极具特色的社会极化形式。④ 简单说，就是“主要增长型企业比现在正在衰微的老企业更加促进了高收入和低收入职业的分化。”⑤ 这种观点集中表明，主要城市或全球城市表现的主要特征就是职业和收入结构的极化，⑥ 这是由全球经济结构转型引起的。Sassen认为，一方面，职业不稳定性增强；另一方面，新型社会分化伴随着择业机遇极化增强。⑦ 可见，极化理论者们关

① FRIEDMANN J，WOLFF G. World city formation [J]. International Journal of Urban and Regional Research，1982 (6)：306－344.

② Heather Anne Smith. Where Worlds Collide：Social Polarisation at the Community Level in Vancouver's Gastown/downtown Eastside [D]. Vancouver：The University of British Columbia，2000.

③ BURGERS J. No polarisation in Dutch cities? Inequality in a Corporatist Country [J]. Urban Studies，1999，33：99－105.

④ 苗长虹，王兵 . 1980年代以来英美城市社会极化问题及其研究 [J]. 世界地理研究，2003 (4).

⑤ SASSEN，S. The Global City：New York，London，Tokyo [M]. Princeton：Princeton University Press，1991：9.

⑥ Baum，Scott. SOCIAL TRANSFORMATIONS IN THE GLOBAL CITY：SINGAPORE [J]. Urban Studies，1999，36 (6)：1095－1117.

⑦ SASSEN，S. Cities in a World Economy [M]. Thousand Oaks，CA：Pine Forge Press，1994：99，102.

注经济再结构化的结果，他们注意到，全球城市劳动市场出现重要转型，这直接影响城市人口的就业结构和收入结构。总之，社会极化是经济再结构化造成的。其因果链条：全球化和技术更新→经济再结构化→城市人口职业极化→城市人口收入极化→城市社会极化。

增长型企业主要是金融和信息服务业等。Sassen 认为，“主要城市的金融和生产服务业在更广泛的社会和经济结构中逐渐增长，并对社会和经济结构造成影响”。[①] 可见，极化理论假定经济结构与职业结构和收入结构都发生了变化，并且他们之间具有因果性逻辑关系，其结果是贫富分化，社会极化。

3. 社会极化理论的局限性

社会极化理论不仅认为全球城市经济活动致使职业结构出现转变，而且认为它还导致收入极化。但是，该理论并不是没有缺陷，Scott 认为，许多研究表明，社会极化理论同样要受到批评。[②] 批评主要集中于以下 4 个方面。

（1）极化理论概念被认为是模糊的。Hamnett 认为 Sassen 立足于职业结构和收入结构来讨论社会极化，导致概念模糊。他对此尖锐地批评道：“二元城市（笔者注：指极化的城市社会）是一个有用的意识形态概念，因为它旨在谴责城市中的不平等、剥削和压迫。但是它所依据的假设是含糊的，因为他们把对社会的批判兴趣置于社会理论之上。这种政治和情感的二元主义方法的负重及其假设的失败就意味着，它对城市社会现实的复杂性没法理解清楚。”[③] 同样，Silver 断言：“如果发达资本主义社会中新的社会阶层有关收入、职业和其他任何数量区别之外的资本普遍性有意义的话，它们必然使行动和意识嵌入国家政治舞台。”[④]

Mollenkopf 和 Castells 也认为二元城市概念“用于强调一个给定的社会下层和上层阶层不成比例的发展趋势是有用的”。[⑤] 然而，正如 Scott 所表明的，二元城市或极化城市概念如果有任何真正的用处，那也只能作为一种假设，作

---

① SASSEN，S. Cities in a World Economy [M]. Thousand Oaks，CA：Pine Forge Press，1994：99，102.

② Baum，Scott. SOCIAL TRANSFORMATIONS IN THE GLOBAL CITY：SINGAPORE [J]. Urban Studies，1999，36 (6)：1095-1117.

③ Hamnett Chris. Social polarisation，economic restructuring and welfare state regimes [J]. Urban Studies，1996，33：1430.

④ SILVER，H. National conceptions of the new urban poverty：social structural change in Britain，France and the United States [J]. International Journal of Urban and Regional Research，1993，17：377.

⑤ MOLLENKOPF J. H，CASTELLS M. Dual City：Restructuring New York [M]. New York：Russell Sage Foundation，1991：406.

为经验分析的序曲，而不能想当然地作为确证无疑的经验结论。① 面对各种批评，有些极化理论也就认为，极化理论不具有普遍性，地方不同、城市不同、经济发展阶段不同，极化有不同的结果，“这说明极化趋势的概念和测量维度也具有争议”。①

（2）社会极化理论由于把经济再结构化作为社会极化的单一及绝对原因而遭受批评。Scott 认为，二元或极化的城市图景是诱人的，他们把一个广泛的复杂过程封闭于一个简单、完整和容易理解的阶段。但是，作为形成经济再结构化和城市变迁的粗糙证明，二元或极化理论是草率的、模糊的。①

首先，城市人口收入结构的变化原因可能是多方面的，它可以是城市人口自然结构的变化所致，如性别结构或年龄结构等；也可以是其他城市人口社会结构变化所致，如家庭结构、宗教结构、民族结构或学历结构等。Buck 就指出过，即使没有职业极化，随着失业人员的增加、收入的下跌、高学历工作人员收入的上涨、单亲家庭的增多等，收入极化也会加剧。Hamnett 认为，极化理论忽视了“绝对极化”（即经济结构调整创造了大量的低技术、低报酬的工作）和“相对极化”（高比例的低技术、低报酬的工作）的巨大差别。②

其次，正如前文所说，地方不同、城市不同、经济发展阶段不同，极化有不同的结果，也就是说，极化结果的出现受社会时空差别的影响。法因斯坦和哈罗在研究伦敦和纽约响应国际经济重组时，发现虽然社会极化变得很明显，但是这些全球化的城市却存在更为复杂的社会结构。他们警告人们慎用二元这种简单的词汇，因为这些词汇只是部分地或者模糊地反映了经济调整和城市变化的结果，而不是结论。③ Hamnett 通过实证研究指出，那种认为低技术职业人员在 20 世纪 80 年代后半期是随着经济的增长而同步增长的理论，在 Randstad 并不能印证。他论证道：“在 Randstad，虽然有些证据表明收入极化，但是教育变迁更朝向职业极化。”④ 也即，导致职业极化的经济结构变化之外的因素，如教育，显然是很重要的，甚至是决定性的，但被极化理论所忽视。

（3）社会极化也并非是经济再结构化的唯一结果。正如前文所示，面对相

---

① Baum, Scott. SOCIAL TRANSFORMATIONS IN THE GLOBAL CITY: SINGAPORE [J]. Urban Studies, 1999, 36 (6): 1095-1117.

② 苗长虹，王兵．20 世纪 80 年代以来英美城市社会极化问题及其研究 [J]．世界地理研究，2003 (4).

③ 钱志鸿，黄大志．城市贫困、社会排斥和社会极化——当代西方城市贫困研究综述 [J]．国外社会科学，2004 (1).

④ Hamnett C. SOCIAL POLARIZATION IN GLOBAL CITIES - THEORY AND EVIDENCE, 1994, 31 (4): 401-424.

同的时代境况，职业化理论和贫困化理论从不同的角度就得出不同于极化理论的结论。Hamnett 认为，Sassen 没有很好地考虑发达资本主义社会阶级结构变化的实际情况，她从纽约得出的二元极化观点不能推广到所有城市。他根据对英国伦敦的研究指出，伦敦市就业结构就是逐渐呈现职业化而非极化。①

此外，居间于全球性因素中的地方性因素也很重要。Sassen 就认为："如果把全球性城市概念作为全球经济运转的绝对结果未免过于简单，因为各地方的空间、内在动力和社会结构都有其特殊性。"②

因此，如果我们论述到这里要下结论的话，可以这样认为：全球性因素未必导致一致性结果，并且，全球性城市社会变迁必然是多方面因素相互作用的结果。那么，出现以上这些因理论视点各异而得出的相互矛盾的结论，也就不足为奇了。

（4）有些批评还指出，极化理论所依据的论证在方法上存在局限。极化理论关注"中间阶层的消失"和收入分配不平等，所以，它多用传统的测量不平等的技术方法来分析极化趋势及其发展，如用基尼系数、洛伦兹曲线、五等分法等。有学者指出，基尼系数不足以说明社会极化问题，而且任何用单一方法"验证社会极化的不平等方式的努力都是徒劳和误导的"。Levy 和 Richard 曾指出，"尽管有各种各样的方法来测量不平等，但没有适合测量中产阶级消失的定理。这种定理能反映极化，从而有利于观察人口收入分布从中间向两端移动的情况。"③ 由于没有合适的"定理"，他们也只好依赖基尼系数、五等分法等进行分析。但是，Michael C. Wolfson 认为，许多学者，如 Levy 和 Richard，以五等分法等传统方法来分析中间阶层的消失，是不能证明他们的研究对象的④，因为不平等与极化是有区别的。

为此，Wolfson 提出了"极化指数"（index of polarization）以及"极化曲线"（polarization curves）两个技术性概念，用来测度他所说的两极分化现象。"极化指数"用公式表示：$p=2(2T-Gini)/mtan$［p 表示极化指数；T 表示洛伦兹曲线中变量为 0.5 时的函数值；$Gini$ 表示基尼系数；$mtan$ 表示人口收入中位

① Hamnett C. Social Polarisation Welfare Regimes in Musterd S. and Ostendorf W. Urban Segregation and the Welfare State. London：Routledge，1998.

② SASSEN S. The Global City：New York，London，Tokyo［M］. Princeton：Princeton University Press，1991：4.

③ Levy，Frank，Murnane et al. Earnings Leves and Earnings Inwquality：A Review of Recent Trends and Proposed Explanations［J］. Journal of Economic Literature，1992，30（9）：1333－1381.

④ Wolfson M C. Conceptual Issues in Normative Measurement When Inequalities Dinerge［J］. AEA Papers and Proceedings，1994（5）.

数/平均数，即 m/μ]。“极化曲线”用公式表示为：$P(p)=(\mu/m)[L(p)-L(0.5)]+(0.5-p)$。[①] 这种曲线，Wolfson说，能作为认识极化现象的一个合适的工具，对认识中间阶层的消失与否很有助益。

总之，社会极化理论描述了群体结构中中间部分萎缩的过程，揭示了资源和财富向上层阶层流动的过程。社会阶层结构反映了财富分配结构。那么，财富是如何流动的，财富如何作用于集群分群，财富如何结构化社会群体？

二、权利关系：集群中的阶层矛盾

财富分配结构化群体，具有分群集群效应。《商君书·定分》中讲：“一兔走，百人逐之，非以兔也。夫卖者满市而盗不敢取，由名分已定也。故名分未定，尧、舜、禹、汤且皆加务焉而逐之；名分已定，贫盗不取。今法令不明，其名不定，天下之人得议之，其议人异而无定，人主为法于上，下民议之于下，是法令不定，以下为上也。此所谓名分之不定也。夫名分不定，尧舜犹将皆折而奸之，而况众人乎……故圣人必为法令置官也置吏也为天下师，所以定名分也。名分定，则大诈贞信，民皆愿悫而各自治也。夫名分定，势治之道也。名分不定，势乱之道也。”可见，商鞅强调以法律将名分确定下来，以使物有所属，行有所规。[②] 这就是财富使群效应。财富使群效应服从名分使群逻辑。作为资源的兔子，当名分未定时，集结百人竞相追逐，争夺其所有权；当名分已定时，兔子成为私人财富，置于集市销售，进而结构化群体为买方和卖方。财富分配具有结晶群体的效应。

命题：财富具有使群效应，财富使群效应服从名分使群逻辑。不同的财富名分导致不同的集群形态。

财富名分在现代社会表达为财富权利。对于特定财富，谁拥有权利，拥有怎样的权利，就是财富的名分。比如，野外奔跑的兔子，当它没有权利主体时，看到的人都有权利争抢；集市上的兔子，当它有明确的权利主体时，看到的人想要得到它，拥有兔子的财产权，需要通过买卖方式获得。财富因其自身的归属，将人群界分开来。财富归属在现代社会视为财富权利，财富使群效应表达为财富权利关系。当然，权利关系除了财富权利之外，还有其他权利。我们接下来主要以基于财富形成的权利关系进行分析，讨论名分使群后，因财富

① Wolfson M C. Divergent Inequalities: Theory and Empirical Results [J]. Review of Income and Wealth, 1997 (12).

② 陈玉生．东周“名分”思想建构——作为“名分社会”的分析范式［J］．社会理论学报，2011秋．

等名分所形成的关系处境如何，发展演变机制如何，以便更加深入地认识到名分使群的深层逻辑。

随着人类人口数量的增加，社会分工越来越发达，人与人之间相互依赖程度加强。现代社会几乎没有人能独立于群体之外生存。社会分工促使人类形成各种权利义务关系，并因此既导致人们相互联结而集聚成群，又导致人们相互独立而分化成各类不同的群。与社会分层相比，财富分配形成的权利关系是非常具体的私人关系，比如，商家与顾客达成的交易关系，资本家雇佣工人形成的劳资关系，地主雇佣雇农形成的雇佣关系，土地流转过程中形成的土地租赁关系，业主和物业管理公司签订合同形成的物业服务管理关系，医生治疗病人过程中的医患关系。从微观层面看，权利关系非常具体。但是，从宏观层面看，权利关系犹如社会分层一样，涉及一个群体与另一个群体之间的关系，具有集群分群的效应。任何权利关系的创造和发明都意味着新的集群分群。

集群分群是社会分工的必然现象，但是，其间的权利关系则很可能出现问题。权利关系问题表现在微观层面的当事人双方或多方之间因权利义务关系而产生的纠纷和矛盾冲突，当这类纠纷和矛盾冲突具有普遍性并在反映宏观层面时，则出现社会分化和社会冲突问题。这种现象可称为权利关系失谐。权利关系失谐是现代化进程的产物。亨廷顿认为，现代化导致社会不稳定，也即“现代性扩散和现代社会发展的过程使个人与社会关系的‘问题性’意义充分凸现出来”。[①] 权利关系失谐意味着权利关系的“问题化”。改革开放以来，中国现代化进程加速，夏勇视这一进程为“走向权利的时代”[②]。在这期间，权利关系必然要历经大转型和大变革，权利关系问题化的风险必然提升。

1. 权利、经济与制度

权利定义非常复杂[③]，但是，任何权利都必然涉及权利主体和权利对象，权利对象可以归结为社会学意义上的资源，权利主体就是权利对象的拥有者，权利就是指权利主体对权利对象所具有的权限的一种安排，并要求人们在行为上尊重这种安排，当这种安排得到较普遍和较稳定的社会认可时，就形成制度。由于具有资源性质的权利对象总是相对稀缺的，虽然有较稳定的权利制度安排，人们仍然有可能突破制度争夺权利对象，因此，权利必然存在困境。权

① 杨敏．现代性的新发展与社会互构的时代——社会互构导论：中国特色社会学理论的新探索之三［J］．广西民族学院学报（哲学社会科学版），2004（1）：155－166.

② 夏勇．走向权利的时代［M］．北京：中国政法大学出版社，1995.

③ 需要说明是，这里并不想给权利下定义，而只是简单地交代权利、经济和制度三者之间的关系，目的在于简化本书的分析。有关权利的定义可参见夏勇著的《人权概念的起源》等书。

利困境主要体现为权利关系的非对称结构，其根源在于权利得以实现的法律和道德环境出现问题。其中，社会道德盲视和国家权利冷漠是权利困境的两种重要表现。

（1）权利的经济基础及困境。在现实生活中，人们既受到权利的诱惑，又受到权利问题的困扰；人们在呼吁权利而满怀信心的同时，又因其难以实现而痛苦。我们希望完善的权利产品毫无歧视地平等地提供给每一个公民，但从来就没有实现过，这个事实本身就值得反思。如果权利只停留在虚处，而并没能变成实质化的权利，那么就不是真正的权利。然而，问题就在于权利的实质化，因为任何实的东西都与资源相关联，而资源总是稀缺的，资源的稀缺是因为它对于人的欲望而言总是不充足。因此，真正的权利总是对资源的占有，总是与权利对象相关联，比如外出务工人员合法获得劳动报酬的权利，农民获得征地补偿费和安置费的权利，业主获得适当服务的权利。

权利要得到普遍实现，唯一的可能就是可利用的资源极大丰富，也就是经济“蛋糕”无限做大。然而，如果人类的欲望总是难以满足，即那个“心理学蛋糕”总是相对较大时①，权利也就不可能完善。因此，权利要想能真正实现，权利就必然自行消失，否则，权利总有瑕疵。权利瑕疵表现在权利对欲望进行克制的同时必须容忍人们对经济蛋糕的争夺。这种争夺在现代社会之前主要表现为暴力剥夺权利，甚至使一部分人毫无权利可言，因此暴力剥夺不可容忍；在现代社会主要表现为非暴力争夺权利，同样使一部分人的一些权利难以实现。可见，权利的实施并没能抵制竞争，甚至暴力争夺，比如当前我国社会存在的一些问题，农民的土地承包权并不能消除土地被商业资本侵蚀，外出务工人员的劳动报酬权并不能消除企业主的恶意侵犯，等等。可见，无论在什么情况下，权利都具有选择性，它总是“利一部分人，损一部分人”。

命题：权利没有实质化就不存在权利，实质化则权利不可能完善。这就是权利困境。权利困境意味着权利总是存在瑕疵，有瑕疵的权利导致其自身总是“利一部分人，损一部分人”，并为集群分群提供动力。

权利困境实为财富分配困境。权利资源包括物质或者声望，地位或者权力，健康或者安全，等等。权利总是具体的，如获得基本生存条件的权利、言论自由权利、出版自由权利、受教育权、获得医疗和健康环境的权利、享有清

---

① 赵汀阳认为，事实上人的需要和欲望总是水涨船高，总是与馅饼同步增长，且不说欲望往往增长得比物质增长得更快，因此，“经济学馅饼”虽然大了，但可怜的“心理学馅饼”却会抵消了经济学馅饼增大的价值。参见：赵汀阳．关于自由的一种存在论观点［J］．世界哲学，2004（6）：57－65.

洁空气和水的权利等。权利必须落到实处，在抽象层面上理解权利毫无意义。为了保证权利的落实，首先需要确定权利边界，人们为此创造了制度，包括法律的和道德的，用以确定人们作为与不作为的界限。但是，权利边界的确定必然要依据既定资源分布的某种初始结构或初始依据。由于没有任何初始结构或依据能够使所有人共同处在同一个水平面上，因此，初始结构必然是一个差异性结构。如此，假设权利要得到完善实现，使得每个人都拥有相近的资源水平和平等的发展机会，权利制度就必然陷入困境，因为它既要求凸显初始结构中的各种优势，又要求改善初始结构中的各种劣势。结果，权利制度也必然具有选择性，规定具体的人可以选择什么，抵制什么，创造什么，并最终导致自身“利一部分人，损一部分人”。因此，权利困境必然导致权利关系主体之间的集群分群和社会分化。

因此，经济蛋糕和心理蛋糕之间的矛盾预设了普遍权利的不可能性，为此，人们只能放弃权利的帕累托最优，而只能寻找权利的帕累托次优。

（2）权利制度及其成本。如上所述，权利必须落到实处才有意义，这强调的就是权利的实施，途径有：限制欲望，保证资源竞争有序。为此，人们创造了制度，一种权利制度，用于确定权利的边界，使得“上帝的东西归上帝，恺撒的东西归恺撒”，因此，权利一开始就是集群分群性的。权利制度背书财富使群效应，强化了名分使群逻辑。

然而，权利并不能自我设防，比如外出务工人员所具有的人身权并不能防止雇主带来的人身伤害，因此，权利在本质上要求有自身能够实现的能力。权利的社会性为其自身实现提供了可能，也即权利要由群体来共同维护和救济，依据群体的力量来实施权利制度。

这种群体力量首先表现为公共权力，公共权力通常由群体选出的代理人来行使。因此，权利在某种意义上说就是群体认可的权力。现代公民权利就是由一国公民所认可的国家代理行使的权力。然而，与无限制的权利实施一样，权力若无限制也会导致权力行使的无度和虚化。为此，人们创设了权力制度，对权力资源进行配置，划定权力边界。与权利不同的是，权力必须自我设防，以权力限制权力。有了权力，权利就有了依托；有了权力，“有权利，便有救济”才有可能。然而，救济是昂贵的，因此，权利也是昂贵的。可见，权利实施具有成本；公民权利的实施则具有公共成本，依赖公共税收[①]（霍尔姆斯、桑斯坦 2004，杨瑞龙、卢周来 2004，赵汀阳 2004）。例如，我国当前要是取消限

① 霍尔姆斯，桑斯坦．权利的成本——为什么自由依赖于税［M］．北京：北京大学出版社，2004.

制城乡人口流动的户籍制度，大量农村剩余人口（主要是剩余劳动力）就会涌向城市，许多城市就必然要增加用于基础设施投入的公共成本。

由于公民权利依赖税收，而税收是有限的，难以满足所有的权利实施要求，那么，权利也就不可能得到完善实现，这时权力就会出现权利保护的偏好，甚至出现“集体排他”[①] 现象，也就必然会出现“利一部分人，损一部分人”现象。因此，权利成本导致权利关系主体之间的集群分群和社会分化。

群体力量还可以表现为道德约束，社会道德主要通过规制人们的内心来实现行为约束，从而在一定程度上实现权利的保护和救济。然而，道德并不具有强制实施的能力，除非它转化为公共权力，因此，道德也就不需要强制实施的能量供给（当然，这并不是说道德具有天然性），道德实施不需要公共成本（这也不是绝对）。然而，违背道德则会冒担负声名狼藉的风险，声誉的败坏于个人权利的保护是不利的。例如，偷盗未遂即使还没构成犯罪，也会遭到道德的谴责，并且行为实施者将被贴上污名标签，这类风险我们称之为道德成本，它是私人成本。然而，道德终究不是权利实施的有力武器，与公共权力相比显得温和，不过，两者可以互为补充。

命题：权利必须通过克制欲望来实现资源有序分配，但权利关系双方需要借助外部权力保障欲望的克制，外部权力的维护需要成本，公权力保障私权利依靠税。资源有序分配需要成本，权利得到救济需要成本。这就是权利成本，它导致“利一部分人，损一部分人”。

综上可知，资源的稀缺性预设了权利存在瑕疵，资源分布的初始结构的差异性预设了权利制度的倾向性并进而预设了权利初始结构的倾向性，权利实施的公共财政的有限性预设了公共权力对权利实施的有限性，道德约束的软弱性预设了道德对权利保护和救济的有限性。因此，出现“利一部分人，损一部分人”现象就在所难免，我们能做的就是尽量达到权利的帕累托次优。

2. 社会失谐

在劳资关系、土地关系和物业关系等方面，这些失谐因素有具体体现，它们导致了大量上访、信访、抗议等维权行为的出现[②]。

---

① F. 帕金．马克思主义与阶级理论［M］．上海：三联出版社，1989：53－58.

② 郑杭生教授认为，20 世纪 90 年代中后期以来中国社会普遍发生的三件大事就是：国有企业的改制重组破产所引发的职工下岗失业、农村土地征用所造成的农民失地、城市房屋拆迁所形成的居民失房（学术界称为“三失”）。他说，这三件大事直接、间接都是政府行为主导的，这又导致了党群关系、官民关系的紧张。其他还有工程项目移民引发的社会矛盾；外出务工人员无保障处境和不正常劳资关系所引发的社会矛盾；企业军转干部问题等。现在的信访、上访，几乎都与上述这些问题有关。（郑杭生．正确处理新形势下的社会矛盾［EB/OL］．2006－02－07.）

（1）劳资关系失谐。这里的劳资关系主要是指外出务工人员与企业主之间的各种关系。我国当前正处于城市化和工业化的重要时期，大量农村人口进城务工，他们被称为外出务工人员。外出务工人员群体成为这一时期的重要群体，早在第五次人口普查表明，我国有 1.2 亿外出务工人员在城镇务工。他们为城市、为社会创造了巨大的物质财富，也促进了农村自身发展，推动了城乡社会文化等方面的交流。然而，由于多方面原因，他们的合法权益也经常受到侵犯，例如，1998 年仅深圳市发生外出务工人员工伤事故就有 12 189 件，其中 90%以上是断指、断掌或断臂①。

外出务工人员权益受损主要表现为：①人身人格权受到侵犯；②劳动安全生产条件恶劣；③延长劳动时间和增加劳动强度；④克扣、拖欠工资现象严重；⑤女职工及进城的外出务工人员子女合法权益难以保护；⑥外出务工人员劳动保障机制不健全，等等。此外，外出务工人员与城市职工同工不同酬。据有关单位调查，外出务工人员月平均工资与相同类的城镇职工月平均工资比较，2004 年相差 500～800 元。外出务工人员按 1.2 亿人计算，仅工资剪刀差一项一年就达 1 万亿元左右，而且城市职工享受的福利待遇还未包括在内②。20 世纪 90 年代以来，国内的新闻媒体和研究者不断揭露出外出务工人员权益受损，以及外出务工人员在城里成为边缘性群体、受到各种歧视性待遇、竭力要求维护自身权利的状况。

（2）土地关系失谐。这里的土地关系主要是指土地征用中涉及的各种权利关系。在城镇建设、道桥建设和经济开发区建设等情况下，大量农民土地被征用，造成现今大约 4 000 万的失地农民③，并且征地过程中普遍存在征地补偿标准偏低、社会保障措施不配套、征地补偿安置费分配混乱、部分官员腐败等问题。结果，在土地非农化过程中政府受益最多，一些基层干部和村集体组织代言人也获得可观收益，而农民受益相对较少且实质受损。据陈锡文估计，改革开放以来，土地非农化使政府收入高达 2 万亿元④；王海全认为，1989—

① 孙覆海．深圳部分外来劳务工劳动安全状况堪忧［J］．工人日报，1999（3）．

② 万宝瑞．长期的发展方向 紧迫的现实任务——关于建设社会主义新农村的思考［J］．农村财政与财务，2006（6）：15－17．

③ 郑杭生教授认为，20 世纪 90 年代中后期以来中国社会普遍发生的三件大事就是：国有企业的改制重组破产所引发的职工下岗失业、农村土地征用所造成的农民失地、城市房屋拆迁所形成的居民失房（学术界称为“三失”）。他说，这三件大事直接、间接都是政府行为主导的，这又导致了党群关系、官民关系的紧张。其他还有工程项目移民引发的社会矛盾；外出务工人员无保障处境和不正常劳资关系所引发的社会矛盾；企业军转干部问题等。现在的信访、上访，几乎都与上述这些问题有关。（郑杭生．正确处理新形势下的社会矛盾［EB/OL］．2006－02－07．）

④ 陈锡文．资源配置与中国农村发展［J］．中国农村经济，2004（1）：4－9．

2003年土地非农化过程中政府获得收入将近3万亿元[①]。由于强大的利益驱动，一些基层政府采取非法手段强征农地，以致“类似这样（非法）征用土地的，在全国实际上已经是遍地开花，而且维权异常艰难”[②]。农民在失去作为生存之本的土地，又没有获得适当补偿和安置的情况下，纷纷采取各种方式来修复和维护自身权益，但是，由于利益对立尖锐，以至酿成大量冲突事件，结果是部分官员枉法腐败，损害了政府的公信力；农民生存发展无依，威胁社会发展和稳定。

（3）物业关系失谐。物业关系主要指业主（业主委员会）与物业公司、开发商之间的各种关系。在城市化水平日益提高的情况下，一个个住宅小区拔地而起，与此同时，物业公司、开发商与小区业主（业主委员会）之间的各种管理关系和利益关系也逐渐成为城市社会的新矛盾。从物业乱定价、乱收费、擅自停水停电到保安殴打业主，大量的物业纠纷诉讼纷至沓来……仅北京市朝阳区法院近4年就已受理了5 391件物业纠纷案件，而该院2002年只受理了194件[③]，然而，另据有关报道称，在这些纠纷案件中近九成都是业主输官司。可见，业主对物业管理质量的不满度逐渐升温。今年3月9日，全国人大代表罗益锋经调查发现，有70%的人对自己所住小区的物业管理大为不满[④]，当然，物业也不满意，双方都感到委屈。由此可知，城市生活中物业关系并不和谐。

3. 权利关系的非对称结构

（1）权利关系网络：外出务工人员是权利链条的终点与维权链条的起点。外出务工人员主要从事体力劳动，受其直接雇主的监管，并且主要从其直接雇主那里获得劳动收入，因此，外出务工人员与其直接雇主之间形成一种雇佣关系。学者一般认为，外出务工人员与直接雇主通常比较熟悉，具有朋友、老乡或亲戚关系，因此，这种雇佣关系主要发生在熟人社会。在市场日益细化的今天，直接雇主可能只与劳动产品生产流通环节中的某个局部打交道，也即直接雇主把外出务工人员生产的劳动产品供给另一个交易方。比如，以建筑业为例，直接雇主可能是包工头，他与总承包商建立承包关系，总承包商又与建筑方建立承包关系，[⑤] 在所有这些关系中，都涉及权利的传递与管理，因此，我

① 王海全．土地“农转非”与我国农地制度变革：一个产权分析框架［EB/OL］. http：//www.usc.cuhk.edu.hk/wk_wzdetails.asp? id=3944.

② 袁裕来．特别代理：民告官手记［M］. 北京：中国检察出版社，2006：3.

③ 沈寅，王海，张向永．业主维权有多难［N］. 人民日报．2006-06-26.

④ 白洁，陈恒．为何“物业费之争”连续三年居物业纠纷之首？［N］. 法制晚报，2006-04-18.

⑤ 杨瑞龙，卢周来．正式契约的第三方实施与权力最优化——对农民工工资纠纷的契约论解释［J］. 经济研究，2004（5）.

们把这层层关系称为权利链。在这个权利链中，外出务工人员主要与他们的直接雇主发生关系，因而处于关系链条的最后环节，也就是权利链的终点。我们可以从逻辑上认为，权利链中前端环节的断裂将会对其后所有环节起连锁作用，其效应是传递性的，最后环节也是风险最大的环节。因此，位于权利链终点的外出务工人员的权利产品最具风险。杨瑞龙和卢周来在分析外出务工人员工资纠纷的成因时就认为，外出务工人员工资被拖欠的主要原因并非外出务工人员与直接“关系”雇主之间的关系链断裂引起，而是这个权利链条上的其他环节断裂引起的。[①] 当国家作为权利关系修复的强制性外部力量失败时，外出务工人员的合法权益就难以得到保障。

外出务工人员权利受到侵犯时，他们要么自我实现权利修复，要么通过第三方实施。第三方实施主要是国家（政府）作为强制实施者来进行，也可能寻求其他第三方力量完成。为了更好地区别维权力量，我们把国家强制实施称为公力维权，把自我实施和其他第三方实施称为私力维权（图 2－2）。在公力维权中，外出务工人员通过维权机构（如工商行政管理部门、司法机构、工会、劳动部门、财务审计部门、安全生产部门等）来修复受到侵犯的权利，即依靠国家强制力量对侵权者处以惩罚，并强制其履行法律责任。在私力维权中，外出务工人员自我或通过他人直接诉诸侵权者，绕开国家权力，通常使用暴力、示威等手段。但是，无论哪种维权方式，外出务工人员都处于起点，我们称其为维权链的起点。我们同样可以逻辑性地认为，维权链要顺利展开，位于起点的外出务工人员要不断输入能量。由于维权程序复杂，周期甚长，甚至各项费用很高，同时外出务工人员维权知识通常储备不足，在成本过高，预期效果不明显的情况下，外出务工人员通常只能放弃维权，忍气吞声。

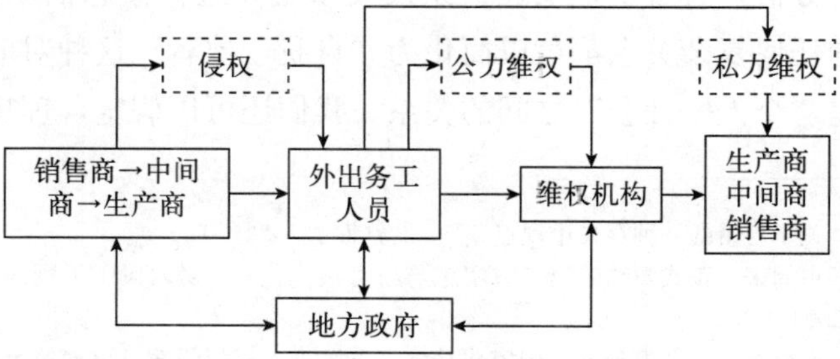

图 2－2　外出务工人员的公力维权与私力维权

① 杨瑞龙，卢周来．正式契约的第三方实施与权力最优化——对农民工工资纠纷的契约论解释[J]．经济研究，2004（5）．

（2）非对称结构：权利链与维权链的主要特征。依据上述权利必须依靠群体力量（主要是公共权力）才能得以实现的理论，我们显然可以逻辑性地推论出，失衡性权利初始结构如果能够持续，必然需要得到群体力量的保证。如果说权利是一种制度化了的资源空间，或者说是权力所保障的空间，那么，能够持续的失衡性权利结构也必然是一种制度化了的失衡性资源空间，或者说失衡性权力（比如权力由于资源有限而对某些失衡性权利结构视而不见）所保障的空间，否则失衡性权利结构就必然处于不稳定状态，也就是得利或受损的那部分人并不具有稳定性，而且彼此之间互相强化，而不会使得有些人一时失利时时失利，一处失利处处失利，有些人一时得利时时得利，一处得利处处得利。此外，我们还可以逻辑性地推论出，失衡性权利结构如果难以为继，那也必然源于得不到群体力量的保证，或者说源于群体力量对其进行了纠偏，否则它难以改变。如此看来，权利只有在权力范畴内才能得到说明，也因此，赵汀阳认为，权利和权力完全是一体之两面，不对立，不分离。[①]

我们并不知道持续性失衡的权利结构与短暂性失衡的权利结构孰者更善，虽然失衡性权利结构都不能让人满意，人类总是在纠正它，然而，同样的事实是，失衡性权利结构从来就没有完全消失过，不管是持续性的还是短暂性的，有的只是形式上和程度上的变化。这个事实告诉我们，失衡性权利结构在不断地再生产。

失衡性权利结构再生产的原因一些经济学者归结为权利制度，[②③] 一些社会学者归结为权力制度与技术理性（或政治与市场）[④⑤]。如果说权利必须在权力中才能得以落实，那么是失衡性权利结构再生产可以在权力范畴内寻找答案。因此，我们首先假设：权力结构的失衡是导致当前权利结构失衡的原因。

为了便于分析，有必要把上述关系及关系主体进行概念抽象。我们假定，人类社会中的任何复杂关系都可以简化为“自我—他者”这种对应关系，对互构论而言就是“个人—社会”之间的关系。我们还可以假定，理想的关系具有

---

① 赵汀阳．关于自由的一种存在论观点［J］．世界哲学，2004（6）．

② 杨瑞龙，卢周来．正式契约的第三方实施与权力最优化——对农民工工资纠纷的契约论解释［J］．经济研究，2004（5）．

③ 程保平．产权制度、合谋条款及国家成功——农民工工资纠纷案（以建筑市场为例）的契约理论再解释［J］．经济评论，2006（3）．

④ 李路路．制度转型与分层结构的变迁——阶层相对关系模式的“双重再生产”［J］．中国社会科学，2002（6）．

⑤ 李路路．制度转型与阶层化机制的变迁——从“间接再生产”到“间接与直接再生产”并存［J］．社会学研究，2003（5）．

和谐、稳定和相互促进的品质，即个人与社会双赢；而失谐的关系则混乱、失衡和相互耗损，即个人与社会两败俱伤。失谐关系可能表现为一边倒的局势，即为一些经济学家所称的“狼—羊”结构；[①] 或表现为因信息不对称而出现难以预期的关系，行动结果难以预测，造成“囚徒困境”，这种关系结构我们就称其为“囚徒结构”。对上述三类失谐的权利关系，即外出务工人员—企业主（劳资）关系、农民—地方政府（土地）关系、业主—物业公司（物业）关系，一般认为外出务工人员、农民和业主是弱势群体，即弱势权利主体；而企业主、地方政府和物业公司是强势群体，即强势权利主体。那么，他们之间形成的是一种被称为“狼—羊”结构的“非对称权利关系”。然而，如果只是静态地分析这些关系对我们理解权利关系失谐将毫无益处，笔者将把其放在更广阔的社会结构中加以考察，这样也许可以找到这几对简单的关系所共有的背景，从而能更好地分析它们。

当前社会之非对称权利关系除体现为上述三类关系之外，在其他许多方面也越发凸显，如拆迁、下岗、教育、工程移民、军人转业等各种因素引起的社会矛盾。通常情况下，社会快速变迁之时，社会矛盾更加突出，失谐关系越发明显和严重。失谐关系任其发展，结果肯定是关系双方两败俱伤，若要修复那些具体的失谐关系，途经有：①单个关系主体自我修复，②双方相互修复，③第三方修复。然而，程保平认为，权利关系中非对称结构一经形成，就不可能改变，唯一途径就是打破权利关系初始配置，于是，他寄希望于作为第三方的国家强行割断这种非对称结构关系，重新进行权利配置。[①]但是，当社会矛盾面广、程度深，而且各种矛盾相互激化和相互转化之时，许多矛盾最初多停留在权利诉求和修复的层次上，后来却发生转化，权利主体有可能把矛头转向政府，直接表达对公权力不当运用的不满。因此，国家权力既是应对复杂的社会失谐关系的重要机制，也可能引火烧身。

总之，权利关系失谐与现代化进程中理性扩张的差序格局有直接关系。合理化不仅体现在车间标准化行为上面，而且使人类行为在社会时空中呈现各种形态和组合方式，使得行为目的和行为结果隔离，局部行为的合理性与整体行为的非理性相互触发，合理化与去道德化相互促进，社会因此生产出道德盲视和权利冷漠，权利关系由此紧张。总之，权利关系失谐体现出旧式现代性的严重缺陷。

① 程保平．产权制度、合谋条款及国家成功——农民工工资纠纷案（以建筑市场为列）的契约理论再解释［J］．经济评论，2006（3）．

（3）几个推论。上文首先分析了权利结构不平衡的必然性问题，也就是权利必然是“利一部分人，损一部分人”的，然后说明了我们当前社会的权利关系的失谐特征。问题的关键在于，为什么是这一部分人而不是那一部分人得利，为什么是这一部分人而不是那一部分人受损。为找到答案，笔者把上述分析结果与前面述及的几个经验事实结合起来分析，所采取的分析方法是逆推法，即先给出假设，再提出满足这个假设的条件，条件如果成立，那么假设就能够成立。

命题：资源稀缺预设了权利存在瑕疵。资源分布的初始结构的差异性预设了权利制度的倾向性并进而预设了权利初始结构的倾向性。权利实施的公共财政的有限性预设了公共权力对权利救济的有限性。道德约束的软弱性预设了道德干预权利实施的有限性。

①“资源稀缺预设了权利存在瑕疵”要能够成立，必然要推论出：第一，外出务工人员劳动力、工资，农民土地资源、政府补偿费用等，物业公司的服务、业主缴纳的物业管理费是资源，并且是稀缺的；第二，这些资源只要不是极大丰富，就不能随意获取，也就必然要设定权利归属，而不管权利归属如何设定，都会导致竞争或争夺，从而造成事实上的不平等，使得“利一部分人，损一部分人”。上述事实主要表现为劳动力价格偏低、土地补偿费用偏低和物业服务质量存在瑕疵，这些都是权利受损问题。

②“资源分布的初始结构的差异性预设了权利制度的倾向性并进而预设了权利初始结构的倾向性”要能够成立，必然要推论出：第一，上述劳动力、资本，土地、权力、国家财政，服务、货币这些资源初始分布具有差异性；第二，现在如果要设定一项权利制度，明确这些资源的权限（占有、使用、收益和处分等权项），那么，只要这些资源初始分布不均，不管如何设定，权利制度必然具有倾向性，明确规定保护谁、剥夺谁，哪怕仅仅维持原状；第三，权利制度安排的最后结果必然形成新的权利结构，这种权利结构必然处在这样两个端极之间，一端是资源绝对平均分布，另一端是资源完全归属一部分人。本章所说的社会转型过程，权利结构的转变是个突出方面，即从改革开放前平均资源型公有制制度安排向“让一部分人先富起来，先富带动后富”的先分化—后整合型私有制制度安排转型，为了配合这种权利制度转型，相应的资源配置方式也发生了改变，由政府权力配置转向市场机制配置。从目前看，转型的结果确实是一部分人先富起来了，但是，贫富差距还在拉大。当然，这种转型过程及其性状如何，有各种不同的说法，后文将进一步阐述。

③“权利实施的公共财政的有限性预设了公共权力对权利救济的有限性”

要能够成立，必然要推论出：第一，由于当前资源配置方式主要是市场对资源的配置，因此，权利实施主要就是保证市场机制的正常运行；第二，由于权利强制实施权在当前社会主要由国家垄断，因此，权利实施由国家负担；第三，国家运转靠的是财政，而财政作为一种资源，必然是有限资源；第四，如果财政资源有限，那么国家对权利的实施就必然难以完善。这里的关键在于政府权力到底在实践中更倾向于保护哪些人的利益。

④“道德约束的软弱性预设了道德干预权利实施的有限性”要能够成立，必然要推论出：第一，外出务工人员与雇主、农民与地方政府、业主与物业公司之间的关系越来越由一种非正式关系向正式关系方向发展①；第二，在正式关系中，道德对雇主、地方政府和物业公司行为的约束力逐渐弱化；第三，由于道德对行为的约束力逐渐弱化，道德对权利保护和救济的能力逐渐弱化。

上述推论可以被充分证明，这里不再赘述。那么，这种非对称结构给予我们什么启发呢？当前权力关系失谐的根源在于权利本身是旧式现代性的产物，它以利益关系为载体，以理性行为为根据，以国家权力为庇护，从而遮蔽了道德和权利环境。

4. 权利关系失谐

旧式现代性是如何酝酿出权利关系失谐的呢？问题的要点其实就是权利关系的道德监视和法律监视出现了问题，也就是权利本身如何使得社会道德力量和公共权力力量放逐了自身，出现了权利关系的道德盲视和权利冷漠的问题。

（1）权利的道德盲视。当前社会转型的一个重要特征就是社会权利关系由稳定性与封闭性向变动性与开放性转变，这使得权利链条不断在时空中扩展。权利链条的伸展使得行为及其后果之间的距离增加，因为行为及其后果之间充满了许多“中间”行动者以及大量的微妙行为，这使得行动者的目光被遮蔽，让他看不到行为的结果，这样就使得行为的道德意义也被屏蔽，行为的道德或不道德后果无法进入行动者视野，行动者可以从道德环境中抽离而出。这可称为“权利的道德盲视”。

比如物业公司的决策层很难看到他们的决策是如何经过公司管理人员及员

① 这类似于诺斯所称的人际交换世界和非人际交换世界。非正式关系具有以下特征：以熟人社会为基础，人们拥有“共同知识”，关系具有相对稳定性和重复性，主体间相互依赖性强，除经济交往外，还有其他社会交往，交往目的不仅追求利润最大化，而且追求声望最大化。而正式关系则不同：以非熟人社会为基础，“共同知识”较少，一次性博弈，主体间并不具有直接的相互依赖性，经济交往为主，主要以利润最大化为目的。参见：道格拉斯·诺斯．制度、制度变迁与经济绩效［M］．上海：三联出版社，1995：75-79.

工落到实处的，也很难亲身体会到业主对决策实施行为的反应，也许他们的决策是以公司利益最大化为目标，而决策的实施使得具体执行者及业主们都感到痛苦。结果是，由于决策行为及其后果之间充斥着许多“中间”行动者以及大量微妙行为，使得行为后果的道德意义挡在行动者视野之外，决策者从业主与决策执行者之间的博弈中抽身而出，导致权利的道德盲视。而在外出务工人员身上发生的权利链条中也是如此，外出务工人员只是在权利链条的末端从事劳动，并不知道其劳动的指令最初发自何方（也许来自国外的某个批发商），如果交易环节某处出现问题，真正倒霉的很可能就是可怜的外出务工人员，由于许多“中间”行动者以及大量微妙行为的存在，出问题环节的当事人难以亲身体会到其行为后果，最终出现权利道德盲视。

那么，权利关系的最后一环是否具有道德生存空间呢？这要分情况而论。首先，如上所述，外出务工人员所处的权利关系的最后一环多半缘于熟人社会，因此具有道德生存空间，但这一环节并不能保证其他权利关系环节的顺畅，因此，仍然存在很大的风险，当风险出现时，这个熟人社会要么内部出现紧张，要么协同维权。其次，社会分工使得许多事情为多个行为协作完成，因此，个别行为的良善性并不能保证共同行为结果的良善，并且个别行为因此与共同行为结果分离，从而也导致权利道德盲视。最后，职业行为的制度化和规范化使得许多行为的正当性不再以道德为依据，而是以纪律为依据，“纪律取代了道德责任”[①]，因此，职业行为转变为严厉的纪律行为，要求避免可能影响科层制效率的道德判断，即职业行为本身去道德化。因此，即使在权利关系的最后一环，道德生存也有很大问题。

由此可见，在转型社会中权利链的道德监视及道德力量变得弱化。

（2）权利的国家冷漠。在封建制时期，封建主独揽国家权力，把国家权力之恶的面相展露无遗，西方国家封建制末期的思想家们因此对权力极不信任。为防止权力宰制权利，洛克明确提出了以分权制约权力的思想，孟德斯鸠则更加系统地提出三权分立思想。这些思想通过宪法确立下来，变成制度性规范。特里索里尼认为：“宪法有双重功能，即授予权力并限制权力”。[②] 一般认为，国家权力的获得在于公民自然权力的让渡，同时，也受自然权力的限制[③]。关键在于权力让渡和权力控制（即保权和控权）的程度。对于这个问题，西方法

① 鲍曼．现代性与大屠杀［M］．北京：译林出版社，2002：30.

② 何华辉．比较宪法学［M］．武汉：武汉大学出版社，1988：12.

③ 肖北庚．控权与保权的统一：现代宪政发展新趋势［J］．现代法学，2001（1）：95-98.

家出现“大政府”与“小政府”之争，这在实际中具体表现为“自由主义”和“福利国家”的差别。秦晖认为，他们虽有争论，但有一条共同底线，即主张权大责大，权小责亦小。但是，秦晖进一步指出，我国古代曾长期盛行权力意义上的“大政府”与责任意义上的“小政府”，在这传统下，很容易形成权大责小的官府。[①] 然而，在现代经济社会，国家权力难以独来独往，它经常需要依靠精英结盟[②]来发展自己，国家权力因此有选择性地为某些具有谈判力的精英集团提供服务，最终往往依据阶级政治或身份政治限制轻视社会底层者的权利，这也就是保权和控权不当而导致无视权利的问题，这可称之为“权利的国家冷漠”。

社会转型过程中权利冷漠现象相对稳态社会可能更加严重。比如，我国社会正处于“社会现代性全球化的长波进程与我国本土社会转型的特殊脉动这两股力量的复杂结合与交叉”[③] 进程中，这内外两股力量必然同时作用于权利冷漠。就劳动力市场而言，发达国家通过“外包制造”的方式将制造业资本转移到劳动力资源丰富的发展中国家，发展中国家为了吸引外资，纷纷建立出口加工区，并提供税收优惠、廉价的劳动力、弱化政府对“劳动体制”的干预[④]。因此，资本全球化加剧了我国劳动力对资本的依赖，同时强化了资本对劳动力的控制，它必然导致外出务工人员权益受损。这导致国家权力处于既要吸引外资以发展经济又要防止外资以保护劳动权利的尴尬处境，然而，大多数发展中国家在转型期都将发展经济定为第一要务，结果权利多半遭受冷漠。同样，地方政府具有地方保护主义倾向，创造各种优惠的投资环境，吸引异地资源，帮助本地企业发展[⑤]。地方国家权力因此也容易成为地方企业盘剥劳动力剩余价值的庇护者，最终导致地方政府的权利冷漠。

命题：权利的道德盲视和国家冷漠意味着外部力量难以克服权利困境。

总之，普遍意义上的权利困境和特殊意义上的权利冷漠相互作用，最终导致侵权低成本和维权高成本，结果是权利关系越发紧张，权利关系相对主体之间的群体分化趋势将更加强劲。

---

① 秦晖．公共权力、公共责任与限权问责［J］．吉林大学社会科学学报，2006（3）：9－13.

② 米尔斯．权力精英［M］．南京：南京大学出版社，2004.

③ 郑杭生，杨敏．社会实践结构性巨变下的社会矛盾［J］．探索与争鸣，2006（10）：19－22.

④ 余晓敏．经济全球化背景下的劳工运动：现象、问题与理论［J］．社会学研究，2006（3）：188－218，245－246.

⑤ 杨瑞龙．我国制度变迁方式转换的三阶段论——兼论地方政府的制度创新行为［J］．经济研究，1998（1）：3－5.

三、极端主义：集群中的矛盾极端化

权利难免遭遇道德盲视和国家冷漠，使权利救济陷入困境、权利关系陷入困境。在社会快速发展过程中，权利关系面临更多风险。改革开放以来，中国社会从人情社会向市民社会快速变迁。相对稳态社会，快速变迁社会受文化多元化、竞争内卷化等因素影响，一些权利关系难免引发矛盾冲突。一些因权利关系紧张引发的日常纠纷事件会按照"纠纷—矛盾冲突—怨恨—激进（主义）—极端（主义）—恐怖（主义）"的路径不断升级演化，最终演化为极端事件甚至恐怖事件。

1. 社会矛盾冲突诱因与极端化趋势

（1）社会矛盾冲突诱因。一是城市化进程中，新旧文明不断迭代更新，人们不知道依据什么规范，导致社会失范。二是多元化背景下，不同文化主体相互联结与融合过程中，一些个体与社会融合不够产生疏离感和不满。三是在理性化思维引导下，有些人在有限资源争夺过程中突破常规、不择手段，导致社会关系紧张。四是内卷化时代到来，社会竞争程度不断增大，"内卷"范围扩大且程度加剧，产生大量看不到希望的"失意群体"，[①] 社会怨气增长，风险群体增加。五是社会阶层不断固化，一些既得利益群体阻挠改革甚至突破底线，底层社会怨气加大，加剧了社会结构紧张。六是国际环境形势严峻使国际竞争向国内传导并将其势能向基层社会积蓄，基层干群矛盾和社会冲突多元化、复杂化。

（2）社会矛盾冲突极端化趋势。极端化行为主体不只是"失意群体"；矛盾冲突积累的时间跨度不固定，激化的起因偶然性大，极端化之前无征兆；极端化行为除了针对报复冲突对象，还包括自我伤害行为，以及无差别的"独狼式"恐怖行动，极端化现象越来越难以掌控。但是，矛盾冲突极端化还是有迹可循的，通常按照"纠纷—矛盾冲突—怨恨—激进（主义）—极端（主义）—恐怖（主义）"不断升级的路径演化。

2. 社会矛盾冲突极端化类型、原因与特征

（1）"风险个体—激进化"。生活处处"失意"（如失业、遭受歧视、遭受不公正待遇），缺乏更多有效手段应对和化解生活危机的人，某次矛盾冲突就可能成为"压死骆驼的最后一根稻草"，刺激他采取激进行动，报复纠纷对象，

---

① 林月．消融"失意群体"是维护社会稳定的关键——个人极端暴力事件的社会学思考［J］．内蒙古民族大学学报，2011（1）．

乃至实施恐怖行动。这类案件发生于劳资纠纷、婚姻纠纷、家庭纠纷、邻里纠纷、基层干群矛盾等导致的矛盾冲突极端化现象。

（2）“风险群体—激进化”。主要指“失意群体”采用激进化的手段去表达利益诉求，如城中村改造中的拆迁安置村民、集体欠薪中的劳动者群体、环境污染中的受害群体等采取集体上访、上街游行等方式去维护自身的利益。这类事件有可能被别有用心者所利用，推波助澜，走向极端化。

（3）“突发事件—激进化”。突发事件可能成为激进化行动出现的刺激因素，突发事件往往缺乏成熟的应对机制而招致社会不满情绪的堆积，加上社会的传播渲染，一些与该事件无关的人员也可能参与进去，演化成群体性激进行动。如2008年先后发生的贵州“瓮安事件”、云南“孟连事件”和甘肃“陇南事件”就是极端化矛盾冲突的代表。

（4）“风险场所—极端化”。有些场所（如学校、互联网、宗教场所、医疗服务机构、监狱和少年犯监管系统、慈善机构、“同乡同业”群体同城从业区域、黑人群体聚集居住区域、有某种宗教信仰群体异地集中生活区域等），极易成为矛盾风险的产生地、聚集地，一旦应对不当、处置不力，则可能使人们滋生极端化思想和采取极端化行为解决问题。

（5）“问题个体—极端化”。与风险个体不同，问题个体不是由于“失意”，而是受宗教极端主义、政治极端主义、生态极端主义、女权极端主义等思想影响，观念或行为出现极端化，主要表现为歪曲宗教教义、法律法规，渲染偏激的思想观念，煽动仇恨、煽动歧视、鼓吹暴力，甚至升级为恐怖主义行动无差别报复社会，维护和渲染极端思想。

（6）“问题群体—极端化”。有些群体通常具有一定的身份认同和群体利益边界，表现出极端的族群思想，甚至族群主义，一旦有突发事件侵害到这种极端族群思想，他们就可能煽动仇恨和暴力，以极端言行表达反抗，以宣传极端化观念，如赌博群体、吸毒群体、宗教极端主义群体、政治极端主义群体、生态极端主义群体等。这类群体与风险群体不同，不是因为群体利益受到威胁或侵害才走向激进，而是群体本身就存在破坏秩序特性，乃至反人类、反社会基因。

（7）“问题组织—恐怖化”。问题组织即渲染传播极端主义思想，以恐怖活动为手段，实施反人类、反社会活动的组织，通常具有非常强烈的政治目的，背景相当复杂，是最为危险的。其危害包括散播极端主义和恐怖主义意识形态，教唆或强迫其他个体极端化，具有很强的组织性、隐蔽性和国际性，很难对付，是国际社会去极端化和去恐怖化运动的重点打击对象。

3. 当前阶段社会矛盾冲突极端化应对策略

应对策略可概括为“两个结合”：法律规范与行动计划相结合，预防极端化、反极端化与去极端化相结合。

（1）坚持依法治理，颁布《反极端主义法》或《极端化应对法》，为应对极端化提供规范化指引的同时发挥法律预测、教育、强制的作用。这里的“应对”一词与“突发事件应对法”中的“应对”含义类似。一要加强极端化应对法的体系化建构和整体性，目前《反恐怖主义法》对极端主义有相关规范，但总体上“重恐怖主义、轻极端主义”，对极端主义、极端行为的预防和干预没有明确的界定和系统的规范，难以回应现实需求。二应明确极端化行为边界和极端化应对责任主体。三应体现分类分层施策原则，根据不同程度的极端化行为采取不同的民事、行政、刑事、社会、心理措施。四应明确极端化应对分为预防极端化、反极端化、去极端化三个层面，体现不同程度极端化应对措施的相互衔接，同时将应激性的极端化应对措施与社会常态化治理措施有效融合。五应体现极端化应对的社会化原则，既要促进不同部门的协同合作，又要拓宽民众参与极端化应对的渠道。

（2）坚持系统治理，实施“极端化应对计划”，提升应对极端化的系统性和全面性。具体实施策略如下：**一是**坚持党建引领加强和改进重点领域、区域和人群的思想政治教育工作，充分发挥各级党组织的领导核心作用，全面落实防范极端化的各项措施，坚持问题导向，预防为主，打防结合，警惕形式主义。**二是**将教育、司法、科研、网络、企业等均纳入极端化应对计划之中，成立多方协同的极端化应对团队，该团队要具备极端化危险识别、防范和干预能力。**三是**建立极端化应对系统，理顺极端化应对流程，具体包括极端化识别、极端化应对、事件报告、事件记录、事件调查、纠正措施、持续改进等环节，形成常规监测、应急处置、事后恢复于一体的应对机制。**四是**依托多媒体传播平台和社区教育平台，加强对反极端化宣传品或宣传活动的设计，促进对风险群体的反极端化教育，如通过宣传社会主义核心价值观和社区反恐怖主义教育，传播社会正能量，增强人们抵制极端主义和恐怖主义思想侵蚀的能力。

（3）坚持源头治理，健全“纠纷调解、社会融合”措施，增强预防极端化能力。要通过加强国家治理中的源头治理能力，在根本上强化社会机体的极端化免疫能力，“扶正固本”。一要坚持矛盾化解在基层，联动民政、妇联、公安、法院、司法等单位，以社区为单位，以基层组织为窗口，准确掌握家庭内部、邻里之间、社区公共领域有暴力倾向、生活失意、心态失衡、矛盾突出或可能引发暴力冲突的各类风险，建立共享台账，实施动态监管和矛盾冲突排查。二是加强源头治理，着重关注患有重大疾病、家庭出现变故、长期失业的群体，通过对此类对象的档案管理实现需求的精准化识别和提供，一方面畅通民意反馈渠道，促进信息报送和公示；另一方面发挥社会组织资源链接和整合功能，为他们链接相关福利资源，满足他们的基本需求。三是通过社会融合措施（如大力推进各类社会融合服务项目；从政治融合、经济融合、公共服务融合、心理融合多维度出发，完善社会融合服务内容；整合慈善、志愿服务力量、社会组织等资源促进社会参与等），提升此类对象的公民意识和社会责任感，促使他们回归主流社会，让他们通过和平温和的方式应对矛盾冲突和维护自身权益，从而预防他们走向极端化。四是逐渐固化有关民生事业的政策，以便个体有相对稳定的政策预期，具体来说，要逐渐放缓改革步伐和减少制度创新，能不改的就不改，更不要乱改革、乱创新，要稳打稳扎，循序渐进地推进民生事业发展。五是要改革社会评价体系，全面清理各类评价体系，只保留那些有必要的评价体系，逐渐降低整个社会的竞争程度，消解各种社会分化和社会攀比氛围，要根据当前国家经济社会发展水平，营造一种能够让人们气定神闲地生活和工作的社会氛围，使人们从结构性“内卷”困境中解放出来，具体来说，要降低职业收入的差距，降低身份地位的差距。六是加强对矛盾冲突发生的重点人群和重点区域进行动态监测，如对已经解决的矛盾冲突当事人进行定期跟踪回访，密切关注其即时状况，阻止异常社会行为的发生。

（4）坚持分群治理，创新“以群治群、一群一策”措施，增强反极端化能力。社会是由一个个个体通过分群和集群的方式集聚而成的一个个群所构成。要为每个社群建立应对极端化侵蚀的坚强堡垒，“守护阵地”。一是集群形态这个账本要清，建议在全国和省（市、自治区）级层面组建“社群研究院”，系统梳理各类集群形态，分析其集群过程，研究其演化规律，评判其社会稳定风险和极端化风险，分析其利弊。二是要扩大社会稳定风险评估的范围和内容，以往社会稳定风险评估主要针对重大项目、重要政策，这类风险评估侧重人们的经济利益，过渡社会中，很多分群集群现象都可能潜在群体分化、群体排斥、群体冲突等，从而引发矛盾冲突，对这类群体也应该进行社会稳定风险评估。可以按照分群管理、分级负责原则确定评估主体，成立多专业联合的专业评估机构或组织，对评估内容、方式、程序、管理、结果等作出明确规定。三是要将集群形态纳入社会治理和公共服务，增加各社会治理主体预防及反极端化功能，如依托新组建的社会工作部，加强各类群体的党建引领作用，通过新建、激活、改变、阻断不同个体分群和集群中的社会联结来干预集群形态。四是要创新“一群一策、分群自治”举措，建立诸如行业协会、商会等规范化的正式组织，通过约定规章的方式实现群体内部互助监管的功能；群际的权利义务关系也要有伦理道德、法律规范加以调整，从而发挥群体内部和群际预防和干预其成员极端化问题。五是创新“以群治群”举措，将应对矛盾纠纷的同质化公共服务平台整合起来，如将社会矛盾纠纷调解中心、信访接待中心、行政争议调解中心、法律援助中心、劳动维权服务中心等整合成综合治理中心，实现“一站式受理、多部门联动、全链条解决”，形成矛盾风险极端化防控的主阵地。

（5）坚持精准治理，采取“脱离康复、重返社会”措施，增强去极端化能力。“打蛇打七寸”，对有已经极端化苗头或受极端主义影响的对象，要精准打击，同时要坚持治病救人，“夺回失地”。一是对存在隐患的集群活动过程加以干预。实施集群活动报送批准机制，组织者开展活动应提前向社区申报活动人数与活动内容，社区工作人员则对其集群行为的安全性进行评估，依据安全性等级进行分类管理。若是存在矛盾冲突极端化的苗头，则通过干预集群组织的经费来源、支持系统、集结场所、宣传途径等，阻断其集群进程，实现“脱离”干预。二是加强互联网安全监管，如利用人工智能识别、删除含有极端主义内容的视频或评论；通过网络传播正能量，开展矛盾冲突极端化的预防性宣传教育；利用定位寻找发布极端主义观念的个体，对其进行去极端化思想教育。三是构建社会心理服务体系和危机干预机制，通过对社会各类矛盾纠纷主体的心理干预、疏导达到情绪抚慰、矛盾化解的目的，具体包括搭建多形式的心理咨询平台和加强基层专业心理危机干预队伍建设。四是多元主体联动对极端分子进行思想教育、心理辅导、行为矫正、社会康复等改造，如宗教顾问、精神科医生、研究人员、社会工作人员和亲人朋友形成合作进行去极端化改造，助其回归社会。

极端化包含“风险个体—激进化”“风险群体—激进化”“突发事件—激进化”“风险场所—极端化”“问题个体—极端化”“问题群体—极端化”“问题组织—恐怖化”七种类型。对此，在实践上需要坚持依法治理、系统治理、源头治理、分群治理、精准治理，采取“两个结合”应对策略：一是将颁布《反极端化应对法》与实施《极端化应对计划》结合起来；二是将预防极端化、反极端化与去极端化结合起来。

四、社会分化现实与大同世界理想

社会极化、权利关系失谐、矛盾冲突极端化等，都是危险的集群分群现象。财富使群效应服从名分使群逻辑。财富分配结构化群体，具有分群集群效应。权利难免遭遇道德盲视和国家冷漠，使权利救济陷入困境、权利关系陷入困境。一些人走向极端，采取极端行动，坚持极端主义，人际和群际出现意识形态分离乃至斗争。集群分群是人类社会不可避免的处境。

社会世界从混沌向名分发展，民集聚成群的形态和过程越来越复杂多元。涂尔干的社会分工论阐明了人类社会复杂化的逻辑，但是，涂尔干的社会分工论只阐明了社会个体在分工越来越复杂的情况下，彼此相互依赖，形成一种有机团结的集群过程。涂尔干将社会视为一个抽象的整体，分工只是这个抽象整体内部的事情。但是，如果将社会视为民群，那么，社会分工的社会效应不仅仅影响集群过程，更影响集群形态，分工的社会效应就是分群。分工越发达，集群分群形态越复杂多元。当然，在名分使群的作用下，现代社会集群分群形态的复杂化除了受到复杂的现代分工效应作用外，还受到更复杂的名分体系的作用。后现代主义试图利用这些“多元”因素，搅动社会稳定结构，使集群分群形态不断流变。然而，现代社会的一个重要特征就是集群分群的形态多元化。

命题：人类历史不仅是集群规模越来越大的历史，而且是集群形态和过程越来越复杂多元的历史。集群形态的复杂化、多元化、流变化是现代社会最典型的特征之一。

随着社会多元化发展，人们没有回退到混沌初开的世界，更没有迎来后现代主义所畅想的那种牧羊人生活。后现代主义所畅想的那些偶然、残片、感性、特殊、个别的民表象，不仅没有动摇现代理性，反而使自身理性化了。比如，大量沉寂多年的非物质文化遗产，在多元符号消费的潮流下，纷纷以新面貌重新回到现实。现代社会表现为宽容多元性，甚至消费多元性。但是，社会多元化并非混沌化，多元化更非去理性化，而是越来越清晰的分群化。

任何复杂、多元、流变的集群形态，都被人们认识。社会学家对此尤为敏感。在早期人类学家的研究中有这样一个议题，有些部落文化中对颜色的分类非常少，但是现代画家眼中，颜色种类则非常丰富。这类分类系统的简单与复杂，并非不同种族、不同族群之间存在智力的高低之分导致的，而是实践和文化差别导致的。一个时代的社会世界，人们集群形态是简单还是复杂，不是智力的效应，而是历史实践和文明发展的产物。

多元化的分群集群得益于多元化的社会联结。随着越来越发达的通信技术、网络媒体、交通工具的广泛运用，现代社会中人们之间的联结变得越来越便利。这极大地促进了社会互动频率，极大地促进了社会交往密度。传统社会封闭的小村庄中，一个性格古怪的人通常会被孤立，但是，在社会互动频率和社会交往密度大大提升的现代社会，那些被孤立的个体总能在更广阔的社会世界找到知音和伙伴，进而集结成群。比如，双性恋者、腐女、罕见病患者、地中海贫血症患者、自闭症儿童父母等，他们总能在商业、公共服务、医疗服务、社会服务等过程中，找到同伴群体。社会个体既可保持个性，又总能找到臭味相投的群体成员。

那么，该如何干预集群分群呢？那些用优美词语修饰的社会，如大同世界、小国寡民、和谐社会、低碳社会、文明社会、自由王国、无核武器世界、自由平等博爱世界、共产主义社会等，是人类孜孜以求的理想。在其中，“幼有所育、学有所教、劳有所得、病有所医、老有所养、住有所居、弱有所扶”，不同人群各得其所，和谐相处。这些社会理想指引着人类不断向前，不断进步。

理想社会的另一面正是现实社会。现实社会中，有些社会群体处于弱势地位，有些社会群体处于边缘位置，有些社会群体处于依附状态，有些社会群体历经治乱兴衰，有些社会群体遭遇战争苦难，有些社会群体欺凌霸道，有些社会群体荒淫无度，有些社会群体残暴恐怖。社群之中，既有盛世繁华，亦有人间炼狱。民集聚成群的形态与过程既复杂多变，又令人悲喜交加。社会并非一片净土，并非一派祥和。

命题：集群分群是人类现实生活常态，“大同社会”只是照进现实生活的理想。

每个时代，每个群体，都有人高举理想之光，照进现实社会的沧桑之中和褶皱之间。那些逐光的人们，凝聚一起，形成巨大的社会力量，或为自己，或为他人，直面惨淡的世界，用血肉身躯和不世精神，营造想象社会，创造理想世界。一群怀揣理想的人们，为了理想的社会，用理想之光照耀一群逐光的人们，使他们团结在一起，为一群在被黑暗笼罩的世界中生活的人们驱散阴霾，带来光明。为理想而奋斗，应对集群分群危险，人类历史上常常以群治群。这就是社会治理。社会治理是指为了社会，社会发展和发动社会力量服务、监管、建设社会的活动过程。

第三章 社会治理中的集群与分群[①]

一、社会治理的科学问题

社会治理是一门科学。龚维斌认为："这一重要论断深刻揭示了社会治理的内涵和社会治理现代化建设的方向，也为创新社会治理理论提出了明确要求。"[②] 也就是说，既然谁都不能否认，社会治理是一门科学，那么，就要科学地阐明"社会治理"范畴，以及科学地发现"社会治理"规律。但是，对社会治理到底是什么这一基本问题，冯仕政认为学术界始终缺乏一个能起到纲举目张地引领和指导实践的具有统摄性和简约性的理论阐述，甚至专门讨论"社会治理"概念的文章数量甚少。显然，对于具有重大政策意义和实践意义的"社会治理"范畴，亟须辨析清楚，否则，"无论干部还是群众在认识上仍然普遍存在困惑，因而在行动上常常陷入茫然无措甚至治丝益棼的窘境。"[③] 那么，如何阐明"社会治理"呢？

为了解一个概念覆盖哪些经验现象，首先要对概念进行知识考古。冯仕政认为，2004 年党的十六届四中全会提出的"社会管理"，2006 年党的十六届六中全会提出的"社会建设"，与 2013 年党的十八届三中全会提出的"社会治理"，三个概念"虽然各有侧重，但本质上都是要求重视以往在中国现代化建设中受到忽视的'社会'领域，因此基本可以交换使用"[③]。在宽泛意义上，社会治理与社会管理、社会建设，乃至与社区营造、参与式治理、协同治理、社会政策等相关概念具有家族相似性。据此，本章对苏联和东欧社会管理、欧美新公共管理和中国社会治理均纳入社会治理范畴进行历史实践考察。

---

① 本章主要内容已公开发表。陈玉生．社会治理的实践模式、根本属性与操作性定义 [J]．社会学评论，2023 (2).

② 龚维斌．多维视角下的社会治理及其现代化 [J]．行政管理改革，2020 (10)．

③ 冯仕政．社会治理与公共生活：从连结到团结 [J]．社会学研究，2021 (1).

历史实践梳理可勾勒出社会治理覆盖哪些经验现象，但是，概念界定还要遵循种加属差原则，故应辨析清楚社会治理的上级范畴及邻近范畴到底是什么。广义上说，人类处理社会生活而开展的一切必不可少的理性活动都可以称为社会治理，因为从个人印象管理到全球社会治理，一切针对人类社会生活的管理活动都必然包含着社会性。但是，从狭义上说，社会治理与公共管理、工商管理、家庭管理、政党统治等人类社会管理活动是有区别的，区别就在于社会性固然是所有管理活动的属性，但并不是其根本属性，而“社会治理的根本属性是社会性”。

但是，“社会性”作为社会治理的根本属性，可能比“社会治理”本身还难以理解。那怎么办？当概念内涵外延即属性难以理解，难以覆盖到具体经验现象时，操作性定义是一种解决办法。操作性定义相对于抽象定义而言，最早由美国的物理学家布里奇曼提出，他认为科学概念不能用属性界定，只能根据作为方法的一整套有序操作来定义。操作性定义提出的目的在于解决抽象概念难以达成一致，以及难以直观地指涉科学研究对象的问题。[①] 基于此，本章对“社会治理”给出一个操作性定义，阐明“社会治理是指为了社会，社会发展和发动社会力量服务、监管、建设社会的活动过程”，并建构社会治理的“三社会”和“三治理”六维分析框架。

综上所述，需要从历史实践、根本属性和操作性定义三个层面阐述“社会治理”，为其构建出既能回应和覆盖历史经验，又能指导理论分析和实践事务的具有操作性的概念。

二、三种社会治理典型

本章考察了国外社会治理历史实践与理论成果，发现存在“对社会的治理”和“通过社会的治理”两种模式，前者以苏联和东欧国家的社会管理为典型，后者以欧美新公共管理和第三条道路为典型。当前中国的社会治理，综合了前两者的一些特点，可以称之为“为了社会的治理”模式。

1. 对社会的治理：以苏东历史经验为典型

王思斌认为，社会管理最早起源于苏联。苏联于20世纪20～30年代开始实施社会管理，内容包括生产管理和劳动管理；到30年代形成狭义社会管理理论体系，并覆盖到执政—指挥机关的管理活动；到了60～70年代，随着社会主义国家发展成熟，试图利用社会、技术、经济和法律等管理手段，对国家

① 洪大用．为社会治理实践提供更加深入的学理支撑［J］．中国社会科学评价，2019（1）．

与社会生活等一切重要方面系统性地施加影响和进行管理。①

苏联提出社会管理，实际上包含着一个道路问题。第一，在拥有了马克思列宁主义的社会主义和共产主义建设理论之后，为何还要某种社会管理理论；第二，这种社会管理理论与资本主义的社会管理理论有何区别。马尔科·马尔科夫指出，首先，马克思列宁主义实质上是一门管理社会主义社会的理论；其次，社会管理问题的广度和特点决定了需要设立一门独立的、进行一般社会管理理论研究的学科。② 那么，社会管理到底管理什么呢？理论研究上有两大取向。

（1）以“社会”为取向。A. M. 奥马罗夫强调了人作为“第一对象”，并因此指出在管理上具有阶级内容。③ 波波夫则在更广泛的意义上列举了7类社会管理对象：整个社会；它的主要领域；最重要的一些社会过程，它们既具有综合的性质（例如，城市与乡村相接近），也在社会生活的某个领域中进行；相对独立的经济部门；国家领土；国家组织和社会团体；社会共同体——人民、阶级、民族、少数民族、阶层和集体。③

（2）以“管理”为取向。A. 克托夫认为“社会管理科学应该研究管理关系、管理过程、管理机制和管理行为；它应该揭示管理社会的特殊组织和结构；研究和制定在社会发展的每一个阶段上社会管理所要达到的战略目标”。④ A. M. 奥马罗夫认为，“社会活动领域发挥职能和发展的统一的规律性是社会管理科学的对象。”③ M. 马尔科夫认为社会管理理论可以分成若干单独的组成部分，指出它们统一地揭示了管理理论的对象和功能。社会管理理论的主要结构是：管理的社会关系；管理的客体和主体；领导者在社会主义社会中的社会地位和作用；管理的方法和方式；管理技术；管理决策的实质和结构；大系统的管理和组织。⑤

总体而言，苏联东欧模式试图找到社会主义社会的管理规律，强调国家机关、社会机构是社会管理的主体，强调人民利益或社会主义事业是管理的目的，同时强调学科研究追求科学性和客观规律性。该社会管理模式是一项国家

① 王思斌．论社会工作对社会管理的协同作用［J］．东岳论丛，2012（1）.

② С. И. 波波夫，В. й. 休休卡洛夫．社会认识和社会管理［M］．赵承先，蔡林海，等，译．上海：上海译文出版社，1986.

③ A. M. 奥马罗夫．社会管理［M］．王思斌，宣兆凯，译．杭州：浙江人民出版社，1987. 20，27，28.

④ С. И. 波波夫，В. й. 休休卡洛夫．社会认识和社会管理［M］．赵承先，蔡林海，等，译．上海：上海译文出版社，1986.

⑤ M. 马尔科夫．社会管理学［M］．俞伸文，译．上海：同济大学出版社，1988.

工程，体现了国家对全社会进行的系统筹划。可以说，该模式是“对社会的治理”的典型代表。

2. 通过社会的治理：以欧美历史经验为典型

众所周知，1945 年后西方国家福利政策实施数十年后，负担越来越重，为此，20 世纪 70～80 年代起，政府实施了一系列改革举措，将公共产品的供给不断从政府剥离，交给市场与社会。这时期的“治理”至少有 6 种不同的用法：作为最小政府、公司治理、新公共管理、“善治”、社会—控制系统、自组织网络。①

费利耶等人在《行动中的新公共管理》一书中提到，新公共管理改革给英国带来了四方面变化：第一，随着大规模私有化的实行，公共部门已从直接的经济活动中撤离；第二，公共部门出现了创造“准市场”的尝试，这些准市场的财政仍然是公共的，但引入竞争机制，如招标和合同承包；第三，出现了注重“少花钱多办事”、成本指标的使用、成本核算和审计的趋势；第四，管理理念从“维持现状”到“变迁的管理”转变。②

与苏联东欧模式相对应，欧美模式出现并非道路问题，主要是缘由现实问题，即政府一元主体回应社会需求能力不足的问题。该模式最重要的特征就是将公共事务通过外包方式从政府部门剥离出去，交给企业或者社会组织，最终实现“小政府大社会”。这些由新公共管理运动和第三条道路等内容构成的社会治理，是典型的“通过社会的治理”。

3. 为了社会的治理：以中国历史经验为典型

2004 年党的十六届四中全会提出“加强社会建设和管理，推进社会管理体制创新”；2013 年党的十八届三中全会《中共中央关于全面深化改革若干重大问题的决定》将全面深化改革的总目标确定为“完善和发展中国特色社会主义制度，推进国家治理体系和治理能力现代化”；2020 年党的十九届五中全会提出“推进国家治理体系和治理能力现代化”战略布局，国家治理和社会治理实践和理论日臻成熟，意味着中国正在通向“治理的时代”。杨光斌认为，习近平在阐述治国理政时从中华文明基体论出发，以改革为方法、以公正价值为导向，努力使制度体系与治理能力相适应，以使以民主集中制为内核的

---

① 俞可平．治理与善治［M］．北京：社会科学文献出版社，2000．
此处“作为最小政府”原文翻译为“作为最小国家”。

② 董礼胜，胡志芳．英、法、德三国政府改革的实践经验及其对我国的启示［J］．欧洲研究，2006（6）．

中国模式成为更具有竞争力的政治思想体系。[①]

那么，如何认识当前中国社会治理呢？治理理论在 20 世纪 90 年代被引入中国后，一大批学者对其具体内含进行了深度阐述，并就如何与中国经验对接开展了一系列的探讨。徐勇认为应该从特定的背景去理解“治理”的含义，提出治理是政治主体运用公共权力及相应方式对国家和社会的有效管控和推进过程。概括起来就是：谁治理？如何治理？治理成效如何？[②] 社会治理概念虽然存在很多争议，但是，纵观学术界的研究轨迹，可以以十八届三中全会为分水岭，将社会治理的内涵分为前后几种差异显著的取向。

（1）管理取向的社会治理。我国早期阶段阐述的社会治理等同于社会管理或公共管理。如，肖文涛从社会管理创新的角度来论述社会治理的政策选择；[③] 杨雪冬从社会风险与和谐社会建设的角度来讨论风险应对的治理体制；[④] 刘旺洪从社会管理创新的角度来讨论社会治理的法制化路径；[⑤] 张康之认为，公共管理是一种新型的、服务型社会治理模式；[⑥] 三浦勋从国家治理、政府治理和社会治理的关系角度阐释了各自的含义，认为社会治理即“治理社会”，指的是特定治理主体对社会实施的管理。[⑦]

（2）合作取向的社会治理。该取向在原先以党政单一主体为主导的管理格局下，强调党政、市场、社会力量等多元主体之间的合作治理。[⑧] 李培林指出，创新社会治理体制，就是要形成政府、企业、社会的共治局面，更好地发挥社会力量的作用；[⑨] 杨敏从“政府—企业—社会”的合作角度论述了社会治理创新的路径选择；[⑩] 范如国从复杂系统的视角阐释了协同社会治理创新的范

---

① 杨光斌．习近平的国家治理现代化思想——中国文明基体论的延续 [J]. 行政科学论坛，2015 (2).

② 徐勇，吕楠．热话题与冷思考——关于国家治理体系和治理能力现代化的对话 [J]. 当代世界与社会主义，2014 (1).

③ 肖文涛．社会治理创新：面临挑战与政策选择 [J]. 中国行政管理，2007 (10).

④ 杨雪冬．改革路径、风险状态与和谐社会治理 [J]. 马克思主义与现实，2007 (1).

⑤ 刘旺洪．社会管理创新：概念界定、总体思路和体系建构 [J]. 江海学刊，2011 (5).

⑥ 张康之．公共管理：社会治理中的一场革命（上中下三篇）[J]. 北京行政学院学报，2004 (1、2、3).

⑦ 王浦劬．国家治理、政府治理和社会治理的基本含义及其相互关系辨析 [J]. 社会学评论，2014 (3).

⑧ 郑杭生．“理想类型”与本土特质——对社会治理的一种社会学分析 [J]. 社会学评论，2014 (3).

⑨ 李培林．社会治理与社会体制改革 [J]. 国家行政学院学报，2014 (4).

⑩ 杨敏．“国家—社会”的中国理念与“中国经验”的成长——社会资源的优化配置及公共服务与社会治理的创新 [J]. 河北学刊，2011 (2).

式转型。[①]

(3) 权利（服务）取向的社会治理。姜晓萍从国家治理现代化视阈来审视社会治理的内涵及其价值，即民主法治、公平正义、包容活力、安定有序是社会治理的本质诉求，社会治理是以维护和实现社会公众的权利为核心；[②] 陈振明从社会服务、激发社会活力等方面阐释社会治理的内涵；[③] 王思斌从服务型治理的角度阐释了社会工作在社会治理中的作用机制。[④]

不难看出，有关中国社会治理的研究，既强调“对社会的治理”，也强调“通过社会的治理”，结合了苏东与欧美两种模式的相关内容。相对而言，中国社会治理的根本在于“以人民为中心”和“社会建设”理念，所以，可称之为“为了社会的治理”。

4. 社会治理的历史建构

综观三种社会治理实践模式及其相关理论，人们对“社会治理是什么”缺乏共识：**一是**对社会治理的根本属性阐述不明，使其内涵外延不清晰。**二是**对社会治理中的“社会”到底是什么，所指不清，以致“社会”是治理客体还是治理主体出现理论争议。**三是**对社会治理中的“治理”内含分析不清楚，使得社会治理作为一项人类活动，始终难以形成科学的认识。**四是**对为何实施社会治理的理论阐述侧重宏观社会，缺乏对中微社会治理的价值分析，导致难以回应具体的治理实践需要。

不过，三种治理模式在背景、目的、方式等方面有相类似的逻辑。①适应社会发展：各个国家在现代化进程中，传统社会受到挑战，难以应对自身社会保障和社会发展需要，因此，社会问题国家化成为历史必然。②激发社会活力：现代国家的建立赋予政府回应社会大众需求的使命，但是，随着社会需求和社会问题逐渐增长，一元政府越来越难以应对大众的需求，故三种社会治理模式都力图激发社会活力，调动多元社会主体协同参与，以供给更多公共物品。③治理体制机制创新：三种社会治理模式均创新了治理社会的方式方法，如系统论的运用、政府购买服务、创新社会治理体系等。与此同时，三种治理模式相关理论研究基本围绕治理主体、治理方式、治理内容等展开，讨论一元

---

① 范如国．复杂网络结构范型下的社会治理协同创新［J］．中国社会科学，2014（4）．

② 姜晓萍．国家治理现代化进程中的社会治理体制创新［J］．中国行政管理，2014（2）．

③ 陈振明．社会控制、社会服务与激发社会活力——社会治理的三个基本维度［J］．江苏行政学院学报，2014（5）．

④ 王思斌．社会治理结构的进化与社会工作的服务型治理［J］．北京大学学报（哲学社会科学版），2014（6）．

主体还是多元主体治理，党政主导治理还是协同（合作）治理，管理为主抑或服务为主等问题。总之，历史实践为认识社会治理的内涵外延提供了经验基础。

三、社会治理的根本属性

笔者认为，导致上述社会治理理论困境的深层原因，在于没有界定清楚社会治理区别于公共管理、工商管理、家庭管理、政党统治等人类社会管理活动的根本属性。社会治理是人类为处理社会生活而开展的一项必不可少的理性活动。从本质上说，从个人印象管理到全球社会治理，一切针对人类社会生活的管理活动都必然是社会性的，属于社会治理。但是，笔者认为，社会性固然是所有人社会管理活动的属性，但并不是其根本属性，唯有社会治理的根本属性是社会性。那么，为何说“社会性是社会治理的根本属性”呢？如何界定社会治理的社会性呢？如何分析社会治理的社会性呢？

第一，所有社会管理活动都具有社会性。

在管理中，管理主体是人，管理对象也是人，人成为管理的核心。管理者要学会扮演各种角色，决策者角色、指挥者角色、信息角色、企业家角色、领导者角色等，被管理者也要学会扮演各种角色，执行者角色、员工角色、服从者角色等。他们按照社会预期来安排管理组织活动行为。作为社会的人组织了计划、决策、指挥、协调、控制、监督等整个管理活动过程。我们不难理解，整个管理过程都渗透着社会因素。

管理必然对大量给定社会因素视为当然，并以此为基础。管理学的发展实际上依赖于这些因素的不断显明，并使其纳入理性控制之中。著名的霍桑实验最初目的是考察照明、福利制度、计件工资制度等工作环境因素对工作效率的影响，后来发现参加实验的光荣感、成员间良好的相互关系、非正式群体等各种社会环境因素对工作效率有重大影响。从 1924 年到 1932 年，霍桑实验持续了 9 年。霍桑实验表明，人不是经济人，而是社会人，不是孤立的、只知挣钱的个人，而是处于一定社会关系中的群体成员，个人的物质利益在调动工作积极性上只具有次要的意义，群体间良好的人际关系才是调动工作积极性的决定性因素。因此，梅奥的理论也被称为“人际关系理论”或“社会人理论”。

与人的社会性一样，社会道德文化也是管理的隐性资源环境。马克斯·韦伯在《新教伦理与资本主义精神》一书中，从宗教伦理的角度对资本主义的起源和发展进行了研究。韦伯认为，自从 16 世纪宗教改革运动以来，以马丁·路德（1483—1546 年）和让·加尔文（1509—1564 年）为代表的新教，为资本主义的发展奠定了伦理基础，资本主义的发展是与勤奋和节俭的精神分不开的。但是，经济发展可能伴随着道德代价。本杰明·弗里德曼[①]的研究告诉我们，市场本身并不能自动地促进经济增长和社会正义，必须有政府必要的监督和引导作为前提。同时，政府经济社会政策选择，如降不降税率，要不要资本市场自由化，要不要增加教育和研究投资等更为细节的问题，对是否有利于减少贫困和改善环境是有差异的，甚至结果截然相反。政府政策选择意味着是否认可可持续的经济增长——也即道德增长。道德文化资源为资本主义经济奠定了基础，当人们对此逐渐有了认识之时，人们开始在经济管理中利用道德文化资源，它也成为可能用来支撑经济发展的牺牲品。这为我们提出一个新课题，经济发展中如何保卫社会道德，保卫社会？这就需要社会治理。

人的社会性和构成社会底蕴的道德文化资源等越来越成为管理学的研究重心，并成为管理活动关注的焦点，但迄今为止，社会资源成本尚未纳入企业生产和国家经济发展的成本核算项目之中。企业生产管理导致的工人精神焦虑、人际关系恶化或社会认同感丧失等，市场管理引发的恶性竞争、商业欺诈等导致的社会日常生活道德环境恶化等，是被放任的。

类似于社会因素日益成为各种管理活动的重心，从生产管理到营销管理，从微观的车间工人管理到宏观国家经济管理，从个人职业生涯规划到全球人类生存环境发展战略规划，莫不如是。像美国安利这些依托传销经营的公司，通过各种组织生活和组织活动进行产品宣讲和销售动员，将产品组织到社会日常生活之中。一个成功的直销员，不仅要熟悉公司宣讲的有关产品的美容、营养等知识，将自己的生活方式和人生梦想与公司理念结合起来，最重要的就是培育自己的下线，构筑有效的营销网络组织。这种现代意义上的社会营销管理依托人际关系网络组织，并且以提高健康水平、预防伤害、保护环境或贡献社会等为目的，通过新的生活理念包装产品来影响销售行为和消费行为。成功的销售实际上是公司有成功的销售理念，它是包含着丰富的社会文化和社会因素的社会营销。

管理学尽管也通常被人当作自然科学，尤其在它早期发展之时，社会因素尚未得到充分显明和深入考察，更强调管理的科学性，更具自然科学性质。但当人们逐渐发现几乎所有管理活动皆与社会日常生活相关之时，我们可以确定它所研究的对象——管理活动，本质上是社会活动，深层研究对象是管理活动与社会之间的关系，属于社会科学。管理学越来越关注管理活动与社会的关系，使奠定管理活动基础的社会因素显明出来，并进行系统考察。今天，许多

---

① 本杰明·弗里德曼．经济增长的道德后果［M］．纽约：诺夫出版社，2005.

研究认为中国古代大禹治水活动不断形成的治水管理组织，逐渐演化成为国家机器，也就是说，当治水管理知识得到系统显明和研究后，人们又找到了它最后转变成为国家管理知识的历史逻辑。

当管理行为将社会日常生活组织到整个管理活动当中时，不再只是把人当作车间机器一样的生产工具进行科学化和机械化管理，它就有了全新的、更为宽泛的社会背景，也逐渐被置于更为开阔和灵活的视野下进行考察。对这种包含着社会因素的管理活动，以管理活动与社会之间的关系为对象进行的科学研究，就是社会治理学研究。广义的社会治理学是有关社会群体所有应对社会生活和实践知识的研究。

第二，既有社会治理研究均强调社会性。

从上述既有社会治理研究可以看到，人们对社会治理主体的研究强调其社会性，表明社会主体对社会事务乃至人类共同事务，皆有权利和义务参与管理，应遵循协同共治原则。协同共治具有两种方式，一种是分权状态（包括分工状态）下的协同共治，如当下中国政府强调“党委领导、政府负责、社会协同、居民参与”社会治理格局，以及基层社区“议行分设”制度设计，选择的是责、权、利不均等化协同共治；另一种是各主体平权状态（包括混沌状态）下的协同共治，像巴黎“黄背心”运动[①]，是由一起事件在网络传播后引起的，在没有任何组织主导的情况下，利用现代媒体传播发酵，引发居民的表达诉求，属于各主体责、权、利均等化的协同共治。采取何种共治方式，既需要遵循历史原则，又需要遵循逻辑原则，如哈贝马斯为避免系统世界殖民化生活世界，强调商谈伦理，试图从理论探索中找到各种社会主体皆有机会自由平等地参与公共领域的公共事务的可能方案。这里的历史原则为社会治理提供了现实基础，逻辑原则提供了理想目标。

对社会治理内容的研究同样强调社会性。郑杭生先生从社会系统角度，提出了社会子系统原则；另外从区别于政府管理的社会治理角度，笔者提出，有“当且仅当政府管理未能妥善处理的公共事务归社会治理”及“只要社会能自我处理的公共事务皆归社会治理”两种原则。两个角度对社会治理内容分别作了系统界分和职能界分。社会子系统原则将社会治理内容的社会性纳入中观社会范畴，界定出相对于政治系统、经济系统等社会生活的子系统。而社会生活系统既是政治系统和经济系统的基础，也应该是其价值实现的取向，因为保卫

① 刘涛，王滢淇．数字化时代的社会冲突——法国“黄背心运动”背后的税收与福利对决［J］．欧洲研究 2019，37（4）．

社会生活是最基本的。我们因此应该确立保卫社会子系统作为社会治理内容界定的第一原则，将“只要社会能自我处理的公共事务皆归社会治理”作为第二原则，政府对公共事务的处理是后补。

对社会治理方式的研究同样强调社会性。社会治理首先涉及治理手段的理性原则，这需要遵循管理学的一般原则和理论基础；其次涉及治理手段选择的价值原则，强调柔性管理还是刚性管理，强调服务还是管控。从社会性角度看，我们认为，社会治理方式区别于“计划、组织、指挥、协调、控制、监督”等一般管理职能，强调和包含社会调查、社会规划、社会动员、社会组织、社会参与、社会慈善、社会互助、社会服务、社会运动、社会营销、社会企业、社会监督、社会控制等。因此，社会治理方式的社会性应纳入日常社会这种微观社会层面。社会治理方式选择强调合法性和有效性，价值选择强调柔性管理和服务。

可是，如果我们只是从社会治理的主体、内容和方式来研究社会治理的社会性，我们将得出这样的观点：社会治理是指政府、社会组织等多元社会主体采取合理有效的方式对社会公共事务和社会生活系统进行干预的社会行动过程。但是，这样界定社会治理又回到上述既有社会治理概念界定的范围和逻辑，为此我们需要更加清晰和系统地勾勒社会治理的社会性。

第三，社会性是社会治理的根本属性。

为使研究更能适应经验和理论逻辑，笔者认为需要采取“社会”和“治理”两个路径来考察“谁来治理、治理什么、怎么治理”三个问题，同时要补充“为何治理”问题。经过转换，笔者将问题框架设定为：对“社会”＋“治理”来说，要做什么？谁来做？怎么做？梳理后，将社会治理分为六个维度。

第一维度：为了社会。旨在社会状态的维护、改良、创新或变革，诊断现实社会状态，想象、设计、规划目标社会状态及实现方案、方法、路径。

第二维度：社会（发展和发动）。目标社会状态的设计者、策划者、规划者及其实现的发起者、推动者、组织者可以是多元社会主体。

第三维度：发展和发动（社会力量）。实现目标社会状态所需要的人力、财力、物力等社会资源的培育（增量开发建设）或整合（存量优化提质），取之于社会。

第四维度：社会力量。实现目标社会状态所需的人力、财力、物力等社会资源。

第五维度：服务监管化育（社会）。合理利用培育或整合的社会资源，实现目标社会状态及其规划蓝图的具体行动过程，用之于社会。

第六维度：（服务监管化育）社会。待改变的与目标社会相对应的现实社会，并被诊断和界定为一种过渡阶段的社会状态。

社会治理在逻辑上包括四个“社会”范畴和两个“治理行为”范畴，社会性体现在各个范畴，是其共同的属性。这六个范畴拓展到所有人类管理活动中，可概括为：目标、领导层、组织实施、所需资源、执行层、目标达成过程六个维度。根据上述结论笔者认为，社会性固然是所有人们社会管理活动的属性，但是，如表3-1看到的那样，六个维度全部指涉社会性的，只有社会治理。笔者进一步从六个维度所共有的属性进行提炼认为，最符合确定和划分社会治理、公共管理、工商管理、家计管理、政党统治的概念的根本属性分别为社会性、公共性、经济性、情感性、政治性。

表3-1　五类管理活动的维度分析和根本属性

	第一维度	第二维度	第三维度	第四维度	第五维度	第六维度	根本属性
社会治理	目标社会状态	多元社会主体	培育与整合（自愿为主）	多元社会力量	以服务和建设为主	过渡性社会状态	社会性
国家治理	国际竞争力和势位度、国家战略、中央权力意志、民族振兴、世界秩序	多元主体	培育、行政、法制、经济、强制、整合、国家暴力机构手段（重体制）	政府、企业与社会多元力量（国家能力）	从服务、建设到强制多元管理	国家领土，社会各部门、领域、主体，各共同体，社会运行过程，社会活力，秩序	公权性
公共管理	公共目的（政治目的）	公共组织（政府主导）	法制、经济、强制手段（重征缴）	主要依靠税收、徭役兵役、政府组织、群众	以强制和监管为主	输出公共物品、实现政策目标、实现政治意图	公共性
工商管理	私人目的（盈利目的）	企业主（职业经理人）	经济手段（重投资和交易）	市场劳动力、技术、资源等经济要素	商品的生产或交易	实现利润	经济性
家计管理	家庭生活（发展目的）	家庭成员	协商、分工、组织、劝说等自愿方式	家庭劳动力和生产资料	养育、管教、合作互助	家庭和谐、家计、繁衍	情感性
政党统治	党的社会统治目的	政党组织	游说、动员和组织等手段（重整合）	多元社会力量	从服务到强制多元管理	团结政党组织成员（社会群众）	政治性

那么，社会性是什么呢？首先，这里的“社会”表达为民集聚成群的形态

与过程（陈玉生，2020a，2020b）。它可以是具有一定空间区域的群众生活领域，像社区、城郊接合部、农村；可以是某种不限于特定空间区域的社会系统或领域，如全国社会组织领域、广州市中小学校、广州市各执法部门和机构、秘密会社；还可以是特定区域中的全体人口、老年人口、黑社会犯罪群体、流动人口、流浪儿童等具有某种类属的身份群体。因此，社会性表征为社会个体的联结性和集群性，是相对于个体性和自然性而言的。其次，这里的“社会”更具体地表征为与政治和经济领域相对应的生活领域。按照哈贝马斯的理论，政治和经济领域属于系统性整合，生活领域属于社会性整合（杨礼银，2019）。社会性既指涉社会领域，区别于政治和经济领域；又指涉沟通理性基础上的生活领域，区别于权力与货币媒介联结的系统世界。社会治理主体和对象在政治和经济系统世界之外。因此，社会性是既相对公共性，又相对系统性而言的（图3－1）。

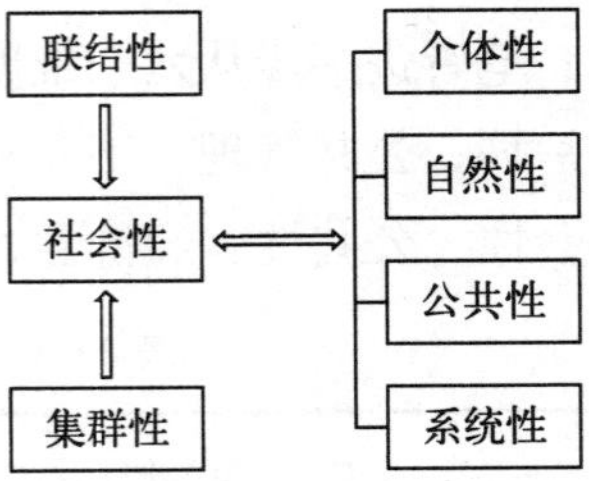

图3－1　什么是社会性

社会性虽然不是社会治理的独有属性，但是社会治理的根本属性。首先，社会治理理论普遍宣称社会治理是多元治理主体的协同治理。比如，政府可以监督企业，企业员工对企业可以享有民主监督和管理的权利，但少有耳闻“社会协同、居民参与”的企业管理。我们很少宣称行政管理、工商管理、家计管理、政党统治是多元社会主体实施的管理。其次，社会治理理论非常关切社会公平和个人权益，其宣称的治理目标指向特定社会，而其治理手段则指向不确定的社会。社会治理职能具有非常明显的“取之于社会，用之于社会”的特点。最后，从“社会治理”的语义看，治理是中心词，社会是限定词，社会治理之“社会”规定了社会治理之“治理”的特性。

命题：社会治理的根本属性是社会性。社会治理服从分群治理、以群治群逻辑，是一群人引领一群人为了一群人的理想生活而奋斗。

概言之，社会治理因“社会性”而与行政管理、工商管理、家计管理、政党统治等其他人类管理活动区别开来。

四、社会治理的分析框架

从实践来看，社会治理是在市场失灵和政府失灵背景下孕育而生的，它既不是有关社会整体的管理活动，也不是行政管理和经济管理的替补，而是社会的自我治理。从逻辑上讲，在社会治理中，社会自身要组织起来回应自身需求，既要同时扮演对象之社会、手段之社会、目的之社会三种角色，又要同时解决“谁来治理、为何治理、凭何治理、怎么治理、治理什么”五大问题。那么，如何从这些复杂范畴中发展出一个描述“社会治理”现象的操作性定义和分析框架呢？

笔者结合自身近十余年教学科研和社会服务工作经验，认为社会治理是指为了社会，社会发展和发动社会力量服务、监管、建设社会的活动过程（陈玉生，2019）。[①] 笔者发展这个概念的最初目的是帮助学生和基层社会治理事务工作者更好地理解社会治理。这个概念是对上文有关社会治理的治理主体、治理职能、治理对象三个治理维度，以及“谁来治理、为何治理、凭何治理、怎么治理、治理什么”五大治理问题的逻辑综合，内含较丰富。为了便于认识，笔者将社会治理分解为三个环节来阐明，并在此基础上建构社会治理的分析框架（图 3-2）。

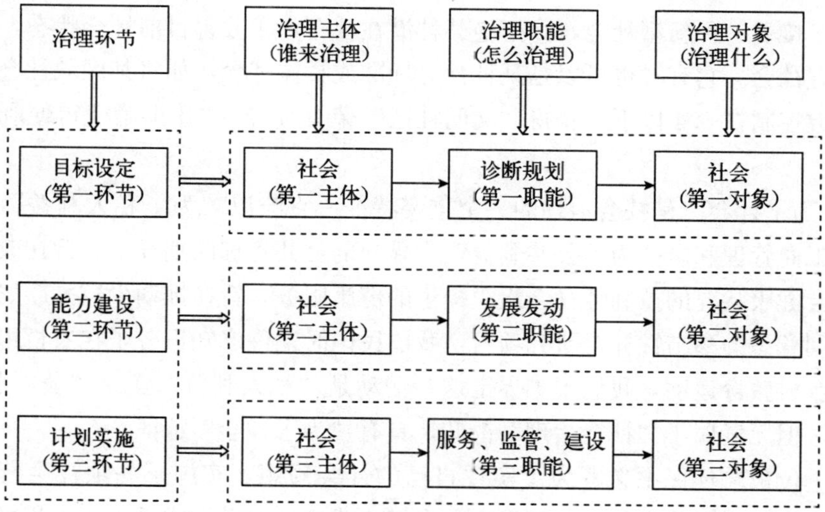

图 3-2　社会治理的三个环节

以下对上述社会治理分析框架的六个维度作进一步分析（表 3-2）。

第一维度：为了社会——治理目的。

与工商管理等其他管理一样，社会治理也是一项目的理性的社会活动。它的目的是为了一种社会状态。这里的“社会”可以是社会治理者明确意识到或

① 陈玉生．社会治理社会化：桂城社区治理的精神气质［C］//谭建光，麦绍强．关爱十年［M］．北京：中国社会出版社，2019.

阐明了的，也可以是未曾意识或明言的，但同样可以转化为某种社会想象，如和谐社会、共产主义社会。所谓社会想象是一种期望的社会状态，是针对具体现实社会而言，但它可以是社会治理者希望能够维持的这个现实社会本身，可以是社会历史中曾经存在过的社会，还可以是某种设想的未来社会。这里的“为了”，可以是明确以公共社会秩序或社会群众利益为目的，也可以是具有私人目的的名实，却有公共目的之实。比如抗震救灾中的私人捐赠行为，必然包含着各种捐赠行为目的，但皆有公共慈善目标，指向福利慈善社会。凡是没有公共目的之实的都不是本章所指狭义社会治理范围。社会治理所指向的“社会”，并不意味着只依据社会治理活动实施者所理解的社会本身的意义，而是比较现实社会形成的某种社会想象。这种社会想象不仅在许多知识分子的书本中，在许多公共政策、法规、规划等文本中也随处可见。

“为了社会”承载着人类的梦想，是社会治理的动力和方向。引领社会治理者变革目标社会状态，逻辑上分为下列五种社会类型：①继续维持现有社会，②接受一种新型社会，③拒绝某种潜在社会，④改善目前社会状态，⑤变革现有社会。它有时也可以是某种社会标准或具体理念，如将某区域社会的基尼系数控制在0.4以下、获得“文明社区”荣誉称号、“让捐赠变得便利”的社会。

“为了社会”是社会治理的一个重要特征。它与以“为了私人利益”为导向的工商管理和以“为了公共利益”为导向的公共管理区别开来。旨在改善目标社会健康状况的盈利性社会组织提供的健康服务，旨在推动少数民族妇女提高权利意识的参与性社会研究项目，我国民国时期许多知识分子在农村组织起来的乡村教育运动，我们很难界定这些活动是“私人利益”还是“公共利益”性的，但无疑属于“社会治理”范畴，具有“为了社会”特征。

一位极端环保主义者为了实现自己的社会理想，实施了一项社会营销战略，组织了垃圾分类行动小组，在一个城市成功地发动了成千上万人积极参与垃圾分类活动，并进而迫使市政府出台垃圾分类政策。我们很难说该社会营销活动以何种利益为导向，更何况它既不是企业组织主导的，又不是公共组织（包括公营非政府组织）主导的，所以既不是公共管理也不是工商管理。如果一个政客，同样开展了这项社会营销活动，目的是自己的政治利益，但只要他宣传的是某种社会理想，表现为“为了社会”，并实际地影响了社会，我们仍然称其为社会治理活动。

第二维度：社会（发展和发动）**——第一治理主体。**

这里的“社会”指社会治理的主体，可以是任何社会主体，如个体、企业、政府、政党、社会组织、非正式群体、临时组建的社会治理团队等。社会治理不具有单个社会主体对管理权限的垄断性，因此区别于工商管理、公共管理、政党治理、独裁统治；甚至不具有单个社会主体对管理活动的主导性，因此区别于新公共管理思想确立的以政府为主导的多元公营组织进行的社会治理，因为在社会治理活动中可以是任何主体主导。此外，组织化管理是现代公共管理和工商管理的典型特征，在社会治理中，非正式组织的社会主体同样可成为管理主体。社会治理主体也不限定为常设状态，可以是临时组织，可以因特定社会治理事项而生成或废止。从事社会治理并非必须将其当作一种职业。

第三维度：发展和发动（社会力量）**——第一治理效能。**

这里的“发展和发动”表明社会治理首先要培育、整合、动员社会资源和社会力量，并通过第五维度“服务和管理”方式转移和合理利用它们，使其最终回归社会。其理念是“取之于民，用之于民”。其中包含一种特殊形式，那就是发动特定群体自我服务和自我管理，它包含着“助人自助”的理念。

在公共管理中，为了实现公共利益，政府为主导的公营组织可以依据法律、经济或行政强制等手段，组织社会资源，供给公共产品。我们知道，除了政府外的其他社会治理主体，基本上没有制定法律政策、征收税收和使用警察暴力等手段来实现“为了社会”理想的可能，只能采取如社会动员、社会运动、社会游说、社会商谈、社会营销等方式，利用道德、宗教、伦理、舆论等手段，才有可能发展和发动社会力量。公共行政依赖国家强制力从社会中获得税赋和徭役，企业管理依赖市场利益导向从社会获得投资和人力资源，社会治理则需要依赖社会治理主体以社会变革（为了社会）为导向发展和发动社会，聚集各种社会力量。在通常情况下，社会治理首先要利用管理原理和技巧来影响受众，使他们为保护环境、维护妇女儿童权益、制止犯罪、维护农民工权利、发展慈善事业等“为了社会”活动做出贡献，从而积聚供给特定目标社会（指第六维度）以物质、服务或治安等社会产品。

可见，对如何发展和发动社会力量，不同社会治理主体有不同方式，并且受其他各种因素的影响而有不同的选择。社会学对此有许多研究成果。如组织一次献血活动，社会治理者首先要确定目标群体，有研究表明，献过血的人更愿意再次献血，那么，从效率上说，找到献过血的群体更容易获得血液。

第四维度：（发展和发动）**社会力量——第一治理对象与第二治理主体。**

此处发展和发动的“社会力量”是“第一社会治理对象”，是对于作为“第二社会治理对象”的第六维度“社会”而言的。社会力量中的“社会”通常指相对于政府的其他社会主体或社会设置，如个人、家庭、社区、社会组织、企业、市场等。社会力量中的“力量”通常指社会主体或社会设置所拥有和所能支配的各种有形和无形力量的总称（吴宗宪，2008；任文启、杨容城，2021）。有形力量包括人力（村委会或居委会干部、社工、志愿者、选民、示威者等）、财力（私人捐款、政府补助、企业赞助、会员费、慈善组织捐款等）、物力（场地、机械设备、家具和用品等）等；无形力量包括制度、道德、宗教信仰、社会资本、民意、社会舆论等精神力量。因此，此处社会力量指除政府之外的其他社会主体所拥有或所能支配的物质和精神财富等资源。

这里的社会力量包括社会企业财产和公共资源等在内的所有社会物资、精神力量和行动参与，其范围比公共管理和企业管理的资源广泛。大量社会力量难以成为人力资源管理和财务成本管理的对象，我们无法对社会舆论、民意折价，也无法对社会参与、示威行为进行考核。有些社会力量一旦发动有时很难控制，比如社会运动、舆论或谣传，具有很强的社会传递性和感染性；再如，犯罪社会学的“破窗”理论表明，一旦失范行为未得到及时控制，各种社会力量就可能很快破坏原有的社会秩序。社会治理也需要对社会力量进行疏导和防范，面对具有丰富性的社会力量，需要采取冷静和谨慎的态度加以对待，不可随便发动。

各种社会力量之间存在不平衡发展和发动状态，很有可能打破社会秩序。我们可以借用经济学铁桶理论的短板效应来说明各种社会力量的不平衡状态。适当抑制某些社会力量和适当发展、发动某些社会力量，成为社会治理学的重要课题。在当今社会，某些社会治理主体怀着“为了社会”之理想这种单一的价值信念，不顾后果地发展和发动有利于其理想实现的各种社会力量，常常使得各社会力量失衡，导致社会失序。

社会治理需要从价值角度确立一个原则，发展和发动社会力量必须以人道的方式，并且不会破坏大多数人“为了社会”之理想，必须保卫社会生活本身。

第五维度：服务和管理（社会）**——第二治理效能。**

第一治理效能“发展与发动”是第二治理效能“服务与管理”的前提，并以后者为归宿。第一治理效能相对于一个企业组织创建，然后才有后来的相当于第二治理效能企业组织管理，这两个治理效能相互依存。

社会治理的治理效能与传统管理学意义上的计划、组织、指挥、协调、控制、监督等管理职能有差异，比如，我们对社会群众很难用指挥这种上级对下级发号施令的方式，我们也不能采取各种手段进行群众监督和控制，除非是政府实施或授权实行的执法和治安行为。如果一个居委会主任动用社区慈善资金买了一些生活用品，送给社区的几户低保户，这位居委会主任的行为属于上述哪一种呢？

社会治理效能应该包括社会发展、社会规划、社会动员、社会服务、社会保障、社会整合、社会评估等。当前许多有关社会治理的研究中，人们习惯于将社会发展、社会整合、社会服务、社会保障等作为功能对待。我们要区分“社会功能”和“治理效能”两个概念，当社会治理主体发展和发动的社会力量属于非人力资源时，它们介入管理目标社会，对社会产生影响和作用，就叫发挥“社会功能”；当发展和发动的社会力量属于人力资源时，他们介入社会，服务或管理社会，可称为发挥“治理效能”。

任何被社会治理主体“发展和发动”的社会力量介入目标社会时都具有一定的功能，包括正功能和负功能。对于道德资源、财力资源等非人力资源而言，它们在社会治理体系中只是管理对象，也只具有社会功能效应。对于发展和发动的某些人力资源，包括个体或组织，当赋予他们以社会服务等管理职责时，就具有一定的治理效能。当社会服务中心安排一位社工负责给某社区提供学校社工服务时，这名社工在该社区的社会治理中就履行了社会服务职能。我们看到，社工履行了社会服务职能，但其提供的服务是否具有社会功能和具有怎样的社会功能则需要考察。对社会治理学而言，社会服务可以是一种治理效能。

此处“服务和管理”的对象是本章所称的社会治理分析范畴的第六维度——“社会”。对于企业管理而言，只有某具体企业组织存在才具有企业管理活动可言。但是，这里的“社会”是永远存在的，而服务于某一“为了社会”之理想的许多具体社会治理主体则可能不断消亡。在当前社会，只有政府与某些公共组织是社会治理的寿星。相对而言，政府与某些公共组织很容易垄断社会治理权，渗入各社会系统之中，发挥各种社会治理效能。但相对企业和政府的管理而言，许多社会治理的效能是零星、残缺、短暂的，比如一项临时性的“无烟社会”宣传活动，社会治理主体只需要发动一定社会力量进行社会营销，然后针对目标社会群体进行社会宣传、制造舆论就可以了，完全没有必要强求其同时实现社会规划、社会保障、社会评估等效能。

第六维度：（服务和管理）**社会——第二治理对象。**

这里的“社会”可以是具有一定空间区域的群众生活领域，像社区、城郊接合部、农村；可以是某种不限特定空间区域的社会场域，如全国社会组织领域、广州市中小学校、广州市各执法部门和机构、秘密会社；还可以是像特定区域中的全体人口、老年人口、黑社会犯罪群体、流动人口、上访民众、流浪儿童等具有某种特点的身份群体。相对“为了社会”中的社会而言，它是具体的、可经验的。

这里的“社会”泛指任何生活群体，规模一般超过家庭范围，如社区群体、城市、国家，乃至整个世界。但是，当对家庭或者个体所实施的社会治理活动具有了更普遍的意义时，我们也将其称为社会治理。比如，家庭养老，只有比家庭更大规模的群体将其作为解决养老问题的模式之时，才具有社会治理的意义，否则只是某个家庭特有的赡养行为。当一个企业为自己员工存储养老年金，或要求员工做职业生涯规划，即使这个企业规模很大，如果没有超出该企业自身的范围，在更普遍情况下作为解决社会养老金问题的选择模式，或作为解决社会个体管理问题的选择模式时，就不能作为社会治理，或可限定为企业内部的管理，属于工商管理。因此，这个维度很难单独作为界定社会治理概念的标准。

各类组织内部进行的管理，如企业组织管理、政府组织管理、党内管理、社工行政、教会组织管理、秘密会社内部管理等，可以是组织管理，但不是社会治理。这些组织可以参与到社会治理活动中来，成为社会治理的主体，但对其组织内部的管理，则既不针对具体的社会群众和社会秩序，其目的也很难与某种社会想象直接联结。如马克斯·韦伯的科层制管理，就是这种组织内部管理，基本上是以组织效率为目标。笔者这里将组织内部管理与组织参与社会治理两者区别开来。社会治理的主体可以是科层制的，但针对社会进行的服务监管本身很少是科层制的。一旦社会治理科层制化，我们可以将其称为社会统治，比如连坐制。即使专门从事社会服务监管化育的社会组织，如社会工作者服务中心，其组织内部的管理称为社工行政，但不是社会治理，只有当这类组织参与到组织外部的针对社会群众提供的社会服务等活动时，才属于社会治理。因此笔者将组织内部的服务监管排除在社会治理之外，比如典型的单位制，单位办社会职能就不属于社会治理。

表 3-2　社会治理分析框架

	维度	所涉内容	原则
1	为了社会	①目的理性，②为了回归（避免、维护、应对、超脱、实现）某种社会，③非私人目的、公共目的，④非组织（政党）目的，社会群众目的，⑤任何社会治理目标皆可转化为某种社会想象，⑥社会诊断与社会规划	理性原则、善意原则、共识原则
2	社会（发展和发动）	①社会治理主体多元，②政府主导型，③社会组织主导型，④企业组织主导型，⑤社会居民主导，⑥单一主体，⑦成熟形态为社会治理体制	协同共治原则、责任原则

（续）

	维度	所涉内容	原则
3	发展和发动（社会力量）	①志愿、动员、运动、协商、强制等方式，②道德、宗教、法制、经济、政治等手段，③除治安力量之外的非暴力原则，④发展发动形式：可以是国家征收税收、发国债、动用警察力量强制、进行国民动员、通过法律政策手段调整、动用国民经济杠杆启动、动用行政组织整合	除国家暴力机构外的非暴力原则、理性原则
4	（发展和发动）社会力量	①物资资源，②人力资源，③制度资源，④道德资源，⑤社会资本、组织网络，⑥民意、社会舆论，⑦组织力量，⑧信息（技术）资源，⑨符号资源，⑩社会参与	自愿原则、保卫社会原则
5	服务和管理（社会）	①计划、指挥、协调、控制、监督等治理效能，②照护、便民、扶持、保障、慈善、福利等服务功能，③自我服务监管化育、他者服务监管化育，④物资资源服务、人力资源服务，⑤技术管理、人力管理，⑥福利性服务、盈利性服务，⑦国家主导的社会执法、社会治安，⑧社会主导的社会整饬（社会整合），⑨福利性质社会服务无边界，自愿原则；社会治理有边界，依法和依协议原则	效能原则、协同共治原则、善意原则
6	（服务和管理）社会	①特定区域社会群体（个体），②特殊群体（个体），③除政府组织外的其他社会组织（经济组织），④除上述外的其他各种社会领域治理，⑤不包括军队、国家机关、企业组织、事业单位组织、党组织、家庭等内部管理领域	知情原则、人道主义原则

五、社会治理学的意义

在社会治理中，我们通常不能假定所有人都有某种需求，更不能假定他们都是实现管理目标的手段。比如，我们不能假定“回家”是所有流浪乞讨人员的需求，更不能假定管理者通过帮助人们改善经济条件、改善人际关系、实现自我价值等，就可以促使他们“回家”。社会治理理念只是为我们从社会现实通达社会想象指示了方向，它教我们如何少走弯路，用更少的代价完成梦想。如果我们能够敏锐地意识到目标与现实的差别，就能明白问题和行为方向所在。如果我们能够从前人的经验中多提取一些完成一个个社会目标的经验，在面对新任务时就能有所根据。如果我们能够将个人的梦想与社会的理想协调起来，大家皆能从自我聚集的社会资源中赢得尊严，从而减少对公共资源的依赖和对企业组织的依赖，那么我们的社会就有了一种新的境况。社会治理学能够培养出一种精神气质，让我们面对不断变革的社会时不至于慌乱。它指引人们冷静地做出社会诊断并拿出好的规划方案和实施方案，从而摆脱毫无章法的蛮干，或者糊涂的盲从。

社会治理学在这方面具有实际意义。

第一，社会治理学为我们从社会现实通达社会理想指示了方向，它教我们如何少走弯路，用更少的代价完成梦想。如果我们能够敏锐地意识到目标与现实的差别，就能明白问题和行为方向所在。如果我们能够从前人的经验中多提取一些完成一个个社会目标的经验，在面对新任务时就能有所根据。如果我们能够将个人的梦想与社会的理想协调起来，大家皆能从自我聚集的社会资源中赢得尊严，从而减少对公共资源的依赖和对企业组织的依赖，那么我们的社会就有了一种新的境况。

第二，社会治理学能够培养出一种精神气质，让我们面对不断变革的社会时不至于慌乱。它指引人们冷静地做出社会诊断并拿出好的规划方案和实施方案，从而摆脱毫无章法的蛮干，或者糊涂的盲从。

第三，从学科角度而言，社会治理学能够把社会学从一门学科变成一门手艺，从后者丰富的社会研究观点中提取有关社会治理的技术知识，以便培养出掌握了社会学知识的社会治理者，而不只是社会政策顾问；也为管理学，尤其是公共管理学提供多元的视角，摆脱“组织—个体”这种单向度的研究视角，从而实现更好的社会治理，而不是留下大量社会问题，然后将其产生的结构张力周期性地通过治理结构往底层社会排放，制造出一种管制社会。

第四，社会治理学能够促进社会自我管理能力的提高，减少对政府和精英统治的依赖。大量精英统治研究表明，弱势群体的利益经常得不到应有的重视，精英们通常无暇顾及，或采取放任的态度。相反，弱势群体通过学习，掌握自我管理能力，有效地应对周遭环境，并进而影响政府政策，维护自身利益，是可能的。我们希望社会的治理越来越依赖社会本身，社会能够不断加强自我管理。

第五，社会治理学能够为社会组织、公共管理组织、社会企业、政党组织和社会改革团队等培养专业人才。将社会学的想象力和管理学的技术结合到同一课堂，将产生全新的社会人才队伍，他们也许会使许多原来在企业管理、公共管理和社会治理中未能妥善解决的难题迎刃而解。

第六，在全球治理不断推进的情况下，社会治理学能够为其培养一些专业人才，理性地组织人类共同梦想，整合各种社会文化群体，减少国际冲突和暴力，为全球环境生态等问题提出有效的解决方案。

总之，社会治理学讲述“一群人引领一群人为一群人的理想生活而奋斗”的故事，它将管理艺术与社会化育相结合，以集体良知、社会秩序和美好社会生活构筑自身的追求，以实现社会良性运行与协调发展。社会治理是从“为了社会”这种社会想象或想象社会的角度出发，去看现实的目标社会。它要考察如何合理、有效地聚集具有无限资源的社会的力量，用以弥补现实与想象的差距，实现社会资源的聚集或转移。社会治理必须抛弃这种观念，认为目标社会的个体自然会有社会资源需求；更要注意到，无限社会资源并不是可以随意采集的。社会治理学要研究的，就是这种社会资源合理采集和合理利用，以弥合社会现实与社会理想差距的社会行动过程。社会治理学本质上就是研究有关人类为实现社会良性运行和协调发展所进行的行为活动的学科。它要求我们始终看到，一边是社会力量的输出，另一边是社会力量的接纳，以及在其间忙碌的人们、困惑的群众与错综复杂的社会结构。我们希望这门学科教会我们能冷静地、中立地看待社会现象，独立地、批判地发表公共意见，不被道德家和政治家所左右，又能积极地依靠掌握的社会治理技能参与到人类梦想的实践活动中，实现社会力量聚集和转移的合理化。

第四章　治理主体中的集群与分群

治理者如何集群？国家向社会溢出公共事务，多元社会主体承接溢出的公共事务并不断创新社会治理服务，这是各国社会治理的共同处境。随着多元主体参与供给公共物品，提供社会服务、参与社会治理，以往的一元政府治理，尤其是国家统治理论框架显得陈旧且不合时宜。随着社会治理实践的不断发展，多元主义、法团主义、威权主义等西方社会治理理论范式兴起。我国如何借鉴吸收西方社会治理理论，又如何创新发展，需要系统研究。

本章主要考察多元主义、法团主义与威权主义三大西方社会治理理论范式，并分析这三大范式在中国社会治理中的适用性问题，进而在此基础上提出中国社会治理理论创新的可能性。

一、三种理论范式：治理主体如何集群

社会治理是指为了社会，社会发展和发动社会力量服务、监管、建设社会的过程。那么，西方国家为何要吸纳社会力量参与社会治理？社会力量参与社会治理后，国家与社会关系如何？社会力量到底从哪里孕育？社会力量参与到哪些公共事务中？社会力量到底扮演什么角色，是对象之社会、手段之社会还是目的之社会？总体而言，我们要追问“谁来治理、为何治理、凭何治理、怎么治理、治理什么”五大问题。多元主义、法团主义与威权主义三大理论范式在这些问题上，各有什么观点，这些观点有哪些异同？西方国家当代社会体制与社会治理为什么形成了多元主义、法团主义与威权主义三大理论范式？这三大范式之间存在什么逻辑关系，三者之间是否存在历史逻辑关系？这些问题较为复杂，本章主要就三大理论假说的核心论点做概述。

1. 多元主义理论

在理论上，多元主义强调，社会与国家应该是分立的，市民社会是一个自主的活动领域。社会中的权力是多元的、分散的，不同的社会群体可以通过组

织社团参与选举竞争，表达自己的利益诉求，影响国家的政治决策。在政策设计上，多元主义则主张公民的权利和自由具有首位的重要性，为了避免国家的干涉，公民应该有正式的、制度化的自由保障，国家与社会之间应该保持距离①。

多元主义主张的社会主要是与国家相对应的市民社会。现代意义上的市民社会是对近代欧洲政治国家和市民社会相分离现实的直接反映，它是最先由黑格尔在吸收了众多思想家理论成果的基础上提出的，后经由马克思予以系统完善的科学概念（这种古典意义上的市民社会主要强调国家高于市民社会而存在，马克思主义意义上的市民社会主要指的是市民社会的经济领域）②。20世纪以来，随着人类社会的转型发展变化以及西方市民社会理论研究重心的转移，一批学者（如帕森斯、葛兰西、哈贝马斯、柯亨以及阿拉托等人）对市民社会概念做了新的阐释，赋予了它新的时代内涵：他们主张把经济领域从市民社会中分离出去，认为市民社会主要是由社会和文化领域构成，同时强调它的社会整合功能和文化传播与再生产发展的独特功能③（张静，2005）。

在国家与社会的关系上，多元主义将社会视为先于国家产生、外在于国家、具有不受外界影响的独特运作逻辑的一个自主和独立的领域，社会具有价值优先性。其假设在没有国家强权侵扰的情况之下，社会民众根据自己的意愿和利益需要组成各种利益团体，各利益团体相互竞争并以竞争的过程和最终结果来确保实现自身利益，而社会则可以从利益团体的竞争中获益。国家应当是社会意志的代表机构，是经由社会赋权而获得合法性的④。这从洛克关于国家的产生的观点中也可以窥见一斑。他认为，"在自然状态下，人们尽管享有种种权利，但是留在其中的情况并不良好，他们很快就被迫加入社会"，人们"各自放弃他们单独行使的惩罚权力，交由他们中间被指定的人来专门加以行使。"⑤ 由此，形成了市民（公民）社会和国家。

在权力配置上，多元主义有两个假设：一是社会中存在各种各样的组织（利益集团）；二是因权力资源高度分散而呈现出多中心格局⑥。在实践中，多

① Whyte, Martin K. "Urban China: A Civil Society in the Making?" In Arthur Lewis Rosen - baum (ed.), State&Society in China: The Consequence of Reform [M]. San Francisco: Oxford, 1992.

② 何增科．市民社会概念的历史演变 [J]. 中国社会科学，1994 (5).

③ 张静．法团主义 [M]. 北京：中国社会科学出版社，2005.

④ 刘安．市民社会？法团主义？——海外中国学关于改革后中国国家与社会关系研究述评 [J]. 文史哲，2009 (5).

⑤ 洛克．政府论（下篇）[M]. 叶启芳，瞿菊农．译．北京：商务印书馆，2004.

⑥ 景跃进．比较视野中的多元主义、精英主义与法团主义——一种在分歧中寻求逻辑结构的尝试 [J]. 江苏行政学院学报，2003 (12).

元主义的“社会中心论”（市民社会）理念在西方社会，特别是在美国，对现实的政治运作具有主导性的影响，是西方政治思想的主流。

命题：多元主义主张国家与社会二分，社会优先于国家，社会自主，提倡“社会中心主义”。

2. 法团主义理论

法团主义思想根源可以追溯到古希腊和古罗马的传统，中世纪的天主教会和行会也对其有重要的影响①。其缘起于对传统社会向现代社会转型过程所引发的总体性社会危机和普遍性的社会失范的积极回应②，其发展演化也呈现出明显的波澜曲折。近代以来，随着自由主义的崛起，以及实践中天主教会、行业协会等法团组织的衰落，都使得法团主义的影响逐渐式微。而19世纪末和20世纪上半叶的社会局势则给予法团主义以明确的立足点。在“超越左与右”的浪潮中，法团主义既反对自由主义强调的过分自由化以及依靠社会整合的论断，也不赞同社会主义所主张的社会改造和国家统合一切的主张，其折中的理念直接影响了西欧国家整合社会力量进行福利国家体制建构的进程，并对20世纪70年代全球经济危机提供了重要的理念支撑。在对法团主义进行制度层面的可操作化界定方面，斯密特③作出了奠基性的贡献，进而使它成为可用于政治体制比较的分析工具，并得到多数研究者的认可。在非西方国家，法团主义因其传统的社会特质所具有的亲和力也获得了前所未有的发展空间④。

斯密特认为“法团主义可以被定义为是一种利益代表体制，在这种体制中，（社会中）各个构成单位都被组织到数量有限，具有单一性、强制性、非竞争性、等级化秩序性及功能分化性等特征的各部门中，这些部门若不是由国家创建，就是得到了国家的承认或认证，并被授予在各自领域内的垄断性代表地位。不过作为一种交换，国家对它们的领袖选择和需求表达享有一定程度的控制权”③。在这个意义上，法团主义作为一个利益代表系统，是一个特指的观念、模式或制度安排类型，它的作用是将公民社会中的组织化利益结合到国家的决策结构中。斯密特进一步将法团主义分为“国家法团主义”（State Cor-

① Adams, Paul S. “Corporatism and Comparative Politics: Is There a New Century of Corporatism?” In Wiarda, Howard J. (ed.), New Directions in Comparative Politics [M]. Colorado: Westview Press.

② 涂尔干．社会分工论 [M]．渠东，译．北京：生活·读书·新知三联书店，2000.

③ Schmitter, Philippe C. “Still the Century of Corporatism?” [J]. The Review of Politics, 1974, 36 (1).

④ Unger, Jonathan, AnitaChan. “China, Corporatism, and the East Asian Model.” [J]. The Australian Journal of Chinese Affairs, 1995, 33.

poratism）和“社会法团主义”（Societal Corporatism）。[①] 就该区分在国家类型上的对应而言，前者主要有葡萄牙、西班牙、巴西、智利、秘鲁、墨西哥、希腊等，后者主要有瑞典、瑞士、挪威、丹麦等。当这些制度特征主要是由国家自上而下地主导、诱引、强制而促成时，就是国家法团主义；而当这些制度特征主要是由自下而上的社会团体之间的竞争、联合、兼并来完成，再经由国家赋予合法性并换取相应的控制权时，就是社会法团主义。在此基础上，国内学者张静将法团主义进一步细分为“国家法团主义”“社会法团主义”“权威法团主义”或“自由法团主义”三个类别[②]。

另一位学者威亚尔达（Howard Wiarda）则强调，可以将“法团主义界定为一种社会和政治的组织体系。在这个体系中，一些主要的社会团体（劳工、企业、农民、军方、族群、部落或恩待团体、宗教组织）和利益全都被整合到政府的体系之中，经常以垄断为基础，或者基于国家的指导、定向、训导和控制，使之能够与国家的发展相协调”[③]。威亚尔达的定义将法团主义视作“一种社会和政治的组织体系”，并把所有正式和非正式的社会组织“全都组合到政府的体系之中”，并且强调在组合的过程中“国家的指导、定向、训导和控制”等功能的存在和发挥，“使社会团体能够与国家的发展相协调”。沿着这种理论取向，有学者进一步延伸出法团主义的三个基本特征：第一，强势的主导性国家；第二，对利益群体自由与行动的限制；第三，吸纳利益群体作为国家系统的一部分，让他们呈现成员的利益，帮助国家管理和实施相关政策[④]。

总体而言，法团主义以国家与社会之间的联合与协作为主要关切，其核心特征是国家力量对利益群体以及社会领域的控制与约束。与多元主义不同，法团主义主张社会和国家应该是融合的，二者融合所形成的法团化组织应该是整个社会良好运作的中介；利益团体与国家的边界则是相对模糊的，它们的联系也是制度化、常规化、强制性的；国家应该是一个积极主动的行动主体，超然于这些多元化团体，并将它们整合进国家决策结构中，实现国家与社会之间的

① Schmitter，Philippe C. “Still the Century of Corporatism?”［J］. The Review of Politics，1974，36（1）.

② 张静．法团主义［M］. 北京：中国社会科学出版社，2005：29－33.

③ Wiarda，Howard J. Corporatism and Co－afire Politics［M］. Armonk：M. E. SI1arpe，1997：23.

④ Adams，Paul S. “Corporatism and Comparative Politics：Is There a New Century of Corporatism?” In Wiarda，Howard J.（ed.），New Directions in Comparative Politics［M］. Colorado：Westview Press，2002.

有机整合①。

命题：法团主义主张国家与社会融合，国家凌驾于社会团体之上，多元社会团体利益整合到国家政策体系中。

3. 威权主义理论

威权主义（authoritarianism）是与极权主义对立而存的。20 世纪 30 年代，沃格林（Eric Voegelin）最早提出“威权主义”一词，描述当时西南欧一些国家独特的政治结构。20 世纪 60 年代后研究者越来越多。美国学者珀尔马特（Amos Perlmutter）将其称为“现代权威主义”（Modern Authoritarianism），阿根廷学者奥唐纳尔（Guillerrno O'Donnell）称之为“官僚权威主义”（Bureaucratic - authoritarianism）。有的中国学者称之为“精英威权主义”，有的则称之为“过渡性威权主义”，还有的称之为“新威权主义”等，不一而足，观点纷呈。

林茨对西班牙的研究中首次明晰了“威权政体”概念。林茨把威权主义定义为：“这种政治体系属于有限的多元政治，意识形态不明确；除在某一发展时期之外，缺乏广泛而深入的政治动员；其领袖有时是一个人，偶尔由一小撮领袖团体统治”。林茨还把近代以来存在的政体分为“极权主义”“威权主义”“民主政体”三种，认为威权主义是介于“极权主义”和“民主政体”之间的一个过渡政体。从极权主义到威权主义，有一个国家发展的过程②。此外，还有另外一些主张，或认为“威权主义”是“半民主、半集权”的一种政治体制形态；或认为“威权主义”是一种有“民主外衣”的专制主义；或认为“威权主义”是一种从“专制制度”走向“民主制度”的“过渡形态”。

最为系统的研究来自美国政治社会学教授 A. 珀尔马特。他认为威权主义有早期威权主义和现代威权主义的区别，前者是少数人以少数人的名义实行的统治，后者是少数人以多数人的名义实行的统治。现代威权主义具有集体性特征，是“大众运动”（Mass Movement）的威权主义。在此基础上，他进一步将把威权主义分为五种模式：布尔什维克式、纳粹式（指纳粹德国）、法西斯式（指两次世界大战期间东欧和南欧的一些国家）、社团式和执政官式。他认为 1945 年后在拉丁美洲出现的军人政权就属于社团式和执政官式的威权主义

① 陈家建．法团主义与当代中国社会［J］．社会学研究，2010（2）．吴建平．理解法团主义——兼论其在中国国家与社会关系研究中的适用性［J］．社会学研究，2012（1）．

② Juan J. Linz. An Authoritarian Regime Spain［A］. in Erik Allardt and Stein Rokkan，eds. Mass Politics：Studies in Political Sociology［c］. New York：Free Press，1970.

模式，而这两种政体都不能动员社会力量来稳定政治秩序①。

一些学者受亨廷顿《变革社会中的政治秩序》一书的影响，用“新威权主义”这个说法来强调政治稳定、经济增长和社会秩序对国家发展与进步所具有的重要性。20 世纪 90 年代，亨廷顿的《第三波：20 世纪后期民主化浪潮》一书问世，又掀起了一阵讨论“新威权主义”的热潮，此概念被广泛应用于第三世界特别是东亚和拉丁美洲政治体制的研究中，并衍生出了官僚威权主义与东亚软威权主义等子概念类型，深化与拓展了威权主义的外延。

命题：威权主义属于现代化政体类型中介于极权政体与民主政体之间的一种较为温和的专制政体形态。

4. 西方社会治理生成逻辑

西方国家为何自近现代国家创制起到 20 世纪 80 年代后走向社会治理？随着近现代国家的创制，“民”集聚成“群”的政治模式逐渐走上人类历史舞台的中心，并凌驾于血族群体、宗教精神群体和各类松散的社会组织群体之上。在霍布斯利维坦的设计中，国家是辖区内所有个体让渡部分自然权利形成的集体人格，其本质就是主权。主权者代理行使集体权力，维护和平与秩序。从“民—群”视角看，近现代国家在创制与发展过程中，形成各类群体的想象。

自然社会的典型形态就是丛林中相遇的“两个自然人”，他们平等自由，关键是肉眼可见的力量相当，为此，霍布斯假定各自为保全自身，可行使自然权利，将对方杀死是最合理的。在这种“民”集“群”的逻辑下，整个人类社会必然走向一切人对一切人开战的社会。许多西方社会理论的原型都是这种“两人关系”，如齐美尔、罗尔斯、哈贝马斯等人的理论原型。

很显然，上述丛林社会只是假设，家庭、部落、教会、法人社团这些共同体才是现实的可直观的群体形态。但是，霍布斯认为这些共同体同样服从自然状态，并使人们长期生活在野蛮状态下，因此需要去自然化。涂尔干、韦伯、福柯等人均采取这种历史主义的态度来研究人类群体。家庭等历史共同体去自然化的方式就是阻断野蛮的关系，将个体全部组织到集体人格之中，组织到主权之中，也就是组织到国家之中。

为让渡权利并形成公权力，需要建立公民意志表达机制；为行使公共权力，需要建设权力代理机制，议会和政府等国家机构也就形成了，包括政治体制与行政体制等。国家机构凌驾于普通个人以及其他一般社会组织之上。近现

① 珀尔马特．现代威权主义：一种比较制度分析［M］．纽黑文：耶鲁大学出版社，1981：1－135，174，179．

代国家治理组织化也遵循该逻辑。国家治理组织作为代理人履行公共意志这个命题在历史进程中发生了很大变化，一开始普通民众与国家发生关系主要是表达意志、参与选举、产生公共权力代理人，这就是政治参与。但是，也有很多民众参与到具体的公共事务中，像行政人员一样从事公共服务，不仅参与政治，而且参与具体事务，这就是行政参与。为此，有学者明确提出要将政治和行政分离，限制民众参与到行政事务中。

在实践中，一方面，随着妇女、黑人等少数群体权利运动、政治压力集团活动、新社会运动等的开展，从逻辑上讲，大众参与政治的可能性得到提升；另一方面，随着国家治理中市场失灵和政府失灵问题的凸显，从逻辑上讲，大众参与治理的可能性得到提升。

在理论上，政治参与理论和治理参与理论得到了广泛研究，从 20 世纪 80 年代起，有关如何激发社会力量参与国家治理的理论探索明显增强。随着全球化问题的增加，全球治理理论研究同样明显增强。启蒙运动时期创建的国家及相应的国家治理体制不断受到挑战，单一的国家治理机构越来越难以应对国内外的事务，越来越需要更广泛的国内外社会力量的参与。

近现代化进程中，国家政治体制、国家治理体制、社会参与国家政治和国家治理的体制等建设是非常重要的民集群的制度创新。在西方近现代国家治理理论中，政府到底扮演什么角色在不同时期有不同定位，如“守夜人”、“看得见的手”、“福利国家”中的保姆、多元“国家治理”中的平等合作伙伴。在自由放任主义和福利主义时期，公共事务的处理主要强调发挥市场或者政府的作用，社会治理和多元合作治理尚未得到充分讨论。但是，市场失效和政府失效后，从 20 世纪 80 年代起，社会治理被提上日程，逐渐形成了多元主义、法团主义和威权主义国家治理理论。多元主义、法团主义和威权主义在理论上和实践上均具有非常明显的逻辑关系，服从国家治理过程中行政吸纳社会力量并逐渐将社会力量制度化、体制化的过程。简要的故事线可表述如下：20 世纪 70 年代末，西方国家在凯恩斯主义下实施福利国家政策效率越来越低下且难以负担，保姆型政府激发的民众对政府的社会政策和福利制度的依赖却很难改变。市民社会以上述多元主义为其理论前提，其在学术上的复兴源自人们对 19 世纪末初显并盛行于 20 世纪中叶的“国家主义”的抗拒与抵抗，人们寄希望于通过市民社会的重塑来捍卫“社会”相对于“国家”的独立性。正是在这一关照下，基于西方社会的市民社会研究在我国取得了重大的发展，特别是在我国本土学者对这一舶来理论的规范性使用以及创新性汲取方面。

二、三种理论范式在我国的适用性研究

1. 多元主义（市民社会）及其在我国适用性研究

20世纪90年代以来在我国大陆掀起了一场关于市民社会的研究热潮，从时间分期上看，存在前后相继的两个累进阶段：其一，从1992年起至世纪之交的理论译传阶段；其二，从21世纪初至今的理论提升与拓展的本土化阶段。市民社会（公民社会）理论已被国内许多学者如邓正来、景跃进、施雪华、俞可平、何增科等，[①~⑧]从引介向探寻理论本土化应用转向与过渡，成为20世纪90年代和21世纪初解释我国国家与社会关系的重要理论。那么，以市民社会为标志的多元主义理论范式在我国的适用性是怎样的呢？综合而言，学界对市民社会之于我国国家与社会关系的适用性论点主要有三种取向。

其一，乐观说。秉持该观点的学者们大多认为市民社会是我国未来的发展方向，并且改革开放以来出现与成长的“社会”空间与领域（社区治理创新、社会组织等）正在推动国家与社会关系走向多元主义。研究者们试图从改革开放之后中国社会中新出现的那些结构性变化因素中找寻证据，以支持市民社会说。比如，怀特关于浙江萧山地区的民间社团的研究[⑨]，以及倪志伟在对中国经济制度由再分配向市场的转型对国家与社会关系的调整所产生影响的基础上对中国未来公民社会的生成与发展所保持的乐观预期[⑩]。与海外研究学者不同，我国大陆一些学者对市民社会的关注源自他们对我国实现现代化转型与发展的强烈关怀与期许。其中俞可平和何增科是我国存在市民社会论的代表。俞可平认为市民社会就是“国家或政府系统，以及市场或企业系统之外的所有民间组织或民间关系的总和，它是官方政治领域和市场经济领域之外的民间公共

---

① 邓正来，景跃进．建构中国的市民社会［J］．中国社会科学，1992（11）．

② 邓正来．国家与社会：中国市民社会研究［M］．北京：北京大学出版社，2008．

③ 邓正来．国家与市民社会：中国视角［M］．上海：格致出版社，2011．

④ 邓正来，亚历山大．国家与市民社会：一种社会理论的研究路径［M］．上海：上海人民出版社，2006．

⑤ 施雪华．现代化与中国市民社会［J］．中国社会科学，1994，7．

⑥ 俞可平．中国公民社会：概念、分类与制度环境［J］．中国社会科学，2006（1）．

⑦ 何增科．公民社会与第三部门研究引论［J］．马克思主义与现实，2000（1）．

⑧ 何增科．公民社会与治理［M］．北京：社会科学文献出版社，2011．

⑨ White，Gordon. Prospects for Civil Society in China：A Case Study of Xiaoshan City［J］. The Australian Journal of Chinese Affairs，1993，29．

⑩ Victor Nee. The Emergence of a Market Society：Changing Mechanisms of Stratification in China［J］. American Journal of Sociology，1996，101（1）：908-949．

领域”，他通过分析中国市民社会的制度环境特征以及面临的困境，指出“中国公民社会正随着市场经济和民主政治的发展而迅速崛起，并且对中国的政治生活、经济生活和社会生活产生日益重大的影响”，尽管“它是一种典型的政府主导型的市民社会，具有明显的官民双重性；正在形成之中，具有某种过渡性；发展不平衡；极不规范。”[①]

其二，悲观说。也有一批学者对中国的市民社会是否存在以及将市民社会框架应用于理解中国社会并不乐观。他们认为这一缘起于西方的理论概念在现实中的运用存在严格的理论预设（多元主义的预设），并且市民社会要有坚实的中产阶级以及社会团体与组织等实体，而从我国的现实来看，不仅市民社会的主体构成尚不完备，而且该概念运用的前提预设——国家与社会的分立以及政社的分工等——也不存在。此外，中国的历史传统中也找寻不到市民社会发展可以依凭的有效资源，反而存在一系列专制主义的思想，构成了市民社会发育的障碍。比如，戴慕珍通过对我国改革开放初期如何推进地方政府工业化的过程的研究发现，我国在20世纪80年代之所以取得经济的快速发展，地方政府在其中发挥了关键性的作用，她进而创造性地提出了“地方政府法团主义”这一概念，可见她对公民社会在中国的成长与发育并没有抱很大希望[②]。夏维中就认为“从历史上看，中国始终是高度集权的大一统，不具备孕育市民社会的条件，且从来不存在严格意义上的社会自治要素，因此也就不可能产生类似于西方的市民社会。”[③]

其三，独辟蹊径说。还有一些学者认为，市民社会概念本身复杂、模糊，作为舶来的社会概念或范式在对我国国家与社会的解说中必然存在“水土不服症”。这些学者对市民社会是否存在于我国场域中未置可否，反而是独辟蹊径，提出了一些具有理论想象力的概念框架来加以替换。比如黄宗智（1993）认为，市民社会预设了国家与社会的二元分立，而国家与社会之间的二元对立其实是从西方历史发展过程中所抽象出来的一种理想类型，它并不符合我国的实际。所以提出了“第三领域”的概念来具体分析我国国家与社会的关系性质[④]。

① 俞可平．中国公民社会：概念、分类与制度环境［J］．中国社会科学，2006（1）．

② Oi Jean C. China of：Institutional Foundations of Economic Reform［M］. Berkeley：University of California Press.

③ 夏维中．市民社会：中国近期难圆的梦［J］．中国社会科学，1993（4）．

④ 黄宗智．中国经济史中的悖论现象与当前的规范认识危机［J］．史学理论研究，1993（1）：42-60.

整体上看，多元主义以及市民社会理论在解释当代中国国家与社会关系时难以回避其基本假设：国家和社会的二元对立，而且正是这一对立关系决定或者说是左右了社会整合的结构与政治秩序的状态。由此出发，其对我国社会体制改革的分析也要放在这一对立中进行。但是，不仅社会的独立性以及国家与社会的二元对立本身在我国场域是否存在尚未达成共识，而且无论从国家的角度还是从市民社会的角度对“国家与社会”的关系作单向度的强调，都很难与当下的我国社会现实耦合。进一步地，在这一假设之上的理论解读以及政策建构必然将我国的体制改革导向“改旗易帜”的邪路上。须知市民社会是一个舶来的西方概念，在将其运用到我国场域时，我们必须对其概念基础所存有的假设保持清醒，对其理论的现实基础保持足够敏感，明辨“实体建构”“解释模式”以及“规范倡导”维度下市民社会运用的主要关切，进而进行“选择性解读”和“实用性运用”。

2. 法团主义及其在我国的适用性研究

作为对多元主义质疑而兴起的法团主义模式受到越来越多研究者的青睐，并被用来对我国的国家与社会关系进行理论概括或预测。[①~④]那么该模式是否符合我国实际？更具体地讲到底是“国家法团主义”更符合我国实际，还是“社会法团主义”更接近我国现实？现有的研究主要包括“适用论”和“非适用论”两种取向。

其一，适用论。持该主张的学者认为，法团主义作为对极权主义模式的替代，较好地实现了对转型中国社会的认知，并在实践中产生了一系列研究成果[⑤]。例如，戴慕珍运用地方法团主义的概念，解释了地方的经济增长以及地方政府在经济增长中的作用[⑥]；陈建军运用经济学理论的分析[⑦]、白苏珊利用

---

① Chan Anita. Revolution or Corporatism? Workers and Trade Unions in Post—Mao China [J]. Australian Journal of Chinese Afairs，1993，29.

② 顾昕，王旭．从国家主义到法团主义——中国市场转型过程中国家与专业团体关系的演变 [J]．社会学研究，2005（2).

③ 张静．法团主义 [M]. 北京：中国社会科学出版社，2005.

④ 陈家建．法团主义与当代中国社会 [J]. 社会学研究，2010（2).

⑤ Jean C. Oi. Fiscal Reform and the Economic Foundations of Local State Corporatism in China [J]. World Politics，1992，45（10)：99－126.

顾昕．公民社会发展 的法团主义之道 [J]. 浙江学刊，2004（3).

⑥ Jean C. Oi. Fiscal Reform and the Economic Foundations of Local State Corporatism in China [J]. World Politics，1992，45（10)：99－126.

⑦ 陈建军．中国高速增长地域的经济发展——关于江浙模式的研究 [M]. 上海：上海三联书店，2000.

政治经济学的考察也都认为，地方政府与企业的合作与支持是地方经济发展的要素，[①] 他们分析了改革过程中国家与社会的关系所呈现的法团主义特征；潘维通过对华西村、大邱庄、南街村等社区的长期研究发现，这些社区的成功都是因为有能力与权力兼备的地方领导，而其他组织散漫的社区，不仅不能发展工业，连农村生活必需的基础设施都迟迟不能发展[②]。适用论者进而提出，是否具有权威地方政府主导形成的地方法团主义是广大农村地区经济能否成功发展的决定因素。沿着这种理论取向又形成两种分析思路。

第一，（国家）法团主义被认为是我国国家与社会关系的较好选择或发展方向。持该理论的学者多认为，国家法团主义所代表的政治和社会体制背景更贴近中国现实[③④]。比如，顾昕、王旭研究指出，在国家主义遗产依然强大的社会背景中，我国专业性社团对国家依然具有严重的依赖性[⑤]。因此，国家与专业性团体的这种法团主义式关系，并不像许多人认为的那样是一种过渡性形态，国家法团主义是当前国家与专业团体关系的“常态”。张钟汝等研究发现，改革开放以来，非政府组织与政府的互动正经历一个由“直柱型的国家与社会关系状态”向“漏斗型的国家与社会关系状态”转变，它多少预示着国家与社会之间在某些区域开始慢慢分离[⑥]。然而，这种分离是有差别的，越是社会行政结构的底层，“庇护性国家法团主义”的关系特征就越显著。第二，有学者从折中的角度出发，提出了社会主义法团主义概念，以示中国的独特性[⑦⑧]，或认为中国的国家法团主义极具特殊性。[⑨] 比如，王向民以工人维权为例分析

---

① 白苏珊．乡村中国的权力与财富：制度变迁的政治经济学［M］．郎友兴，方小平，译．杭州：浙江人民出版社，2009.

② 潘维．农民与市场：中国基层政权与乡镇企业［M］．北京：商务印书馆，2003.

③ Howell，Jude. Trade Unionism in China：Sinking or Swimming?［J］. Journal of Communist Studies & and Transition Politics，2003，19（1）.

④ 张钟汝，范明林，王拓涵．国家法团主义视阈下政府与非政府组织的互动关系研究［J］．社会，2009（4）.

⑤ 顾昕，王旭．从国家主义到法团主义——中国市场转型过程中国家与专业团体关系的演变［J］．社会学研究，2005（2）.

⑥ 张钟汝，范明林，王拓涵．国家法团主义视阈下政府与非政府组织的互动关系研究［J］．社会，2009（4）.

⑦ Pearson，Margaret. The Janus Face of Business Associations in China：Socialist Corporatism in Foreign Enterprises［J］. Australian Journal of Chinese Affairs，1994，31.

⑧ Chen Feng. Between the State and Labor：The Conflict of Chinese Trade Unions' Dual Institutional Identity［J］. The China Quarterly，2003，176.

⑨ 马秋莎．比较视角下中国合作主义的发展：以经济社团为例［J］．清华大学学报（哲学社会科学版），2007（2）.

了国家法团主义框架所存在的困境与不足，进而从工人的权利意识以及理性算计能力的培训与提升角度提出了走向社会法团主义的可能与理想。[①]

其二，非适用论。持该主张的学者认为，缘起于西方社会的法团主义与我国国家与社会关系的本质特征不符。[②③] 例如，刘安研究指出，源于西方学者对社会主义政治发展的探讨与认识的法团主义模式，并不完全符合我国的文化传统与社会结构。从理论路径以及理论预设上看，法团主义所彰显的制度特征尚未定型，由此就说我国已经走上了国家法团主义的道路，还值得商榷[④]。吴建平通过对法团主义的问题指向、观念基础、制度特征和社会基础进行系统梳理与分析，指出“法团主义作为一种模式并不适合用来对中国的国家与社会关系进行理论概括或预测，尽管二者在观念及制度上具有高度相似性，但后者缺乏前者所必需的社会组织基础”[⑤]。因此，现有证据尚不足以表明我国的国家与社会关系正在走向或已经是（国家）法团主义，因为法团主义在我国尚缺乏相应的社会组织基础，这种制度相似性呈现出来的不过是一种“形似而神不是”的法团主义表象。

可见，持反对意见者更多地将矛头指向国家法团主义在我国的适用性论者，而对社会法团主义的应用缺乏批判，这从另一个侧面昭示着社会法团主义可能在我国国家与社会关系方面具有一定的解释力和应用空间。笔者认为，法团主义与我国社会具有多方面的契合性。无论是我国传统社会里存在的地方自治性社团，还是新中国成立后国家包揽一切的体制，将社会纳入政府的法团组织类型中（单位制等），抑或是在中国的渐进式改革中，政府所具有的独特地位及其对各种社会资源的掌控下所形成的各种场域中的“社会中的国家”身影，以及社会团体对国家的高度依赖等都造成中国现实社会与法团主义理论图景的耦合。基于此，法团主义理论中的一些有益元素有待进一步应用于当前我国国家与社会关系之中，尤其是可以在社会体制改革领域发挥一定的理论指导作用。

3. 威权主义及其在我国的适用性研究

作为威权主义的一个重要子类与发展方向——软威权主义，对包括我国在

---

① 王向民．工人成熟与社会法团主义：中国工会的转型研究［J］．经济社会体制比较，2003（4）．

② Dickson Bruce J. Cooptation and Corporatism in China：The Logic of Party Adaptation［J］. Political Science Quarterly，2000，115（4）．

③ 陈家喜．市民社会抑或统合主义［J］．国外社会科学，2008（2）．

④ 刘安．市民社会？法团主义？——海外中国学关于改革后中国国家与社会关系研究述评［J］．文史哲，2009（5）．

⑤ 吴建平．理解法团主义——兼论其在中国国家与社会关系研究中的适用性［J］．社会学研究，2012（1）．

内的东亚地区发展都产生了重大影响。所谓威权主义的“东亚模式”主要应用于包括日本、韩国、泰国、印度尼西亚和新加坡等与我国现代化的历史起点和发展环境较为相近的东亚国家。其中“新加坡模式”更被认为是“威权主义”成功的典型。

新加坡模式的特点包括奉行儒学价值观，并认同市场经济体制对经济发展的重要作用，认为政治家应该在妥协基础上达成民主的共识。主张将社会秩序和政治稳定置于个人权利与民主进步之上，否定以整体利益换取个人自由。这是一种新的东方发展型专制体制，呈现出浓厚的实用主义取向下的集权政治模式，被学界称为具有“亚洲特色的民主”（asian - style democracy）或“软威权主义”（soft authoritarianism）。

弗朗西斯·福山在对软威权主义进行研究的基础上，概括了其存在的两个显著特点：一是市场导向的经济体系与家长制威权主义的混合；二是以儒家文化为底蕴的集体主义价值倾向。具体来看，其主要特征有：**其一，**政治多元的制度设计性而非政治实践性。这就是对政治民主采取了一种适用的态度，多元政治更多地停留在制度设计与诉求上，政治实践仍旧带有威权主义的独裁性质，民主政治只是作为常用的制衡手段而被引入政治实践中。**其二，**政策制定中注重对多元民意的吸纳，一党独大的寡头政治权力受到较为明确的制度化限制。政治多元基础上对执政党领导权之约束的制度化，是软威权主义区别于传统威权主义的一个显著特点。**其三，**钝化大众政策、民意诱导以及在此基础上民众有限的政治参与和广泛的政治冷漠。这主要表现在执政党总能从制度与程序的安排与操作上来实现自己意志的合法化。**其四，**对儒家文化与治国思想的倡导，注重从东方文化的脉络中找寻执政之基，赋予社会整体利益的价值优先性，对西方个体主义价值进行改造①。

综上所述，威权主义一度对中国政治具备相当的解释力②（即便并不完全）。威权主义在20世纪30年代被提出，到60年代威权主义的内涵被系统界定与完善。威权主义第一波发展以官僚威权主义为代表，第二波发展以威权主义外延的拓展（包括软威权主义在内的子概念）为代表，威权主义在对现实政治的研究中彰显了极大的理论穿透力。然而，随着威权主义在新阶段的发展中对各种制度因子以及理论元素的融合与吸收，其理论内部的张力越来越大，其

① Fukuyama F. The End of History and the Last Man [M]. London：Penguin Books，1992.

② 黎安友．从极权统治到韧性威权：中国政治变迁之路 [M]. 台北：台湾巨流图书股份有限公司，2007.

未来发展存在极大的不稳定性。例如，郁建兴指出，分权化威权主义理论并不能有效解释中国地方政府的行为模式①。

三、三种范式的特征与批判性检视

多元主义作为西方政治思想的主流，其现实的解释力建基于国家与社会的分离，公民的权利和自由具有价值优先性。从分析性使用的角度看，其可能与我国的现实不符。但是从规范性使用的角度来看，其对社会价值优先性的预设和对社会民主、公民社会与社会整合等功能的强调，以及对公民主体性、自由的重视等，对社会治理创新和深层次政治体制改革无疑具有重要的借鉴意义。同时，我们也要实现对多元主义思潮本身的反身性研究。多元主义的“元”中也应该包括主体上对我国场域、社会价值以及公民社会空间中社会的“中国图景”的包容与吸纳，在尊重各“元”力量与价值的基础上实现“原子化的个人”和“整体性社会”的融合。

法团主义在我国的兴起，是对改革开放以来以往极权主义模式解释力式微的回应与替代，同时也为我国社会空间的发育以及社会组织的兴起提供了学理上的支撑，具有积极的建构意义。特别是在我国特有的体制背景下，在“社会中的国家”场域中对社会的成长所起到的协调与沟通作用，无疑与我国现时的改革方向是一致的。“社会法团主义”的积极功能需要被进一步挖掘。需要注意的是，法团主义在我国的适用也需要结合文化传统与社会建设的阶段性特征进行理论完善与建构，进而使得其与我国的体制改革“貌合神似”。

此外，近年来随着亨廷顿《变革社会中的政治秩序》及其政治思想在我国影响的扩大，威权主义也被理解为大多数发展中国家实现稳定与快速发展的关键，而“中国模式”也颇有成为“新加坡威权政体”之后炙手可热的“新威权主义”典型的意味。实际上，从宽泛意义上看，威权主义可以理解为现代化政体类型中介于极权政体与民主政体之间的一种较为温和的专制政体形态。而从中国特色的体制与治理来看，中国共产党的领导似乎就对应了这一专制政体形态，但这显然是在缺乏对中国特色充分认识与理解基础上的臆断。如果考虑到我国所具有的深厚历史传统、较大的地区差异以及政治制度的特殊性和转型期大国的实际，威权主义的内涵和外延是不具有解释效度的。

由此观之，上述三个思潮都在某种程度上对我国体制改革进行了解读，同时也都存在解读上的局限性。由于我国的发展模式独具特色，它独有的成长与

① 郁建兴，高翔．地方发展型政府的行为逻辑及制度基础［J］．中国社会科学，2012（5）：95－112.

变迁模式，注定依托西方语境和价值观、按照既有东西方经验构建的分析理论将面临有效性困境。这就是说，对于具有丰厚历史积淀和中国特色的政治体制的解读，缘起于西方的威权主义学说必然会出现解释上的困境与局限。加之中国现时展开的体制改革与治理创新其复杂性、动态性以及多样性、过程性等，任何上述思潮都难以做出全面与契合的解析。这就要求我们必然要转向我国的场域实际和历史纹理中，在各种学说传统的发展阶段性以及理论思潮的合流与整合性中，找寻对中国特色治理与改革模式的认识与解读。

因此，要从理论上实现对中国特色的社会体制改革与社会治理创新的认识和指导，我们需要在对上述三个思潮进行系统性梳理的基础上，进行方向性的建构。

其一，要实现“视阈的切换”。对思潮的理解与对思潮的运用是两个完全不同维度的面向。理解，要置身于思潮产生的背景渊源与生发场域中方可实现；而运用与实践，则必须结合具体场域的历史文化脉络与现实情景进行。这就要求我们在进行对中国特色社会体制改革与治理创新的理论研究与实践推进中必须要注意到对不同思潮两个维度意义上的区别，同时，要结合中国特色进行具体的辨析与整合。

其二，要从发展的视角来看待我国社会体制改革。这就是说，我国的体制改革要放置在我国总体改革的进程以及全球现代化的议程中来进行理解。这样就要求对我国体制改革的认识与理解要具备动态性与阶段性，要能提炼出其改革进行中所彰显的普世价值，也要能关注到作为中国特色的地方性图景。显然，单纯的任何一种思潮都是难以胜任的。这就要求我们进行理论上的整合与创新，而这也是本书研究的重要性之所在。

其三，要从系统性的视角来看待我国社会体制改革与社会治理创新实践。我国的体制改革与治理创新都是涉及方方面面的宏大工程，具有系统性、层次性、阶段性以及动态性甚至是流动性。就其系统性与层次性而言，涉及宏观的理论认知和政策上的顶层设计，也包括中观层面制度与机制的创新性设计，还涉及价值层面的“共建与共享”以及“普惠与公平”等。从其阶段性与动态性来看，我国的体制改革是在“结构转型—制度变革—问题倒逼”的逻辑中沿着“经济体制改革—社会体制改革—政治体制改革”的现实进路向前推进的，不同的阶段面临着不同的任务和形势，也存在着不同的困难与挑战。因此，这是任何单一维度的思潮都难以准确描摹的，更何况建基于西方社会的思潮本身在东方的运用就存在“外在的效度”问题。

综上所述，这三大理论范式有许多共同之处：**一是**国家能动地促进国家与非国家主体之间合作，实施逆向管理，克服国家一元治理困境，或者缓解国家治理负担。**二是**共同问题指向，实现国家治理事务社会化，整合社会力量供给公共物品，满足社会越来越多元和增量的社会需要。**三是**均承认社会组织等社会力量的存在，并致力于培育社会组织。**四是**培育的社会组织既是“民”集成“群”的模式，也是供给公共物品的路径。

它们之间也有很大差别：多元主义倾向于将国家与诸多社会组织视为平等主体，具有共同利益的居民个体集聚成组织，集群是一种理性行为并形成利益集团，利益集团代表其成员利益，各利益集团之间通过自由竞争方式进行谈判、获得资源和供给公共物品，国家主要扮演制定和执行规则的角色，推动国家治理从“一元”向“多元”转变。法团主义则希望克服多元主义中社会组织或利益集团间可能产生的过度竞争等弊端，强调社会组织之间的有序合作，从而很重视个人关系方面的社会资本和组织关系方面的组织联通，提出了“政策网络”理论等，强调国家对社会组织的整合作用和引领作用，推动国家治理从“多元”主体“分化”到“合作”的转变。威权主义则更加强调国家权威和精英治理的作用，以适应社会发展的复杂性和不确定性，并在功能上有利于克服法团主义合作中多元主体“议价”与“谈判”中的“不稳定性”，倡导国家、市场、社会多种机制的充分融合与充分合作，强调“把国家找回来”和国家能力建设，发挥国家在治理中的能动作用，推动国家治理从“合作”到“融合”的转变。

国内学者对三大理论范式均有非常丰富和深入的研究，对其是否适用于中国则存在较大争议。不过，西方国家治理理论三大范式虽然在价值取向和理论传统上存在差别甚至对立，但彼此也存在一定的历史实践的扬弃逻辑：“多元主义”在于应对“一元主义”，推动了社会治理多元主体的培育；“法团主义”在于改进“多元主义”中多元主体的无序竞争状态，推动了多元治理主体的联通与合作；“威权主义”在于改进“法团主义”合作的不稳定状态，推动了多元治理主体的体制化建设，强化了“国家中心”和“国家自主性”。可见，在西方三大理论范式下，国家能动性地依靠自身科层体系将主权辖区内分散的“民”集结成“国”，又能动性地和创造性地将在主权辖区内分散的“民”集结成各种“社群”，并进而将各种“社群”联通整合到“国家”体系中，分散的“社群”逐渐体制化。多元主义、法团主义和威权主义三大理论范式既体现了西方国家治理演化历程，也体现了分群治理体制化的逻辑趋势。

四、中国社会治理理论范式创新

治理者如何集群？这是任何社会治理理论都需要回答的问题。中国社会治理与任何国家的社会治理一样，有多元主体的参与。中国社会治理也需要回答和解决治理者集群问题。

从社会治理历史实践看，市场失灵和政府失灵是西方国家社会治理产生的历史背景，社会继政府和市场之后成为公共物品供给的主体。这个过程我们可称为“公共性的社会化”。不过，西方国家在此之前实施福利制度，社会个体“从摇篮到坟墓”都会得到保障。这个过程我们可称为“社会性的公共化”。正是在“社会性的公共化”历史实践陷入困境之后，“社会”在“公共性的社会化”历史实践中，重新担当被挤出去的自治性事务。我国改革开放之后，社会由总体性社会向更加开放的社会转变。改革开放初期，政府对社会提供的福利政策相对较少，随着商品经济和市场经济建设不断推进，工业化、城市化等问题不断出现，国家开始提供越来越多的社会政策，这个过程可视为“社会性的公共化”阶段。自 2004 年党的十六届四中全会提出“社会管理”，以及 2006 年党的十六届六中全会提出“社会建设”时起，社会开始发展和发动社会力量，参与社会服务和社会治理活动，这个过程可视为“公共性的社会化”阶段。

在“社会性的公共化”向“公共性的社会化”转变之后，“社会”成为“诊断规划、发展发动、服务监管建设”自身的主体和力量，社会自身兼具对象性社会、手段性社会、目的性社会之特性，社会治理之社会性同时体现在治理之对象、治理之手段、治理之目的三方面。

在多元主体如何集群于社会治理的问题上，中国社会治理提供了思路和方案。

（1）多元治理主体针对特定社会群体实施社会治理，按照职能分工形成相对稳定的治理关系时，社会治理格局就形成了。

（2）多元主体不仅导致相对稳定的社会治理格局形成，而且彼此间的社会治理行为和权利义务关系不断规范化和制度化，不断组织化和常规化，由此形成社会治理体制。

（3）多元治理主体不仅通过外在的规范和制度集结在一起，使参与治理的多元组织相互联通，使参与治理的多元成员彼此联结，而且共享有关社会治理之价值观念和道德伦理，使成员彼此之间由内在的共同信念集结在一起，此时，他们形成社会治理共同体。

（4）当治理共同体成员不仅包括治理主体的成员，还包括治理对象社会的成员，并且都能够互相联通并共享价值观念，为“为了社会”之理想凝聚共识、为各治理职能协调行动之时，人人有责、人人尽责、人人享有的社会治理共同体便形成了。

(5) 多元社会治理主体形成相对稳定的协同共治结构，社会治理格局便形成了。如党委领导、政府负责，社会协同、居民参与。协同共治的多元社会治理主体拥有相对稳定的社会治理手段和机制，如治理活动有法律保障，治理行为有信息技术支撑，治理决策有民主参与机制，治理实践有平台阵地，从而保障了社会治理合理开展，社会治理体系便形成了。社会治理体系是社会治理主体、制度、机制、手段、平台等多元治理要素的结构综合和功能综合。

那么，中国社会治理理论和实践中，治理者是如何集群的呢？中国社会治理通常被西方学者归纳到上述三大西方社会治理理论范式的“威权主义”范式之下。这难免张冠李戴，削足适履，不得要领。那么，中国社会治理的理论和实践方案是什么呢？在中国社会治理中，多元治理主体如何集群，并形成了怎样的集群形态呢？

为了有进一步讨论的基础，笔者先引录党的二十大报告有关社会治理的内容如下：

完善社会治理体系。健全共建共治共享的社会治理制度，提升社会治理效能。在社会基层坚持和发展新时代“枫桥经验”，完善正确处理新形势下人民内部矛盾机制，加强和改进人民信访工作，畅通和规范群众诉求表达、利益协调、权益保障通道，完善网格化管理、精细化服务、信息化支撑的基层治理平台，健全城乡社区治理体系，及时把矛盾纠纷化解在基层、化解在萌芽状态。加快推进市域社会治理现代化，提高市域社会治理能力。强化社会治安整体防控，推进扫黑除恶常态化，依法严惩群众反映强烈的各类违法犯罪活动。发展壮大群防群治力量，营造见义勇为社会氛围，建设人人有责、人人尽责、人人享有的社会治理共同体。

中国社会治理是“为了社会的治理”这一模式的典型，既区别于“对社会的治理”和“通过社会的治理”两种典型模式，同时吸取了其合理的内容。但是，西方学者提出的“多元主义”“法团主义”“威权主义”三大治理理论范式，均不适合理解中国社会治理。多元治理主体在社会治理领域从事治理活动，或彼此分工自由竞争、或彼此协作有限议价、或受命于国家听指挥做动作，这是西方社会治理理论阐明的三大理论范式各自的特点。中国社会治理中单就坚持党的引领这一项，就难以用三大治理理论范式来解释。

中国社会治理有以下特点：

(1) 中国社会治理是中国式现代化历史进程的重要组成部分，是国家治理体系和治理能力现代化的重要内容，不是政府失效和市场失效的救济药方。

(2) 中国社会治理秉持以人民为中心和社会建设的理念，不是国家甩包袱溢出公共事务的接盘侠。

(3) 中国社会治理坚持党的引领，充分发挥群众力量，不是通过塑造公民社会作为政府的对手力量来实现理想。

(4) 中国社会治理坚持人人有责、人人尽责、人人享有，以及共建、共治、共享的多元治理主体参与模式，不是多元治理主体为分割政府购买服务这块蛋糕的竞争体制。

在中国的社会治理体系中，社会治理主体包括诊断规划社会、发展和发动社会力量、服务监管建设社会之主体。多元治理主体围绕不同社会治理环节和职能，既可能单一主体实施治理，也可能多元主体协同实施治理；同一社会治理环节和职能，既可能由单一主体实施治理，也可能多元主体协同实施治理。多元主体在各个治理环节中，彼此分工协作、有限议价、听指挥做动作的情况都有可能，尤其在基层社会治理中，既强调党的引领，也强调优势主导。治理主体不只是治理者，还是治理成果的共享人，即受益人。多元治理者的范围不只是介于系统领域与私人领域的公民社会领域，而是渗透在日常生活领域，在日常生活中担当治理者角色。普通大众参与“日常社会修复”① 就是这种“人人有责、人人尽责、人人享有”社会治理共同体精神的充分体现。因此，我们难以用多元治理主体参与社会治理的组织模式来定义中国社会治理的独特特点。如上文所论证的，中国社会治理的特点就是“为了社会的治理”。

中国社会治理是“人人参与”的治理，是“共同体治理”，在共同体中，治理者互相联结，价值共享，形成了拥有“为了社会”之共同理想的治理集群。

五、从社会治理到社会体制

中国社会治理（社会管理）研究取得丰硕的成果；大量研究在社会治理（社会管理）概念界定时，主要涉及“谁来管理，管理什么，怎么管理”三个基本问题，并因对这三个基本问题存在不同的理解和把握，人们形成不同的社会治理认识。

第一，从治理主体角度界定社会治理。胡盛仪认为社会管理实际上是指政府通过制定专门的、系统的、规范的社会政策和法规，管理和规范社会组织，培育合理的现代社会结构，调整社会利益关系，回应社会诉求、化解社会矛

---

① 陈玉生．细事细治——基层网格化中的科层化精细治理与社会修复［J］．公共行政评论，2021（1）．

盾，维护社会公正、社会秩序和社会问题，孕育理性、宽容、和谐、文明的社会氛围，建设经济、社会和自然协调发展的社会环境的过程。[①] 潘丽霞认为，社会管理是指国家通过自己的权力机关或授权部门依据一定的规则，对社会生活方方面面的干预、协调、调节、控制等行为，它是政府以调整社会关系、规范社会行为、维护社会秩序为目的而对社会活动进行的管理。这些界定将社会治理的主体确定为国家和政府，相当于国家管理。大多数学者强调社会治理主体不仅限于政府部门，还包括许多非政府部门的共同参与和协同共治。邓伟志认为，随着信息化、全球化时代的到来，社会管理的主体越来越趋向多元化，原来一切由政府部门来承担的社会事务，不仅难以满足人们多样化的需求，而且也难以与现代社会的分工和专门化相适应，社会组织等各种非政府部门的参与就势必成为社会管理的重要力量。[②]

从社会治理主体角度，人们研究社会组织、社会工作者和志愿者等社会治理主体的培育，提出协作治理、合作治理、网络化治理、协同共治、居委会体制、权力清单等，探讨不同的社会治理模式。不同模式间，在社会治理理念、价值取向、主体角色等方面存在不少讨论甚至争议，但均主要致力于研究、构建或创新社会治理体制和社会治理格局。

第二，从治理内容角度界定社会治理。对社会治理内容，学界普遍将其界定在社会系统和功能失调方面，进而以该维度界定社会治理。比如，有些学者将社会治理内容界定为"家庭、社会团体与社会自治组织不能解决的社会事务"[③]，或者界定为"对社会活动、社会生活、社会组织的运行机制"[④]。郑杭生先生认为社会管理有广义和狭义之分，广义的社会管理指整个社会的管理，包括政治子系统、经济子系统、思想文化子系统和社会生活子系统在内的整个社会大系统的管理。这里的社会就是与自然相对，与民族国家范围一致，包括政治、经济、思想文化和社会生活各子系统在内的广义的社会。狭义的社会管理则着重指对与政治、经济、思想文化各子系统并列的社会子系统的管理。这里的社会指的是作为整个社会这个大系统中一个子系统的狭义的社会。狭义的社会，社会学常常用"社会生活"或"社会生活子系统"来表示。[⑤] 大部分学者将社会治理内容界定为狭义的社会系统，将社会系统与政治系统、经济系

① 胡盛仪．完善我国政府社会管理的思考 [J]．学习与实践，2006 (10).

② 邓伟志．创新社会管理体制 [M]．上海：上海社会科学院出版社，2008：5.

③ 李军鹏．政府社会管理的国际经验研究 [J]．中国行政管理．2004 (12).

④ 吴志建．理论逻辑推导保险社会管理功能 [J]．上海保险，2004 (11).

⑤ 郑杭生．社会学视野中的社会建设与社会管理 [J]．中国人民大学学报，2006 (2).

统、文化系统、环境系统等社会子系统并列起来，从而将社会治理与政治管理、经济管理、文化管理、环境管理等区别开来，界定其内容为社会生活的不同领域、社会结构的组成部分、社会制度的各个要素、社会事业的各个方面和社会观念的形成。[①②]

同样，该领域存在诸多争议，除了上述广义、狭义社会治理内容的界定存在争议外，到底以问题为导向、需求为导向还是发展为导向，也是因有关社会治理内容存在争议而产生不同主张。

第三，从治理方式角度界定社会治理。对社会治理方式进行分析最少有三种取向。一是强调社会治理是一项计划、组织、指挥、协调、控制、监督等活动过程，这种界定将社会治理纳入管理学范畴。二是区分柔性管理还是刚性管理，其中柔性管理强调文化价值观念等非正式制度的效用，刚性管理强调国家权力和法律法规等正式制度的效用。三是通过区分社会服务与社会管制来分析社会治理方式，将社工服务、社会保障、社会慈善、社区服务等纳入社会服务范畴，将社会执法、社会控制、维稳等纳入社会控制范畴。

可以说，当前有关社会治理方式方面的研究是相对复杂的，第一种取向的研究太管理学化，即没有形成社会治理独特的知识体系，存在太多企业管理和行政管理学的因素；第二种取向最终陷入国家—社会二元对立范式，绕回到上述社会治理主体方面问题；第三种取向一方面使得社会治理好像包罗万象，无所不能，另一方面不能区分社工服务、社会保障之类到底是社会治理方式还是内容。然而，这并不是问题的全部。

进一步分析发现，在研究社会治理主体时，人们主要强调社会三大部门（政府、市场、社会）及其治理体制或格局，忽略了从治理角度对其进行的分类研究，导致我们很难用既有社会治理概念来阐明某具体社会组织到底是被管理对象还是管理对象。在研究社会治理内容时，人们主要强调社会服务管理的对象，即狭义的社会子系统，甚至主要是从社会子系统及其功能的失调方面进行分析，而现实社会治理活动中，社会治理内容还包含发动社会力量和培育社会力量，生成社会治理的基础和前提条件。在研究社会治理方式时，人们因没有对社会治理活动本身进行分层分类，导致三种取向割裂分离，不能成为系统。总体而言，当前社会治理研究将“社会”和“治理”两个范畴之间及各范畴内部应有的分类既割裂开来，又含糊地并置一处，导致社会治理理论存在诸

① 李学举．加强社会建设与管理，促进社会和谐与发展［J］．求是，2005（6）．

② 邓伟志．创新社会管理体制［M］．上海：上海社会科学院出版社，2008：5．

多困境。

如何创新社会治理体制呢？当代西方国家社会治理有多元主义、法团主义与威权主义三大理论范式，这三大理论范式有许多共同之处。一是国家能动地促进国家主体与非国家主体之间合作，实施逆向管理，克服国家一元治理困境，或者缓解国家治理负担。二是共同问题指向，如实现国家治理事务社会化，整合社会力量供给公共物品，满足越来越多元和增量的社会需要。三是均承认社会组织等社会力量的存在，并致力于培育社会组织。四是培育的社会组织既是“民”集成“群”的模式，也是供给公共物品路径。但是，它们之间也有很大差别：**多元主义**倾向于将国家与诸多社会组织视为平等主体，将具有共同利益的居民个体集聚成组织，集群是一种理性行为并形成利益集团，利益集团代表其成员利益，各利益集团之间通过自由竞争的方式进行谈判、获得资源和供给公共物品，国家主要扮演制定和执行规则的角色，推动国家治理从“一元”向“多元”转变。**法团主义**则希望克服多元主义中社会组织或利益集团间可能产生的过度竞争等弊端，强调社会组织之间的有序合作，从而很重视个人关系方面的社会资本和组织关系方面的组织联通，提出了“政策网络”等理论，强调国家对社会组织的整合作用和引领作用，推动国家治理从“多元”主体“分化”到“合作”的转变。**威权主义**则更加强调国家权威和精英治理的作用，以适应社会发展的复杂性和不确定性，并在功能上有利于克服法团主义合作中多元主体“议价”与“谈判”中的“不稳定性”，倡导国家、市场、社会多种机制的充分融合与充分合作，强调“把国家找回来”和国家能力建设，发挥国家在治理中的能动作用，推动国家治理从“合作”到“融合”的转变。

西方国家治理三大理论范式在中国的适应性如何呢？我们从中可以得到怎样的启示？国内学者对三大理论范式均有非常丰富和深入的研究，对其是否可适用于中国则存在较大争议。不过，西方国家治理理论三大范式虽然在价值取向和理论传统上存在差别甚至对立，但彼此也存在一定的历史实践的扬弃逻辑：“多元主义”在于应对“一元主义”，推动了社会治理多元主体的培育；“法团主义”在于改进“多元主义”中多元主体无序竞争的状态，推动了多元治理主体的联通与合作；“威权主义”在于改进“法团主义”合作的不稳定状态，推动了多元治理主体的体制化建设，强化了“国家中心”和“国家自主性”。可见，在西方三大理论范式下，国家不仅能动性地在依靠自身科层体系的基础上将主权辖区内分散的“民”集结成“国”，而且能动性地和创造性地将在主权辖区内分散的“民”集结成各种“社群”，并进而将各种“社群”联通整合到“国家”体系中，使分散的“社群”逐渐体制化。多元主义、法团主义和威权主义三大理论范式既体现了西方国家治理演化历程，也体现了分群治理体制化的逻辑趋势。

社会体制改革就是要变革治理对象体制和治理主体体制，从而创新社会大众集聚成群的制度化形式。徐永祥先生提出社会体制改革的六大价值取向，从组织的维度出发，社会体制改革的价值取向包括社会民主、社会秩序和社会活力；从权利的维度出发，社会体制改革的价值取向包括公平正义、多元参与和以人为本三个方面。[①] 以上述社会体制分类看，创新治理对象体制要侧重解决谁来参与和怎么参与的价值取向问题，要坚持多元参与、有序参与、民主参与价值取向；创新治理主体体制要侧重解决治理者的价值取向问题，要坚持以人为本、公平公正、民主法治。社会既有活力又有秩序是社会体制改革的目标。

① 引自徐永祥先生的手稿。

第五章　社会体制中的集群与分群

一、制度化集群：社会体制理论范式

社会表达为民集聚成群的形态与过程。任何民特征都可作为群形态的表征和界分维度，比如按年龄可分为婴幼儿、儿童、少年、青年、中年、老年群体，按性别分为男人和女人，按国籍可分为中国人、法国人、新加坡人，等等。当一种大众集群模式具有相当稳定的形态，并由道德伦理或法律制度加以规范时，则形成社会体制。

以“社会”的广义和狭义区分为依据，区分出广义社会体制和狭义社会体制。区分广义、狭义的相关论述，参见本书第三章中“社会性”相关内容。社会体制是结晶社群的规范丛，是个体与个体、个体与群体、群体与群体之间相互联结的一种重要形式。制度化形态指社会大众（民）集群、分群的制度化过程及其制度性结构形式，制度包括非正式制度和正式制度。从广义而言，“民族、部落、家庭、家族、村落、关系网、企业、军队、社团、学校、政府、国家、跨国组织、国家联盟等”[①] 这些集群形态，除了关系网络外，均为规范约束下的稳态结构，属于社会体制。但是，从狭义社会体制看，政府、军队、国家联盟等属于政府体制，企业属于经济体制，氏族、部落、家庭、家族、村落、社团、学校、跨国组织属于狭义社会体制。总体而言，狭义社会体制具有集群性、社会性、结构性、制度性、稳定性特征。以下示例几种狭义社会体制：

➢ 家庭是以生育哺育为基础发展出来的集群分群制度，属于社会体制。

➢ 户籍通过标明人口基本身份信息从而实现对大众的集群分群，属于社会体制。

➢ 种姓以血统论为基础将大众纳入等级制度，属于社会体制。

➢ 阶级成分在特定历史时期用于识别社会大众的阶级身份，属于社会体制。

① 谢立中．后社会学［M］．北京：社会科学文献出版社，2012：366.

➤ 农民专业合作社是为分享农业专业技术信息的农民互助组织，属于社会体制。

➤ 分管户籍制度的公安部门虽属规范性稳态结构，但属于政府体制，不属于社会体制。

➤ 普通宴会虽属日常集群，却是非规范约束下的稳态结构，不属于社会体制。

社会体制是大众集群的制度化结果。当社会治理主体集群、分群形成相对稳态的制度化结构形式时，就形成社会治理体制。社会治理体制对应治理者如何集群，社会体制对应社会大众如何集群，从逻辑上看，社会体制包括社会治理体制。社会体制化意味着社会大众集群形态和过程的规范化，反之，当大众集群形态和过程规范化时，就意味着大众集群纳入国家制度框架之下。社会的体制与社会治理的体制通常是一体两面的存在。比如，养老院既是向社会吸纳老年人养老的社会体制，又是国家或社会向老年人提供养老服务的社会治理体制。从社会大众角度看，养老院是社会体制，从国家或治理主体角度看，养老院是社会治理体制，属于社会服务体系。

命题：社会体制是民集聚成群的制度化形式，是大众集群分群的规范形态。

从逻辑上看，一方面，社会体制包括社会治理体制；另一方面，社会体制与社会治理体制一体两面。这样显得有些矛盾，为更恰当地分析经验现象，需要进一步厘清思路。实际上，从社会治理关系角度看，社会体制包括社会治理对象和社会治理主体两个层面的体制，其中治理对象的体制实为社会大众集群的制度化，治理主体的体制实为社会治理者集群的制度化。因此，社会体制包括社会治理体制。那为何说社会体制与社会治理体制是一体两面呢？因为，治理对象的制度化集群既意味着大众的集群，又意味着国家对集群大众的干预与治理，必然有针对集群大众的治理行为，也就意味着有治理主体的制度化集群。通过这样分解，就有了治理对象集群的制度化和治理主体集群的制度化，社会体制就变成了作为治理对象的大众的集群的体制，以及作为治理主体的大众的集群的体制。我们可以简称为治理对象体制和治理主体体制。

人类历史进程中，创造了无数社会体制，比如家户制、连坐制、邻里制、社区制、楼栋长制等。当前，中国处于市场化、工业化、全球化、信息化和城市化等深刻的社会转型期，14 亿人口的大国如何集群、如何体制化，是国家治理的重大问题。同时，社会转型必然对社会结构调整产生深刻的影响，如新的社会阶层和利益群体的出现，公民权利意识的不断增强，社会矛盾多发，社会风险增大等。如何通过社会体制和社会治理体制的改革来适应社会转型以及有效应对各种新社会问题，是对国家治理的重大考验。

社会治理是指为了社会，社会发展和发动社会力量服务、监管、建设社会的活动过程。那么，谁来治理、治理什么、怎么治理是关键的问题。从“民—群”视角看，社会体制包括社会治理主体体制、社会治理对象体制，但是，还需要看到，治理主体向治理对象提供什么治理内容这一问题同样需要考察。从这个角度看，社会体制还包括有关服务、监管、建设社会之内容的体制。以内容为中心的社会体制实际讲述的仍然是由服务、监管、建设之内容所联结的治理主体与治理对象的制度化集群形态。比如，信息化养老模式中，通过信息平台，有服务需求的老年人在信息平台登记和提交服务需求信息，信息平台接收服务需求信息后，将信息发送给或匹配到能够提供服务产品的服务供给主体。这就是作为社会体制之内容的养老服务的集群形态，它将服务对象和服务主体联结起来，将社会治理主体体制和社会治理对象体制联结起来。本质而言，服务、监管、建设社会之内容并不具有体制化的前提条件，体制一定是有关人的组织、制度和机制，是民集聚成群的制度化形式。

命题：社会体制包括社会治理主体体制与社会治理对象体制，是治理者集聚成群的制度化形式和治理对象集聚成群的制度化形式。

社会体制主要是社会治理主体体制和社会治理对象体制，由于社会体制涉及多元主体，因此学术界对多元主体如何架构亦有诸多论述。为此，当前中国学术界对于“社会体制”的研究形成了“实体论”“关系论”“价值论”三大理论范式。

1. 实体论：社会治理主体集群形态问题

实体论认为社会体制是国家关于社会事业或资源分配的所有制度安排，或者与社会联系紧密的部分制度安排，改革就是要调整这些制度，尤其是与社会联系紧密的制度安排。李友梅在《关于社会体制基本问题的若干思考》和《深刻认识当前中国社会体制改革的战略意义》中认为“社会体制是围绕公共产品配置而进行的一系列制度安排”，其目的是实现社会的价值目标——公平正义；其实现路径是基于公民权利的交往与协商。[①][②] 李培林在《转型背景下的社会体制变革》中认为中国社会体制改革是中国社会结构转型的必然结果，他没有对“社会体制改革”是什么给出明确的界定，但是认为社会体制改革包含“社

① 李友梅．关于社会体制基本问题的若干思考 [J]．探索与争鸣，2008 (8)：4－8.

② 李友梅．深刻认识当前中国社会体制改革的战略意义 [J]．探索与争鸣，2013 (3)：43－47.

会保障体制、公共服务体系、社会利益调解机制、现代社会组织体制与社会管理体制”。[①] 郑杭生先生没有明确给出社会体制的含义，但认为其包含“城乡一体化的体制机制、社会事业发展（公共服务）的体制机制、社会治理的体制机制”，他还特别强调了中国社会体制改革与西方社会治理的不同语境、不同关系结构与不同发展方向。[②] 秦德君也认为，所谓社会体制是社会领域一系列制度安排的结构和样式，即在特定的国家或地区内反映政府、市场与社会组织职能，体现中央、地方各层级政府事权、财权责任，社会管理、公共服务、解决社会问题和社会发展的机制与制度的结构和样式。秦德君认为社会体制由社会运行体制、社会组织体制、社会保障体制、社区构成体制与社会管理体制五部分构成。[③] 王名也从社会组织体制、社会服务体制和社会治理体制三个方面阐释了社会体制的内涵。[④] 对社会体制改革如何改进行，有的学者侧重于政府的职能转变与社会组织的培育，有的学者强调对社会结构的调整，有的学者建议加快资源配置方式的转变，陆学艺甚至还勾勒了社会建设（也可称为社会体制改革）的路线图。[⑤~⑧]

2. 价值论：社会治理对象集群形态问题

价值论认为社会体制就是要实现公民的社会权利，或建立一个充满幸福感和公平正义的社会。李友梅和沈原都从马歇尔“公民资格”中的“社会权利”出发，认为社会体制改革应该保障每个公民的“社会权利”，进而实现公平正义的目标。[⑨] 孙立平在“走向积极的社会管理”中认为要通过积极的社会管理的变革，构建一个好的社会生态，建设一个充满幸福感和公平正义的社会。[⑩] 邓正来在《市场、社会与政治》中，认为在中国为了抵制“市场规范对个人生活与公共领域的双重腐蚀”，必须发展和构建一个社会主体参与的公共领域，

---

① 李培林．转型背景下的社会体制变革［J］．求是，2013（15）：45－47.

② 郑杭生，邵占鹏．中国社会治理体制改革的视野、举措与意涵——三中全会社会治理体制改革的启示［J］．江苏社会科学，2014（2）：66－74.

郑杭生．“理想类型”与本土特质——对社会治理的一种社会学分析［J］．社会学评论，2014（3）：3－11.

③ 秦德君．中国社会体制问题研究［J］．上海行政学院学报，2010（4）：75－81.

④ 王名．统筹社会体制三大改革　推动事业单位和人民团体深化改革［J］．学会，2014（3）：43－45.

⑤ 陆学艺．当前中国经济社会形势与社会建设［J］．新视野，2011（5）：16－20.

⑥ 郑杭生．社会建设和社会管理研究与中国社会学使命［J］．社会学研究，2011（4）：12－21.

⑦ 李培林．社会治理与社会体制改革［J］．国家行政学院学报，2014（4）：8－10.

⑧ 李强．怎样理解“创新社会治理体制”［J］．毛泽东邓小平理论研究，2014（7）：43－48.

⑨ 李友梅．关于社会体制基本问题的若干思考［J］．探索与争鸣，2008（8）：4－8.

李友梅．深刻认识当前中国社会体制改革的战略意义［J］．探索与争鸣，2013（3）：43－47.

⑩ 沈原．公民资格建设是“和谐社会”的基本依据［J］．社会学研究，2007（2）：191－194.

以获得个人与社会之间的“双向承认”和相对正义的社会存在。①

龚维斌提出社会体制是围绕社会权利保护，政府和其他多元主体运用社会政策等多种手段，主动建构和自然演进同时并进，以满足社会需求、规范社会行为、协调利益关系为主要目的正式和非正式的制度体系。它包括基本公共服务体系、公民组织和参与制度、社区服务管理制度等多方面内容，与社会结构、社会管理体制既有联系又有区别，具有宏观统一性和地方差异性。同时，龚维斌指出，虽然中国社会体制已经做出了一些调整，但是距离满足社会结构和社会需求的变化仍有较大的距离。②

3. 关系论：多元治理主体结构形式问题

关系论认为社会体制体现的就是国家与社会之间的关系，改革的目标就是要重新建构两者之间的关系。徐永祥在《社会体制改革与和谐社会建构》一文中率先提出了“社会体制”的概念，他是在与“经济体制”“政治体制”相互区分关系的视角下阐述“社会体制”的。他认为社会体制是区别于国家（政府）、市场的第三部门，“包含了政府社会职能、社会政策、社会治理、社会保障、社会福利、社会服务、非政府组织、非营利组织以及国家与社会关系等基本要素”。徐永祥认为“社会体制”本质上体现的是国家（政府）与社会（非政府、非营利组织及其所代表或服务的社会群体）之间的现实关系架构，形式上反映的则是一个国家、地区或城市的民众组织化与社会服务社会化的程度。③社会体制是一体两面的，包括社会关系及其运行的制度和规则。丁元竹指出：社会体制是指一种规范，是为了社会生活而建立的约束个人行为的规范，包括如何最有效、最合理地分配财产，如何对社会生活决策，以及如何参与社会生活等。他也认为，社会体制是指在特定的社会中，人们之间社会关系的模式，它以利益格局和参与方式为边界条件，通过志愿机制配置资源，充分激发个人和集体的参与热情。可以看出丁元竹的分析是从制度角度展开的，同时特别强调在规范约束下人们之间形成的社会关系。④

总体而言，不同学者对于社会体制的讨论是碎片化或片面的，实体论是对社会体制外延的宽泛界定，或是对社会体制改革路径的策略化选择；关系论虽

① 邓正来．市场、社会与政治［J］．中国农业大学学报（社会科学版），2013（2）：10－16．

② 龚维斌．社会体制的溯源及其内涵［J］．中国行政管理，2013（10）：70－73．

龚维斌．在向社会放权中创新社会治理体制——2013年中国社会体制改革回顾与反思［J］．中央社会主义学院学报，2014（6）：97－102．

③ 徐永祥．社会体制改革与和谐社会建构［J］．学习与探索，2005（6）：20－24．

④ 丁元竹．以社会管理创新推动国家持续稳定发展的思考［J］．北京工业大学学报（社会科学版），2013（5）：4－11．

然指出了社会体制改革包含的主体关系及其互动规则，但缺乏更深层次的价值指引；价值论将社会体制聚焦于实现社会大众的社会权利、实现社会公平正义，以及对社会秩序的追求，但是，它在强调社会发展的权利维度的同时，却相对忽视了社会秩序生成的行动维度。为此，我们需要将三种理论范式整合起来，才能立体地分析清楚社会体制。

下面笔者对社区体制、多元治理主体体制、社会服务体制相关研究做进一步梳理，以便对上述三大社会体制理论范式做更一进步的阐述和分析。

二、社区体制与社会治理

1. 从社区管理到社区治理的历史脉络

新中国成立以来的社区建设，经历了从单位制到街居制再到社区制的转变。

第一阶段：在计划经济模式下，国家通过以“单位制”为主，“街居制”（地区基层管理）为辅的基层管理体制格局①，实现对全体社会成员的管理和整合②。这个时期的社会体制具有政治、经济与社会三位一体的功能，以行政性、封闭性、单一性为特征③，国家与社会高度融合，社会领域被国家完全吞没④。

此时，城市区域的居民，一是通过“单位制”组织，二是通过“街居制”组织，单位人集聚到单位制这种社会体制中，单位外的人主要集聚到街居制这种社会体制中。单位和街居区域成为单位人和单位之外人员集聚成群的集群形态，属于治理对象体制；单位管理机构和街道居民委员会成为治理主体集聚成群的组织，属于治理主体体制。

第二阶段：1987 年，民政部首次提出“社区服务”的概念，将其定位在政府领导下，发动和组织社区内的成员开展互助性社会服务活动，就地解决社区的社会问题。④ 20 世纪 90 年代起，民政部为开拓民政工作提出了“社区建

---

① 郑杭生，姜利标．城市发展与社区建设的实践理念：对杭州市发展的审视［J］．科学社会主义，2013（1）：101-104.

马学广．“单位制”城市空间的社会生产研究［J］．经济地理，2010，30（9）：1456-1461.

② 郑杭生．中国特色和谐社区建设：“上城模式”实地调查研究——“上城经验”的一种社会学分析［M］．西安：世界图书出版公司，2010：26.

③ 何海兵．社区制的理论、实践与思考［J］．华东理工大学学报：社会科学版，2003（2）：28-32.

④ 徐永祥．政社分工与合作：社区建设体制改革与创新研究［J］．东南学术，2006（6）：51-57.

谢金林．城市基层权力变迁与社区治理的发展——基于国家-社会关系的视角［J］．云南社会科学，2011（4）：20-24.

设”的概念，意在推动全国范围内的社区建设与发展。然而，自从“社区制”取代“单位制”以来，由于其基层自治组织居委会一直面临着国家行政体制上的束缚和管控，进而表现出社区管理行政化和社区参与边缘化的现象①。

此时，单位制逐渐解体，城市区域居民不断从单位中释放出来，转而纳入街居制中，随着作为治理主体体制的街（居）委所要服务管理的人群规模越来越大，不得不在其辖区内划分若干更加细化的区域进行分区域自治服务管理，社区居委会应运而生。社区是居民聚集成群形态，属于社会治理对象体制；社区居委会是治理主体集群形态，属于社会治理主体体制。

第三阶段：党的十六大以来一直到十八届三中全会提出推进国家治理体系和治理能力现代化，并以“社会治理”替代“社会管理”，这既是一个重大的理论创新，也是社会管理的实践创新。较之于管理，社会治理更适应现代社会的需要，更能发挥三大部门或三大主体（政府、市场与社会）的各自优势，更有利于彼此的良性互动②。在新的时期，强调权力与组织间协商与合作，承认政府管理的必要性和必然性，但同时更强调自主和自治。具体到社区层面，就是要从加强社区管理，逐步转变到推进社区治理体系建设。在推进社会体制改革和社会治理创新实践举措的设计中，我国必然与西方有着不同的关系结构和发展方向，这种治理必定是以党和政府主导的，是立足我国国情，有着本土自信的道路选择③。

这个时期，国家创新提出“人人有责、人人尽责、人人享有”的社会治理共同体，越来越广泛的治理对象投身到身边的治理工作中来。随着国家治理改革创新不断推进，基层治理重心下移，治理责权利不断下沉，基层治理者队伍不断扩大。此时，社会治理对象与治理主体之间的界限越来越模糊，通过“共建共治共享”社会治理制度逐渐融合在一起。这个过程还在进行之中。

总体而言，从“民—群”视角观之，新中国成立以来，基层社会居民集群形态的制度化过程有几个特点：一是从单位集群为主向社区集群为主转变，二是国家办社会向社会自我办社会转变，三是治理主体与治理对象界限由有明确分界到融合在一起，治理主体队伍的规模越来越大。

---

① 郑杭生，黄家亮．论我国社区治理的双重困境与创新之维——基于北京市社区管理体制改革实践的分析［J］．东岳论丛，2012（1）：23-29.

② 施雪华．“服务型政府”的基本含义、理论基础和建构条件［J］．社会科学，2010（2）：3-11.

③ 郑杭生，邵占鹏．中国社会治理体制改革的视野、举措与意涵——三中全会社会治理体制改革的启示［J］．江苏社会科学，2014（2）：66-74.

2. 社区治理模式

我国于1999年确定26个城区作为社区建设的试验区时，就开始了社区管理模式的探索，各地积极结合本地现实情况，进行社区管理体制的改革，形成了一批社区管理创新的经验模式，建成了强调城市管理重心下移的“两级政府、三级管理、四级网络”，加强街道办事处行政权力的“上海模式”；在街道和居委会辖区之间，设置“社区成员代表大会、社区协商议事委员会、社区（管理）委员会”自治组织的“沈阳模式”；以及在“沈阳模式”基础上进一步强调社区自治，使行政控制机制和社区自治机制相结合的“江汉模式”。

随着社区建设的开展，一些城市在街道层面取消街道办，设置大社区，区级政府将行政权力从社会领域剥离、上收，推动政社分开、政事分开，社区治理成为整个街道的中心工作[①]，形成了街道社区化模式。2001年，青岛市推出“浮山后模式”，不再设置“街道办”，而是建立起了“一个核心、三套工作体系”的社区管理体制：党组织为领导核心；社区委员会、社区事务受理中心、社区服务中心分别承担社区自治、行政事务以及便民利民服务活动。2002年，南京市白下区逐步撤销淮海路街道办事处，建立街道层面的社区行政事务受理中心[②]。2003年7月，北京市鲁谷街道改为社区，形成了“三套工作体系”：社区党工委是领导核心，社区行政事务管理中心、社区代表会议及其委员会分别承担辖区内行政协调事务、社区自治事务。鲁谷街道的改革陆续在北京市石景山区其他8个街道得到了推广，并且被其他一些省市所借鉴。广东省深圳市、湖北省武汉市、吉林省长春市等地的部分城区也陆续撤销了街道办，实行“街道社区化”的改革。

2010年7月，安徽省铜陵市铜官山区撤销了全区6个街道办事处，将原49个社区合并为18个大社区。“街道社区化”模式大抵形成了街道党组织为领导核心，社区自治组织、社区行政服务组织分开的架构。同时开展了党政组织向社区的嵌入为特征的“党政组织下沉”模式。主要包括在社区成立公共服务中心（或社区工作站）、网格化管理和党政联动三种形式[②③]；行政事务与社会事务分离模式，即政府单位将原来承担的社会管理事务移交给社会中介组

① 陈家喜，刘军．街道办事处：历史变迁与改革趋向［J］．城市问题，2002（6）：52－55.

② 朱勇，程晓．白下区淮海路社区：撤销街道办事处建立社区新体制［J］．中国民政，2003（4）：7－11.

③ 毛万磊，吕志奎．厦门综改区“社区网格化”管理的优化——以鼓浪屿社区为例［J］．东南学术，2013（4）：77－83.

织，这类模式可以分为街道办层面和居委会层面的两类改革[①]。

2006 年，深圳试点“议行分设”的社区治理体制，后又很快被“居站分设”的体制取代[②]。实行“居站分设”改革后，深圳部分区又试点推行了建立在网格信息化管理平台基础上的网格化管理模式。2013 年，在网格化管理的基础上，深圳在全市推行以“一库一队伍，两网两系统”为基本架构的织网工程，旨在建立覆盖市、区、街道、社区四级服务管理综合信息系统。然而，徐道稳却一针见血地指出，“居站分设”改革的设计者从理论出发而不是从实际出发，社区治理改革理念上越是“去行政化”、实践中却越是陷入深度行政化，落入了“行政化陷阱”[③]。

综观上述社区体制改革，不管是街道社区化还是社区网格化，主要是治理者集群形态的制度化改革，是社会治理主体体制的变革。治理主体体制改革要更好地回应居民需求，更高效地落实国家政策。

3. 社区治理体制机制

那么，学术界对社区体制和社区治理体制有哪些关切呢？

（1）在国家与社会关系视角下，阐明社区的范围。社区治理主体体制处于社区居民集群与国家权力部门之间的交汇处。作为社会体制的社区治理主体体制，其治理主体覆盖的范围如何？这个问题的研究大致有两种分析结果。

第一种研究发现基层社会领域的强化。2010 年安徽省铜陵市铜官山区在全区范围内撤销街道办事处，实行“区直辖社区”的管理探索。这是典型的“街道社区化”实践。陈圣龙认为，这是政府权力运作方式发生的重大变化，实现社区管理体制的中观变革。[④] 徐道稳则直接把城市社区建设看作是市民社会的实践。[⑤]

第二种研究发现基层国家权力的强化。朱健刚从自上而下的理论维度上看，认为当前政府主导的以社区制度建设为方向的城市管理组织体制改革，正悄悄地促成街区内的行政权力由虚拟状态向一级政府实体化的转变[⑥]。耿曙、陈奕伶认为，中国城市基层治理存在着高度的国家主导与控制，将制约基层自

---

① 曾宇青．社区治理的三种模式——以深圳为研究文本［J］．理论前沿，2007（17）：35－37.

② 唐娟．政府主导与多样性的社区治理形态：深圳的探索与经验［J］．南方论丛，2010（3）：64－71.

③ 徐道稳．社会基础、制度环境和行政化陷阱——对深圳市社区治理体制的考察［J］．人文杂志，2014（12）：117－124.

④ 陈圣龙．“区直管社区”：我国城市社区管理体制的改革探索——基于铜陵市铜官山区“区直管社区”的实践分析［J］．中共浙江省委党校学报，2011（6）：5－11.

⑤ 徐道稳．城市社区建设：市民社会的实践［J］．学术论坛，2003（2）：125－129.

⑥ 朱健刚．城市街区的权力变迁：强国家与强社会模式——对一个街区权力结构的分析［J］．战略与管理，1997（4）.

治的推进，到头来不免强化现有的威权体制并抑制民主转型的可能。杨敏也认为，社区建设运动构建起了国家治理单元，而不是一个可以促进市民社会发育的地域社会生活共同体①。

社区是一种空间集群形态，也是社会大众日常生活领域，其治理主体集群的制度化，直接关系国家权力与基层社会相互嵌套的程度。这个相互嵌套的区域，在不同区域和不同历史时期有不同的形态。黄宗智将国家与社会之间或者国家与社会相互嵌套的区域称为第三领域。由于这个领域是国家权力和外来力量通向基础社会领域，以及基层社会领域诉求和能量向外扩散的中间地带，虽然有许多相关的研究，但尚未形成系统的研究体系。“皇权不下县，县下有乡绅”“权力的文化网络”“权力的动员网络”“接口政治”等，都是有关国家权力嵌入基层社会现象的描述。

（2）社区治理主体体制实际上是多元治理主体围绕基层社会治理对象提供公共服务的制度化结构形式。那么，多元治理主体如何相互联结，形成怎样的权力关系结构呢？这个问题形成了两种研究领域。

一是国家权力与社会自治之间的关系。汪波提出了“行政、统筹、自治之三元复合体制”，认为社区管理体制的核心问题在于结构（机构）职能的调整、重配、优化，即如何才能在多元治理主体之间实现职能的最优配置②。何海兵认为，社区制理论产生了实践中行政型、自治型和混合型模式，我们追求自治型的应然目标，但目前实然情况都达不到。应当采取渐进的方式，以自治型为方向，当然在目前一段时间内，行政型和混合型模式还有其生存空间③。陈伟东主张建立一种社区自治为基础的社区治理模式，实行行政调控机制与社区自治机制结合、政府行政功能与社区自治功能互补、行政资源与社区资源整合、政府力量与社会力量互动的具体运作形式④。徐勇提出，应该强化社区建设的自治导向，它有利于扩大公民政治参与和加强基层民主，并在自治基础上重新塑造政府，实现政府与社会关系的重构⑤。

---

① 杨敏．作为国家治理单元的社区——对城市社区建设运动过程中居民社区参与和社区认知的个案研究［J］．社会学研究，2007（4）：137-164.

② 汪波．城市社区管理体制创新探索——行政、统筹、自治之三元复合体制［J］．新视野，2010（2）：40-43.

③ 何海兵．社区制的理论、实践与思考［J］．华东理工大学学报：社会科学版，2003（2）：28-32.

④ 陈伟东．城市基层社会管理体制变迁：单位管理模式转向社区治理模式——武汉市江汉区社区建设目标模式、制度创新及可行性研究［J］．理论月刊，2000（12）：3-9.

⑤ 徐勇．论城市社区建设中的社区居民自治［J］．华中师范大学学报：人文社会科学版，2001（3）：5-13.

二是不同社会力量之间的关系。人们尝试用一种自上而下和自下而上相结合的视角，去洞悉不同利益群体在社区实践层面上的行动策略[①]。石发勇的研究表明，业主委员会的崛起为业主提供了正式参与渠道和社区合作平台，促使街区权力结构从国家行政机构单方面操控的集权型转向多元分散型，从而有效地促进了基层治理[②]。2013 年，民政部、财政部发布的《关于加快推进社区社会工作服务的意见》正式提出要“健全社区、社会组织和社会工作专业人才联动服务机制，促进社区服务工作专业化”。杨君、徐选国、徐永祥提倡一种合作共治的社区治理模式，倡导整体性治理理念来消解当前社区的碎片化问题[③]。

总体而言，这两种分析结果也反映了基层社会治理体制建设存在“基层政权建设”取向和“基层社会发育”取向[④]两种价值取向，并且学者们更加倾向于强化基础社会自治，以及社区多元社会治理主体合作共治。

（3）多元社区治理主体如何合作共治呢？对此，学者们主要从两方面做了阐述。

一是合作治理机制。郁建兴、任泽涛通过构建社会协同治理机制回应了政府与社会之间的互动关系、互动制度基础和载体等问题[⑤]。陈振明则走向治理理论的另一个方向——网络治理，认为网络治理是为了实现与增进公共利益，政府部门和非政府部门（私营部门、第三部门或公民个人）等众多公共行动主体彼此合作，在相互依存的环境中分享公共权力，共同管理公共事务的过程。周晓丽、党秀云则通过与西方国家社会治理机制相比较，提出中国政府应当在发挥监督、制约作用的同时，拓宽与社会组织、公众等的沟通平台，形成一种以政府为主导、社会组织为中介、社区为基础、公众广泛参与的协作互助治理模式[⑥]。陈娟以杭州市“社会复合主体”创新实践为研究对象，认为复合治理就是在政府作为主导力量治理公共事务的过程中，强调政府与市场主体、民间

① 孙立平．社区治理的实践逻辑与反思——以北京市一街道改制为个案［J］．社区研究通讯，2004（40）．

② 石发勇．业主委员会、准派系政治与基层治理——以一个上海街区为例［J］．社会学研究，2010（3）：136－158．

③ 杨君，徐选国，徐永祥．迈向服务型社区治理：整体性治理与社会再组织化［J］．中国农业大学学报：社会科学版，2015（3）：95－105．

④ 李友梅．社区治理：公民社会的微观基础［J］．社会，2007（2）：159－169．

⑤ 郁建兴，任泽涛．当代中国社会建设中的协同治理——一个分析框架［J］．学术月刊，2012（8）：23－31．

⑥ 周晓丽，党秀云．西方国家的社会治理：机制、理念及其启示［J］．南京社会科学，2013（10）：75－81．

社会组织形成多元复合主体，通过合作、协商等多种手段共同治理公共事务的一种新型治理模式①。

二是合作治理技术。黄毅、文军提出了从“总体支配型”到“技术治理型”的社会治理创新逻辑，认为技术治理的背后隐喻社会建设领域共享共治的逻辑，既改变地方政府既有的社会治理体系结构和行为模式，又通过对基层社会自身优势的多维视角考量和切实树立以公共服务为本的治理理念，不断地改进社会治理的程序与技术，提升治理效能和服务效果②。张紧跟提出以“组织间网络”为理论基础的新型治理机制，认为这种制度适应了现代信息社会的要求，是对市场化治理机制和科层制治理机制的替代③。黄晓春试图从信息技术与组织结构互动机制的角度展开研究，进而对中国政府改革进程中信息技术促进公共部门革新的方式和路径进行了分析，她同时指出技术治理需要特定的组织与制度安排予以支持才能最大限度地发挥效用④。渠敬东、周飞舟、应星则认为应警惕技术治理的形成与强化所带来的政府职能过重、行政成本过高、社会空间发育不足的矛盾⑤。

从上述学者的论述中我们可以清晰地看到，中国的社会体制变革，一是时刻都在回应政府与社会关系的论题，在实践中对应基层政府和社会领域的边界到底如何设置，如何体现等问题，探索从行政型政府走向服务型政府，从全能政府走向有限政府，从人治走向法治，从集权走向民主，从管理走向治理的中国特色之路；二是时刻都在关注社会治理空间和体制机制的论题，在实践中探索街道社区化、社区自治、多元主体合作共治、合作治理网络与治理技术。概括而言，学术界对基层社区治理改革的研究涉及几个关键问题：

➢ 治理对象空间集群的区划
➢ 社会体制与政治体制关系
➢ 多元社会治理主体的关系

① 陈娟．复合治理：城市公共事务治理的路径创新——以杭州“社会复合主体”实践为视角［J］．中共浙江省委党校学报，2011：70－76.

② 黄毅，文军．从“总体—支配型”到“技术—治理型”：地方政府社会治理创新的逻辑［J］．新疆师范大学学报：哲学社会科学版，2014（2）：35－44.

③ 张紧跟．组织间网络理论：公共行政学的新视野［J］．武汉大学学报：哲学社会科学版，2003（4）：480－486.

④ 黄晓春．理解中国的信息革命——驱动社会转型的结构性力量［J］．科学学研究，2010（2）：183－188.

⑤ 渠敬东，周飞舟，应星．从总体支配到技术治理——基于中国30年改革经验的社会学分析［J］．中国社会科学，2009（6）：104－127.

➢ 多元治理主体合作的机制

➢ 多元治理主体合作的技术

从“民—群”视角看，随着国家治理职能下沉，基层多元治理主体越来越多元，规模越来越大。多元治理主体集群的制度化逻辑应该与基层治理对象的制度化逻辑相适应。要警惕有什么治理主体，则供给什么治理内容，相应形成什么治理“需求”，而应反过来，有什么治理“需求”，供给相应的治理内容，形成相应的治理主体，并进而建构能高效回应需求的多元治理主体合作关系模式。

三、多元治理主体体制与社会治理

十八届三中全会用“社会治理”代替了原先的“社会管理”，在新的社会治理中国家或政府不再是单一的社会管理主体，其他社会组织、私营机构也可以作为权力主体参与其间。

1. 社会组织与社会治理

我国学术界对社会组织的关注发端于1995年在北京召开的第四次世界妇女大会，在此次大会上，世界各地社会组织的杰出表现引起了我国学者对社会组织的研究兴趣。[①] 之后20多年来，各学科、各部门以及研究机构对社会治理领域持续关注，连续出版研究作品，产生了较大的影响。[②]

随着研究的深入，国内学者纷纷提出了多种社会组织分类方法。俞可平（2006）针对学术研究，将我国现有各种组织分为：行业组织、慈善性机构、学术团体、政治团体、社区组织、社会服务组织、公民互助组织、同人组织、非营利性咨询服务组织，共九类。[③] 王名依据社会组织在社会功能上的差异性，将社会组织分为动员资源型、公益服务型、社会协调型、政策倡导型[④]。夏建中、张菊枝将城市社区内活动的社会组织分为四大序列：传统党群组织，民办非企业单位、社会团体，“两新”组织，体制改革中改制形成的组织。[⑤]

社会组织的治理意义是明显的，与社区治理研究相比，对这个领域的研究

---

① 唐兴霖，周幼平．中国非政府组织研究：一个文献综述［J］．学习论坛，2010（1）：49-53.

② 比如，王名主编的《中国非营利评论》，自2007年起出版多卷，他还主编了颇有特色的多卷本《中国NGO口述史》；黄晓勇主编的《中国民间组织报告》，从2008年起出版多本；徐家良主编的《中国第三部门研究》丛书，自2011年起出版多卷，他还和廖鸿主编了《中国社会组织评估发展报告》；康晓光主编的《中国第三部门观察报告》丛书，从2011年起出版多本。

③ 俞可平．中国公民社会：概念、分类与制度环境［J］．中国社会科学，2006（1）．

④ 王名．非营利组织的社会功能及其分类［J］．学术月刊，2006（9）：8-11.

⑤ 夏建中，张菊枝．我国城市社区社会组织的主要类型与特点［J］．城市观察，2012（2）：25-35.

有两个优势：一是可以揭示行业或部门参与治理的方式与问题，二是彰显社会工作的专业力量对于社会治理的价值。“社会治理”更加强调要激发社会组织活力[①]。王名指出，中国社会治理创新的关键在于进一步推进政府职能转变，加快并下大决心落实政社分开，努力实现向社会放权和释放更多的公共空间，推动社会组织激发自身活力，广泛参与各个层面的社会治理创新实践活动。[②]社会组织是社会治理的重要主体，只有当社会组织得到充分发展，具备承担主体的实力和能力，多元主体共治的社会治理模式才有可能实现[③]。关信平的研究站在制度建构和政策分析的视角提出，“要提升社会组织的活力，应该从确立社会组织的宪法和法律地位，完善社会组织的资源模式，以及加强社会组织规范化建设等关键环节入手”。[④]

2. 企事业单位与社会治理

与新社会组织相比，政府部门与企事业单位对于社会治理的意义其实更为明显。政府部门参与社会治理的研究重心在于部门之间的协调，被拓展出来的研究主题包括综合治理、整体性治理或者协同治理等。企事业单位参与社会治理的情况主要与三种研究有关：一是劳动关系或劳资关系研究；二是企业的社会责任问题；三是事业单位参与社会治理的情况。企业的社会责任中最值得注意的是构建和谐劳资关系以及和谐的企业与社区关系。当前研究比较多的是企业对于和谐劳资关系的贡献，刘爱玉对于纺织业企业的社会责任的研究具有代表性。关于企业与社区的关系领域，乡镇企业与社区的关系曾经受到重视[⑤]，随着市场的全国一体化和管理集权化的发展，这种关系发生了很多变化，要发挥事业单位在社会管理或治理中的作用，需要界定事业单位在社会管理中的地位，评估事业单位参与社会管理的实际作用和效果，梳理事业单位参与社会管理面临的困难和挑战。何增科通过调查试图回答这些问题，可以相信，市场经济条件下单位制的运行机制以及治理意义依然是一个很值得研究的领域。[⑥]

3. 党群组织参与社会治理

基层党组织建设与社会治理之间具有高度的关联性和互动性。21 世纪以

---

① 李强．创新社会治理体制［J］．前线，2014（1）：14－16.

② 王名．非营利组织的社会功能及其分类［J］．学术月刊，2006（9）：8－11.

③ 陈莲凤．以社会治理为导向推进社会组织发展［J］．福建论坛（人文社会科学版），2014（11）：171－176.

④ 关信平．当前中国增强社会组织活力的制度建构与社会政策分析［J］．江苏社会科学，2014（3）.

⑤ 牛若峰，夏英．我国农村非农乡镇企业与乡村社区的关系［J］．北京市农业管理干部学院学报，2000（2）：8－10.

⑥ 何增科．公民社会与治理［M］．北京：社会科学文献出版社，2011.

来，学术界对于党群组织在社区或社会治理中的作用关注越来越多，正在形成把这种现象学术化的努力。林尚立从政治学的视角分析了党、国家与社会的一般关系[①]，景跃进的研究考察了“国家—社会关系”和“党政关系”这两对范畴之间的内在关系[②]。曹海军考察了改革开放以来，党、国家、社会三者的关系，提出党管理国家与社会的领导方式发生了策略性的变化，国家与社会关系也由原来的一元主义模式向合作主义模式转变。[③]

相比党、国家与社会的框架，政党—政府—社会的框架更适合用来分析社会治理问题。石国亮认为政党—政府—社会三者之间的关系将影响社会组织的发育前景[④]。彭恒军认为，政府职能转变、社会治理现代化是全面深化改革的重要内容，这为群团组织积极参与社会治理、充分有效发挥其执政党和群众之间的桥梁和纽带作用提供了前所未有的机遇[⑤]。王向民认为，群团改革的关键是去行政化，重心则是回归社会服务，其政治性则体现为党的领导[⑥]。李威利认为，在推进国家治理体系现代化的新形势下，群团组织的核心使命是坚持政治性、先进性和群众性，为国家社会一体化和国家治理体系现代化奠定基础。[⑦]

4. 政社关系与社会治理

从现有研究来看，社会组织与国家关系的讨论主要是引用西方的社会组织发展理论，包括新公共管理理论、公民社会理论、法团主义理论、公共领域理论等。其中“公民社会”与“法团主义”两大视角主导了社会组织与国家关系领域的研究，两者试图在“国家与社会”的二元框架中理解社会组织，并围绕其在此框架中的具体位置展开争论。

国内外的政治学界很早就提出了“公民社会”的建设问题，并且提出“公

① 林尚立．领导与执政：党、国家与社会关系转型的政治学分析［J］．毛泽东邓小平理论研究，2001（6）：37－44.

② 景跃进．党、国家与社会：三者维度的关系——从基层实践看中国政治的特点［J］．华中师范大学学报（人文社会科学版），2005（2）：9－13.

③ 曹海军．中国共产党与国家建设：国家建设理论视角下的中国经验［J］．中南大学学报（社会科学版），2010（6）：5－10.

④ 石国亮．中国社会组织成长困境分析及启示——基于文化、资源与制度的视角［J］．社会科学研究，2011（5）：64－69.

⑤ 彭恒军．社会治理主体建设与群团组织的改革与创新——解读中共中央《关于加强和改进党的群团工作的意见》［J］．工会理论研究（上海工会管理职业学院学报），2015（6）：4－8.

⑥ 王向民．重塑群团：国家社会组织治理体系与治理能力现代化的制度定型［J］．工会理论研究（上海工会管理职业学院学报），2015（6）：9－12.

⑦ 李威利．转型期国家治理视阈下党的群团工作发展研究［J］．中国青年社会科学．2016（1）：75－80.

民社会”是由各种各样的非政府组织（Non－Government Organizations，NGOs)、非营利组织（Non－Profit Organizations，NPOs）组成的，是国家和市场之间的“第三域”。王名用“公民社会”理论来诠释改革开放30年来社会组织的发展。[①] 高丙中则认为，中国社会正由单位社会迈入公民社会，而公民社会的逐渐形成主要源于基于“公民性”的公民自由结社[②]。曹飞廉和陈健民以公民社会为视角研究了爱德基金会和上海基督教青年会的案例，阐述了公民社会的发育，与国家形成了非抗争的合作关系模式。[③]

另有部分学者用法团主义考察社会组织与国家之间的关系。顾昕认为，我国的社团监管体系具有强烈的国家法团主义特征，我国国家与社会关系的变革始终是在法团主义的框架内展开，并呈现出法团主义的特征。顾昕等人又进一步以专业性社团的垄断地位论证了我国社团与国家关系的法团主义特征，国家在专业性社团空间的发展中不仅维持了控制，而且还提供了一定的支持。[④] 张钟汝等人运用国家法团主义的理论视角研究非营利组织，提出“庇护性国家法团主义”和“层级性国家法团主义”两个概念。[⑤] 此外，部分学者从实际经验出发，以国家和社会关系为视角，对社会组织与国家关系提出了一些具有影响力的概念，如“官民二重性”（孙炳耀，1994）的命题。康晓光和韩恒则提出了“分类控制”的概念，用以概括当前我国大陆的国家与社会关系的基本特征。[⑥] 在此基础上，康晓光又进一步提出“行政吸纳社会”的概念。他认为我国的社会转型由于政府的积极应对，采取“社会的方式”进入社会，在社会自治不断扩大的过程中成功地重建了行政控制，从而形成了国家与社会融合的行政吸纳社会的制度模式。[⑥]可见，上述研究立足于我国实际情况，对社会组织与国家之间的关系进行了概括，总结出了具有本土化特点的关系模式。

---

① 王名．走向公民社会——我国社会组织发展的历史及趋势［J］．吉林大学社会科学学报，2009（3）：5－12．

② 高丙中．中国的公民社会发展状态——基于“公民性”的评价［J］．探索与争鸣，2008（2）：8－14．

③ 曹飞廉，陈健民．当代中国的基督教社会服务组织与公民社会——以爱德基金会和上海基督教青年会为个案［J］．开放时代，2010（9）：119－135．

④ 顾昕．公民社会发展的法团主义之道——能促型国家与国家和社会的相互增权［J］．浙江学刊，2004（6）：64－70．

⑤ 张钟汝，范明林，王拓涵．国家法团主义视阈下政府与非政府组织的互动关系研究［J］．社会，2009（4）：167－194．

⑥ 康晓光，韩恒．分类控制：当前中国大陆国家与社会关系研究［J］．社会学研究，2005（6）：73－89．

四、社会服务体制与社会治理

1. 社会服务与社会服务体系

国内学者在社会服务的概念上并没有形成统一的认识，常与“公共服务”混用。对此，郑杭生先生从合理配置社会资源和社会机会的问题以及处理社会矛盾两个方面抓住了社会服务的内核，他认为政府的公共服务、市场的私人服务、社会的公益服务是各种不同形式的促进社会资源和社会机会合理配置的有效的制度化手段和途径，也是正确处理社会矛盾、社会问题和社会风险的制度化手段和途径。① 王思斌在社会福利制度的支持和约束下定义了社会服务，他认为社会服务是在社会保障（社会福利）制度框架下，由政府或社会力量向民众特别是困难群体提供的公共福利服务。②

在社会服务体系的建构上，刘继同论述了现代社会服务体系的层次结构和内在逻辑，他认为现代社会服务体系的核心与精髓是社会现代化和社会福利制度现代化，实质是中国版福利国家与福利社会建设，关键是运用福利性、专业化与个性化社会服务解决社会问题，最终目标是提高个人生活质量与全社会总体福利水平。③ 丁元竹的研究指出，社会服务体系要从整体去谋划，要统筹考虑人力资源配置，人员、资源、设施配置的扁平化④。徐永祥认为，社会工作是现代社会管理和公共服务的一种重要手段。在市场经济发展与社会转型的当今中国，发展社会工作事业是促进社会管理体制改革、公共服务内涵与模式创新、民间社会组织健康发展以及整个社会组织化程度提升的必然要求。⑤

2. 利益分配与社会服务体系

在城乡差距、地区差距、贫富差距等进一步拉大的背景下，学界开始从利益分配的视角解释社会服务。例如，柏良泽认为，政府提供公共物品的根据是对公共利益的判断，公共利益才是判断公共服务的内在依据，物品只有与公共利益相关联，才具有公共服务的属性⑥。李军鹏从“公共服务”的价值关怀出发，指出公共服务是公共部门与准公共部门为满足社会公共需要而提供公共产

---

① 郑杭生．民生为重、造福于民的体制创新探索——从社会学视角解读“大民政”的本质和重大意义［J］．新视野，2011（6）：22－25.

② 王思斌．社会治理结构的进化与社会工作的服务型治理［J］．北京大学学报（哲学社会科学版），2014（6）：30－37.

③ 刘继同．中国现代社会服务体系构建论纲［J］．社会建设，2016（1）：60－70.

④ 丁元竹．建立和完善基层社会管理体制的几点思考［J］．国家行政学院学报，2010（5）：12－15.

⑤ 徐永祥．社会工作是现代社会管理与公共服务的重要手段［J］．河北学刊，2007（3）：67－69.

⑥ 柏良泽．公共服务研究的逻辑和视角［J］．中国人才，2007（5）：28－30.

品的服务行为的总称。公共服务具有两个方面的特点：积极回应社会公共需求和公民平等享有。[①] 诚如赵孟营所言，现在我们关注社会服务，其主要意义就应当是解决公平问题。也就是说在理论上，我们坚持的基本理念就是：社会服务的根本目的是解决我国社会存在的公共问题，促进我国社会公平的实现。

丁元竹把社会服务均等化提高到“十二五的关键之举”的重要位置。他认为，社会发展的中心工作，应当以推进基本公共服务，尤其是基本社会保障为切入点，以推进基本公共服务均等化为目标来展开[②]。田艳萍在对国外城市公共服务均等化研究梳理的基础上，提出公共服务的功能和特点、公共服务的供给、公共服务的需求都会对最终分配的均等化产生影响。郁建兴指出，当代中国的公共服务体系在取得巨大进步的同时，也存在公共服务供给的公平性与均等化程度受限的问题，既缺少社会公众对公共服务的绩效评估和满意度评价机制，也未建立有效的政府自身的公共服务绩效评估体系。[③]

3. 社会政策与治理体制机制

如何解决上述社会公共服务中发展滞后、总量供应不足、公共投入短缺、分配不平衡的问题，引起了学界的思考。丁元竹认为问题的关键在于解决政府在社会公共领域的缺位问题，必须加快更新社会管理观念，加强和完善服务型政府的转变[④]。王思斌则从社会政策的角度分析实现城乡协调发展与和谐社会建设的途径，他认为我国当前城乡之间差距不断拉大、城市弱势群体边缘化程度加深，是由一系列政策造成的[⑤]。张序提出应参考国际经验、做法，以公共服务的理念和模式，大力发展社会服务，包括统一社会服务提法、扩展社会服务范围、加强政府社会服务职能、培育社会服务组织、规范社会工作教育体系、完善政府购买社会服务机制等。[⑥]

现阶段社会服务指在市场经济条件下，强调提高社会效率的问题，进而在降低政府交易成本的基础上，社会服务被赋予了强调社会公平的含义。杨君、徐永祥的研究提出了“新社会服务体系”概念，新社会服务体系是指通过政府购买社会组织服务的形式来完善社会转型过程中的社会救济、社会保障、社会保险、社会福利等一些具体的服务性内容，以此来改善公共服务、创新社会管

① 李军鹏．加快建立社会主义公共行政体制 [J]．新视野，2007 (2)：29－32.

② 丁元竹．“十二五”的关键之举　社会服务均等化 [J]．中国经济周刊，2009 (44)：37.

③ 郁建兴．中国的公共服务体系：发展历程、社会政策与体制机制 [J]．学术月刊，2011 (3)：5－17.

④ 丁元竹，江汛清．社会公共服务供给与社会管理体制安排 [J]．理论与现代化，2006 (5)：5－16.

⑤ 王思斌．社会政策视角下的城乡协调发展与和谐社会建设 [J]．河北学刊，2006 (1)：76－80.

⑥ 张序，劳承玉．公共服务能力建设：一个研究框架 [J]．理论与改革，2013 (2)：25－29.

理体系[①]。关信平认为，应将政府购买社会服务作为政府公共服务和公共财政支出的基本方式之一，并在此基础上建立政府向社会服务组织购买社会服务的基本政策模式。邓锁的研究探讨了与社会政策实施相关的社会服务整合的变迁、特征及理论背景，提出作为社会政策实施的重要承担者，社会工作连接着政策项目与服务对象的多元化需求，应促进多元社会政策行动者的广泛参与，满足社会服务对象的多元化需求。[②]

五、社会体制改革的双重价值取向

笔者认为“社会体制”需要安置在“民—群”视角下进行理解。当我们将社会体制分解为治理主体体制和社会治理对象体制两个维度，并以此作为分析框架时，我们发现，社会体制和社会治理体制一体两面，“社会治理对象体制”更多地指向社会体制对于社会大众的需求的回应，即坚持以人为本和社会公平正义、促进社会多元参与，实现社会大众的全面发展。“社会治理主体体制”更多地指向社会体制的行动维度，即不同行动主体如何坚持社会民主、社会活力和社会秩序的基本原则而进行有效互动，以促成多元主体的合作治理，形成良好的社会整合状态，进而确保社会大众的权利获得与全面发展。

上文指出，社会自身兼具对象性社会、手段性社会、目的性社会之特性，社会治理之社会性同时体现在治理之对象、治理之手段、治理之目的三方面。其中，对象性社会和目的性社会实为手段性社会所含“手段”予以干预的社会，对象性社会是干预的现实社会，目的性社会是干预的理想社会。从实践角度而言，社会体制和社会治理体制改革既包括作为社会理想价值的实现，又包括作为社会治理实体的改造。

1. 目的性社会：价值取向

我们追求什么样的社会？社会治理和社会体制改革是理性的人类活动，人们对现实社会进行诊断、规划，目的就在于实现想象社会之“为了社会”的目标。那么，想象社会是否有一些共同关切，学术界到底关切了什么？

其一，社会权利的实现。沈原认为，“和谐社会”的建设，根本上就是“公民社会”的建设问题，公民社会不仅要促进 NGO、NPO 第三部门的发育，更需要发展“公民资格”。沈原对英国社会学家马歇尔“公民权（Citizen-

① 杨君，徐永祥．新社会服务体系：经验反思与路径建构——基于沪深两地政府购买服务的比较研究［J］．学习与实践，2013（8）：101－107.

② 邓锁．政策实施的网络视角与社会服务整合［J］．江苏社会科学，2011（1）：26－31.

ship)"的三种类别进行了阐述，认为"公民权利"是公民享有享受由经济发展所带来的最低限度的好处的权利；公共教育和医疗卫生之类的社会福利是体现社会权的基本制度安排。他认为要促进公民社会或称之为"和谐社会"的全面发展，一方面是三个权利的同步发展，另一方面是向全体社会成员，包括在城乡户籍制度界定下被排斥在各种社会权之外的外出务工人员，以及各个弱势群体的扩展，同时设立各种相应的组织，制定各种相应的制度。① 李友梅对社会体制的理解也是从对马歇尔"公民权（Citizenship）"的讨论展开的，认为马歇尔所说的实现社会权利是社会的根本诉求，而这个根本诉求可以具体化为：用一套制度来保障公共产品的公平配置。② 李友梅认为"马歇尔所讨论的社会权利及其实现的制度安排，与中文世界所讨论的社会体制有相近的内涵"，而如何实现"社会权利"，需要政府与社会组织围绕公民的"社会权利"的实现展开交往和协商，也需要发育良好的社会组织系统。③

孙立平认为社会建设或社会体制改革的目标就是要建立一个充满幸福感的社会，而民生和公平正义是影响幸福感的最主要因素，他特别指出一段时间以来我国社会利益矛盾突出、系统性风险加大，不是由于没有相关的政策和法规，而是缺乏制度有序运行的基础条件。这个基础条件也可以称之为"社会生态"，好的社会生态能够给人以生存机会和生活希望，能够鼓励人们遵守规则和维护社会生活的秩序，还能够给人们提供安全感和确定性。因此，他特别强调要重建道德、诚信等社会基础秩序。④

其二，共同体的建设。曹锦清在《市场、社会与社会建设》中提出在快速转型和阶层分化了的社会中，共同体建设何以可能的问题。他认为所想要重建的共同体主要包括家庭、工作单位、朋友圈、社区等，以满足分化了的个体无法单凭个人解决的社会问题。他提出要重建家庭和社区这两个共同体，他认为中华民族的根在家，以家为本位，家是构成社会的最重要的基础；要通过社会政策的支持促进家庭功能的发挥。社区共同体建设的关键在于将行政化的"区"变成社会交往的"社"，把居住在同一物理空间的邻里变成同一社会空间（有着社会联系与交往）的邻里。⑤ 冯钢认为，社会的建设需要人们在公共领

① 沈原．公民资格建设是"和谐社会"的基本依据［J］．社会学研究，2007（2）：191-194.

② 李友梅．关于社会体制基本问题的若干思考［J］．探索与争鸣，2008（8）：4-8.

③ 李友梅．深刻认识当前中国社会体制改革的战略意义［J］．探索与争鸣，2013（3）：43-47.

④ 孙立平．中国需要一场社会进步运动［J］．金融博览，2011（4）：20-21.

⑤ 曹锦清．市场、社会与社会建设［J］．哈尔滨工业大学学报（社会科学版），2013，15（4）：1-6.

域实现必要的交流，而公共领域的交流最容易在“社区”这一共同体的建设中实现。同时他认为改革开放的现实情况决定了我们必须要有这样一个公共领域。[①] 田毅鹏认为改革开放之前我国是“单位制”统摄下的总体性社会，20世纪90年代以来，以单位制度发生剧烈变迁为背景，社会呈现出多元化发展态势，“集体认同”重构之问题应运而生，社会体制改革的核心任务就是进行“共同体重构”，以解决社会成员的原子化的问题。[②]

2. 手段性社会：行动取向

我们怎样实现理想社会？手段很多，其中“社会政策的调整”与“社会组织的培育”是两个非常重要的手段。

其一，社会结构（财富分配方式）**转变。**研究社会结构的学者认为社会由不同的阶层构成，社会体制改革的重点是把围绕分配形成的金字塔社会转化为菱形或橄榄形社会。这些学者关注的焦点是分配问题，要求解决贫富过度分化带来的问题。这些学者以陆学艺等为代表，认为要把金字塔社会压得扁平一些，他们主张提高最低工资和扩大转移支付。同时，关于社会结构的变迁，学者们也有不同的认识，李春玲曾将中国社会学界关于社会结构变迁的主要理论模式概括为如下四种：**第一种**是孙立平提出的“断裂社会”观点，认为目前的社会分化已走向两极分化。**第二种**是陆学艺等人提出的“中产化现代社会”，认定趋向于中产化的现代化社会结构正在出现。**第三种**是李路路的“结构化”论点，认为边界日益分明的阶级阶层结构已然形成。**第四种**是李强、李培林的“碎片化”观点，强调分化的多元特征而阶级阶层结构难以形成。[③]

陆学艺认为社会建设的内涵很广，主要有两大方面：一是实体建设，诸如社区建设、社会组织建设、社会事业建设、社会环境建设等；二是制度建设，诸如社会结构的调整与构建、社会流动机制建设、社会利益关系协调机制建设、社会保障体制建设、社会安全体制建设、社会管理体制建设等。社会实体建设提供公共产品和公共服务，社会制度建设则使社会更加有序与和谐。其中最核心的问题是对社会结构进行调整与构建。陆学艺认为当今我国的经济结构已经是工业化中期阶段的结构，而社会结构还处于工业化初期阶段，存在着经济结构与社会结构的矛盾，这是当今我国产生诸多经济社会矛盾的问题的结构性根源。[④] 郑杭生先生认为，社会建设的内涵或者说其定义，要抓住“社会资

---

① 冯钢．“公共领域”与市场经济［J］．浙江社会科学，2015（2）：133－136.

② 田毅鹏．单位制度变迁与集体认同的重构［J］．江海学刊，2007（1）：118－124.

③ 李春玲．中国中产阶级的发展状况［J］．黑龙江社会科学，2011（1）：75－87.

④ 陆学艺．当前中国经济社会形势与社会建设［J］．新视野，2011（5）：16－20.

源和社会机会合理配置”这一核心，要从正向和逆向两个方面加以把握。[①]

李路路认为，当前中国社会建设所面临的挑战的实质，是在经济发展和体制转型到一定阶段后，社会结构和利益关系已经发生重大变化，即社会结构阶层化、利益关系市场化所带来的挑战。社会体制改革在一定意义上可表述为：如何在阶层化和市场化的背景下，整合日益分化的阶层结构，处理不同阶层和群体之间日益市场化的利益矛盾与冲突；对涉及利益或资源分配的权利（和权力）结构进行重组，形成一个新的协调利益矛盾与冲突的社会体制。要实现这一目标需要国家行政权力决策的公开、各社会阶层参与决策、平衡不同阶层的利益，特别强调弱势群体能力的发挥和国家保护作用的介入。[②]

其二，社会政策调整。关信平认为，改革开放以来我国的社会政策在基本体制方面发生了深刻的变化。社会政策从过去依附于经济政策到逐渐形成独立的社会政策体系；社会政策逐渐从过去的企业—国家模式转化到政府主导下的社会化模式；社会福利的主导模式从普遍性福利转化到选择性福利模式。但是距离包容性社会政策的实现、公平正义目标的实现还有一定的距离。[③] 文军认为当代中国社会正在逐步从“总体性社会”转向“个体化社会”。以往的社会政策关注的重点往往是大多数人的权益，但随着个体化社会的来临，传统的社会政策遭遇了许多挑战，必须增强社会政策的包容性，以关注更多的个体或少数群体。在社会政策包容化的过程中，我们应努力关注更多群体的权益，重视底层群体及弱势群体的赋权。与此同时，大力发展我国的社会工作事业，落实社会政策的内容、传递社会服务。[④]

向德平认为社会体制的改革就是要制定包容性社会政策，实现社会和经济协调发展、可持续发展。他认为我国要建立包容性的社会政策，就要建立以权利公平、机会公平、规则公平和分配公平为主要内容的社会保障体系；不断提高社会保障水平；加大公共财政的社会保障投入，扩大各类社会保险覆盖面；健全社会救助体系，发展社会福利事业和慈善事业，加强社会保险、社会救助和社会福利的衔接和协调。[⑤]

其三，社会组织培育。徐永祥在《和谐社会建构中的民间社会组织及其社

① 郑杭生．社会建设和社会管理研究与中国社会学使命［J］．社会学研究，2011（4）：12－21.

② 李路路．社会结构阶层化和利益关系市场化——中国社会管理面临的新挑战［J］．社会学研究，2012（2）：1－19.

③ 关信平．改革开放30年中国社会政策的改革与发展［J］．甘肃社会科学，2008（5）：8－12.

④ 文军．个体化社会的来临与包容性社会政策的建构［J］．社会科学，2012（1）.

⑤ 向德平．包容性发展理念对中国社会政策建构的启示［J］．社会科学，2012（1）：70－74.

会政策》中提出，社会组织是专业化社会服务的开拓者和社会保障的实践者，是社会职能转变的促进者和承接者，也是社会体制改革需要重点培育的领域。他认为应该制定积极的社会政策以促进社会组织的发育，建立有利于民间社会组织发展的登记或注册制度，改善公共资源的配置方式，建立和完善有利于民间社会组织发展的现代公共财政体系，推动官办的社会服务机构逐步向民间社会组织转型，切实解决官办机构的“国企病”。[①]

综上所述，笔者将社会体制建设的相关理论范式和价值取向整理如表 5－1 所示。

表 5－1　社会体制改革理论范式

理论取向	改革的目标	核心议题	改革的路径
目的性社会：价值取向	公平正义	社会权利的实现	①政府与社会组织围绕公民的“社会权利”的实现展开交往协商 ②公民权、政治权与社会权的同步发展 ③发育良好的社会组织系统 ④有效的社会基础秩序
	归属感与幸福感	社会共同体的重建	①家庭共同体的重建 ②以社区为基础建设公共领域，建设公民交往的共同体 ③发展各类职业团体
手段性社会：行动取向	结构合理	资源配置方式的调整	①市场条件下的利益均衡机制 ②多元主体参与的社会政策决策机制 ③解决社会矛盾和利益冲突的制度化方式 ④不同群体诉求表达机制通畅
	包容共享	社会政策的调整	①包容性社会政策，更关注底层群体和少数力量 ②弱势群体社会政策由基础保障转向发展赋能 ③均等化公共服务体系 ④大力发展社会工作与社会组织，承担社会政策和社会服务的具体落实
	多元参与	社会组织的培育	①政府职能转变，政府为社会释放空间 ②政社合作的制度性保障 ③积极的公共财政政策，形成制度化的购买服务机制 ④更为完善的社会组织立法

① 徐永祥．和谐社会建构中的民间社会组织及其社会政策［J］．学海，2006（6）：57－61.

我国分群治理的价值到底是什么？社会治理从直接目的看，是要激发社会活力和维护社会秩序，即既有活力又有秩序，但其最终目的却要回到国家治理的战略目标中，回到治理体制中最为微观的“民”，以及“国家”这一最为宏观的“群”。分群治理体制化与社会体制改革既是社会价值的美好想象，又是社会实体的改造对象，包含着价值和行动双重属性。在价值取向的指引下，以往的研究是围绕“社会权利的实现”与“共同体的建设”展开；在行动取向的指引下，以往的研究是围绕“资源配置方式的转变”“社会政策的调整”与“社会组织的培育”展开。但是，社会体制改革与社会治理创新服从整个国家治理战略目标，对于作为发展中国家的中国而言，其战略目的就是“现代化”，最终实现中华民族的伟大复兴。反过来，社会体制与社会治理要服务于“民”与“群”（包括国家）的未来价值，并随着未来价值的不断转换不断改革创新。

第六章　制度变迁中的集群与分群[①]

为什么社会体制改革一直在路上？很显然，民集聚成群的制度化不仅受“为了社会”之人为因素的影响，更受到“名分使群”“样子使群”之社会变迁深层逻辑的影响。任何制度都不可能一劳永逸，而且恰恰相反，任何制度随着社会运行和社会发展，可能从助益社会发展的动力逐渐变成阻碍社会发展的藩篱。赵鼎新认为：“任何性质的社会组织、思想和制度，随着它们变得强大，削弱它们的社会力量和社会机制也会变得越来越重要。”[②] 社会治理主体体制与社会治理对象体制在社会运行过程中同样会受到削弱其自身的力量的影响。那么，削弱制度的力量到底是什么呢？赵鼎新提出的道家时间理论没有给出答案。

笔者认为，依据“名分使群”逻辑可以推断，任何社会治理主体体制和社会治理对象体制在发挥制度化分群集群作用的同时，削弱分群集群的力量也同时在发挥作用，这个力量就是“混沌”，笔者称之为“样子使群”。“样子”是未名分化的混沌状态。下面以“滥竽充数”典故进行说明。

《韩非子·内储说上》：“齐宣王使人吹竽，必三百人。南郭处士请为王吹竽，宣王说之，廪食以数百人。宣王死，湣王立。好一一听之，处士逃。”

会不会吹竽是区分人群的“民表象”之一，具有分群效应，可以将人分群为“会吹竽的”和“不会吹竽的”。齐宣王欣赏大队伍吹竽，吹竽单位是“三百人”的大队伍，竽声是大队伍吹出来的，难以用来识别单个人是否会吹竽，单个人吹竽处于混沌状态，南郭先生正是在这种混沌状态下浑水摸鱼。但是，湣王喜欢听一个人一个人单独吹竽，吹竽声成了识别单个人吹竽能力的标志，

---

① 本章内容已发表。陈玉生．土地制度改革中的农户家庭联结［J］．中国农村观察，2023（2）．中国人民大学书报资料中心复印报刊资料《社会主义经济理论与实践》2023年第7期全文转载．

② 赵鼎新．时间、时间性与智慧：历史社会学的真谛［J］．社会学评论，2019（1）．

南郭先生不会吹竽，失去了能够浑水摸鱼的混沌环境，不得不逃之夭夭。“三百人吹竽和一个人一个人吹竽”是制度，不同的制度产生了不同的集群形态，反之，“三百人吹竽和一个人一个人吹竽”是民集聚成群形态的制度化形式。集群分群的制度化形式变了，个体集群分群的效应也会发生变化。反之，个体的“民表象”会影响其如何集群分群的形态。总体而言，滥竽充数的南郭先生集群分群的底层逻辑是“会吹竽”和“不会吹竽”之“民表象”之“名分”。这个故事蕴含着以下逻辑。

命题：“名分”具有使群效应，当集群分群之“名分”逐渐覆盖到其可覆盖之人甚至大众化之时，其分群效力式微。

民集聚成群服从“名分使群”逻辑。社会体制和社会治理体制是民集聚成群的制度化结构形式。任何制度的基础都是“名分”，名分问题通常在制度之外或之前被提出。[①] 集群分群通过“名分”实现，但是，与“名分”一体两面的是“混沌”，名分制度始终受到混沌的作用。比如，在笔者看来，西方“民主”作为民集群的一种制度，促进了政治权力从混沌状态更加有序化，具有“名分使群”的功能。但是，随着“民主”覆盖的“民”从寡头到精英到大众之时，其主体覆盖性完成，与此同时，民主政治逐渐向民主治理发展，当前，其公共事务覆盖也逐渐趋于完成。当所有人具有“民主”权利时，“民主”就不再具有分群的效力，也就难以实现“名分使群”的功能。[②]

本章对中华人民共和国成立以来的三次土地制度改革及其对农户家庭的集群分群效应展开研究，以揭示“名分使群”逻辑的集群分群效应。

“土地”是一种资源，土地资源的所有权、承包权、经营权到底配置给谁，存在不同的方式，这就是“土地名分”。一种“土地名分”制度化，将导致相应的相对稳定的集群形态。但是，任何土地名分制度，都存在使这种名分制度走向混沌的力量，从而削弱该名分集群分群的作用，进而产生新的土地名分及相应的分群集群形态。对农业集体化、家庭联产承包责任制、三权分置三次土地制度改革进行分析发现：

➢ 农业集体化时期，土地集体化，农户相应同型集群化，与此同时，农户家庭经营趋势出现。

➢ 家庭联产承包责任制时期，土地承包到户，农户相应同型单干，与此同时，农户合作趋势出现。

---

① 陈玉生．东周“名分”思想建构——作为“名分社会”的分析范式 [J]．社会理论学报，2011 秋．

② 陈玉生．意象互动、文质世运与样子使群研究 [J]．社会理论学报，2022 春．

➢ 从三权分置土地制度开始，土地所有权、承包权和经营权分离，农业经营主体呈现多元化，与此同时，多元农业经营主体合作趋势出现。

命题："土地名分"产生不同土地制度，不同土地制度产生不同集群分群效应，随着经济社会发展，"土地名分"集群分群效应不断式微，"土地名分"重新调整，土地制度重新调整。土地制度变革服从"名分使群"逻辑。

以上研究结果表明，社会体制的集群分群效应随经济社会变迁将发生变化，新的集群分群趋势将促进社会体制变革。因此，社会体制改革必然一直在路上。本章可作为验证"名分使群"逻辑的一个案例。具体而言，本章在"农地视角"的基础上叠加"农户视角"，建立家庭联结和户际关系两大理论范畴，以此研判中华人民共和国成立以来土地制度改革背景下的农户家庭联结现象及其变革。

一、农户集群与农户家庭联结问题

农户和土地是农业生产经营组织创新和农业产业集群形成的基础。改革开放以来，以"家庭"为基本经营单位的联产承包责任制引发了中国农业经营形式和组织模式的变革（周其仁，1985）[①]。那么，作为农业基本经营单位的成千上万的"农户"如何联结起来从事农业生产经营活动？农村土地制度及其变革对农户间的联结形态有何影响？

本章认为，解答上述问题的关键在于理解农户与农户之间的联结，笔者将这种联结称为"农户家庭联结"。2022 年 9 月 26 日，国家乡村振兴局和农业农村部联合印发《关于鼓励引导脱贫地区高质量发展庭院经济的指导意见》，这一文件明确提出"建立健全'村党组织＋新型经营主体＋村集体经济组织＋农户'利益联结机制""鼓励各类经营主体通过领办、订单生产、流转入股等多种方式，与庭院经济经营户建立紧密合作关系""实现庭院经济与产业链有效联结""组织动员工业企业、帮扶车间将适合分散加工的产品延伸到庭院经济经营户"[②] 等有助于推动脱贫地区高质量发展的重要举措。该文件所提到的一些农业经营主体联结带动庭院经济经营户的现象便是本章所说的"农户家庭联结"。这说明，农户家庭联结已经得到国家层面的重视。

那么，为什么要研究农户家庭联结现象？随着改革开放的不断深入，从事

① 周其仁．家庭经营的再发现——论联产承包制引起的农业经营组织形式的变革［J］．中国社会科学，1985（2）：31－47.

② 国家乡村振兴局 农业农村部关于鼓励引导脱贫地区高质量发展庭院经济的指导意见［EB/OL］. http：//www.nrra.gov.cn/art/2022/9/30/art_50_196921.html.

农业生产经营的农户数量不断减少，跨地域、跨行业、跨城乡从事经济活动的农户数量则不断增多，农户的流动性不断增强。“三权分置”制度实施以来，农村土地在原来所有权和承包经营权“两权分离”基础上又进一步从承包经营权中分离出经营权[①]。一些土地承包户“离土又离村”，一些农村土地经营户则“租地进村”，农地的经营主体越来越多元。原本相对一致的农户群体分化为从事农业和不从事农业的农村集体土地承包户，以及耕作自有承包地、在本村租地耕作和跨村租地耕作的土地经营户等类别。为使这些分散的农户适应大市场并与大市场相衔接，“公司＋农户”“村党组织＋新型经营主体＋村集体经济组织＋农户”“合作社＋农户”等多种形式的“农户＋”农业生产经营组织模式不断涌现。当前，农民不断流动、农户日益分化，将农户组织起来的模式也不断更新，农户家庭联结形态越来越多元。为保障农户对承包地的占有、使用、收益、流转以及将承包经营权用于抵押、担保等权利，为规范各类农业生产经营组织模式，政府出台了许多规范性文件，力争打好制度补丁。不过，这些文件比较零散，无法系统调整和规范各类农业生产经营主体之间的关系。虽然“三权分置”政策对农村土地承包经营关系有创新性规定，但其内容更侧重“农地”权属关系。它回应了“地怎么种”的问题，但对农户和其他农业生产经营主体之间的关系则缺乏系统规定，没能回应“农户怎么办”的问题。这留下一个制度缺口。“地怎么种”问题的焦点在生产力，“农户怎么办”问题的焦点在生产关系。笔者认为，这个制度缺口是关于生产关系的。“三权分置”创设了土地经营权，允许村集体和土地承包户之外的其他农业生产经营主体经营土地，但是并没有创新多元主体之间的关系模式。为此，本章尝试在“农地视角”基础上叠加“农户视角”，系统研究“农户＋”这一农业生产经营组织现象。为深入理解农户家庭联结现象，本章以中华人民共和国成立后中国农业生产经营制度的变革及其相应的农户家庭联结情况为研究对象，具体考察农业集体化、家庭承包责任制、“三权分置”等不同时期出现的农户与农户及农户与其他群体之间的联结形态。通过研究农户家庭联结的纽带有什么特征、联结关系如何、是直接联结还是间接联结等问题，本章将揭示我国农村土地制度改革中农户间的联结形态和集群逻辑，以期为系统性调整和规范农业产业集群中各类主体的权利义务关系提供理论方案。

---

① 肖卫东，梁春梅．农村土地“三权分置”的内涵、基本要义及权利关系［J］．中国农村经济，2016（11）：17－29.

二、家庭联结的研究与不足

社会科学绕不开“家庭”这一研究主题。在中国知网中以“家庭”为词条在篇名中检索发现，家庭研究的内容非常广泛，主要包括以下三类：**其一，**对家庭内部系统的研究。这类研究将家庭视为由家庭成员组成的共同体，在此基础上考察家庭内部成员的关系和结构，以及家庭对内部成员的功能和作用，研究主题包括家庭关系、家庭照料、家庭教育、家庭结构、家庭资产等①。**其二，**对家庭外部环境的研究。这类研究将家庭视为一个实体，进而考察外部环境与家庭实体的关联状况，研究主题包括家庭政策、家政服务、家庭工业、家庭现代化、家庭变迁以及家庭迁移等②③。**其三，**对家庭组织形式的研究。这类研究将家庭作为集结个人（家庭成员）的社会设置，并视家庭为初级群体和自然共同体的典型形式，考察家庭作为基本单元如何构成更大的社会整体，例如对家国关系、家庭主义、家户主义、社群主义等的研究④⑤。

作为本章研究主题的农户家庭联结属于上述“家庭组织形式”研究范畴。为方便讨论，本章将家庭与家庭之间的联结形态与联通过程定义为“家庭联结”，将家庭与家庭之间的主体关系与关系网络界定为“户际关系”，将农户与农户之间的联结简称为“农户家庭联结”或“农户户际关系”。不过，在中国知网中以“家庭联结”或“户际关系”为词条在篇名中检索发现，没有相关文献。可见，现有的家庭研究缺乏户际关系这一观察视角。当然，关于家庭与家庭之间联结形态的研究文献很多。这些文献将家庭视为人类生活集群的基本单元⑤⑥。那么，作为人类集群的基本单元，家庭与家庭之间有哪些联结形态？韦伯将“家户”视为构成家庭的诸“自然关系”的前提；涂尔干也指出，“家”首先是经济共同体，无此即无“亲缘关系”。此外，研究表明，家庭也是政治共同体的基本单位。可见，既有研究主要阐明了三类家庭联结形态：家庭社会

---

① 冯小茫．古典家庭的解构与婚姻的圣化：奥古斯丁对社会基本单元的新构建［J］．社会，2018（3）：136-169.

② 范芝芬．流动中国：迁移、国家和家庭［M］．邱幼云，黄河，译．北京：社会科学文献出版社，2013：7-15.

③ 韩央迪．家庭主义、去家庭化和再家庭化：福利国家家庭政策的发展脉络与政策意涵［J］．南京师大学报（社会科学版），2014（6）：21-28.

④ 赵汀阳．“天下体系”：帝国与世界制度［J］．世界哲学，2003（5）：2-33.

⑤ 肖瑛．“家”作为方法：中国社会理论的一种尝试［J］．中国社会科学，2020（11）：172-191.

⑥ 李猛．自然社会：自然法与现代道德世界的形成［M］．北京：生活·读书·新知三联书店，2015：148-160.

共同体、家庭政治共同体和家庭经济共同体。

尽管被视为政治的、经济的和社会的共同体，但是，“家”在西方社会仍会受到宗教和政治的冲击。其一，奥古斯丁将个体从包括家庭在内的世俗共同体中抽离出来，并将个体作为基督教的社会模式基点，家庭共同体因此以一种“去自然”的方式被解构[①]；其二，霍布斯等人从自然状态出发重构家庭，将家庭视为个体建立支配关系的环节，在此，家庭共同体以一种“自然”状态被纳入能够真正摆脱自然状态的国家政体之中[②]。有研究认为，现代化是一个“离家出走”的过程，现代社会科学也表现出远离“家”而拥抱个人主义的倾向[③]。远离“家”似乎成为现代化的一个魔咒。不过，宗教和政治虽然在解构和重构家庭并促成了个人主义，但并没有消灭家庭，而是产生了“宗教家庭主义”和“国家家庭主义”[④]。家庭成为宗教教权和国家权力与个体自由权利之间的中间环节与汇聚交点。可见，虽然西方社会非常强调个人主义，而且家庭在宗教和政治两个维度上也受到了一定程度的冲击，但是，家庭对社会个体而言仍然具有很大的黏性，宗教和政治组织在集结社会大众时仍然不可避免地需要通过家庭来实现。

与西方社会相比，我国社会中的家庭深受儒家文化的影响，“家天下”思想根深蒂固。儒家思想提倡个人经由修身养性的修己过程，实现齐家、治国、平天下的理想。家庭义务和家庭组织观念被用以创造“家庭国家主义”[⑤]。家庭在具有明显集体主义传统的中国社会发挥着明显的集群效应。赵汀阳[⑥]依托中国传统思想，从家庭主义推导出天下主义。实际上，以家庭为基本单位并以之隐喻天下的做法在中国历史实践中非常明显。徐勇[⑦]因此认为，中国很早就形成了家户制的社会结构，“家”是社会单位，“户”则是国家组织民众的政治单位，具有政治和社会意义。例如，基层社会体制中的保甲制、什伍制、连坐

---

① 冯小茫．古典家庭的解构与婚姻的圣化：奥古斯丁对社会基本单元的新构建［J］．社会，2018（3）：136－169.

② 李猛．自然社会：自然法与现代道德世界的形成［M］．北京：生活·读书·新知三联书店，2015：148－160.

③ 肖瑛．“家”作为方法：中国社会理论的一种尝试［J］．中国社会科学，2020（11）：172－191.

④ 韩央迪．家庭主义、去家庭化和再家庭化：福利国家家庭政策的发展脉络与政策意涵［J］．南京师大学报（社会科学版），2014（6）：21－28.

⑤ 冯小茫．古典家庭的解构与婚姻的圣化：奥古斯丁对社会基本单元的新构建［J］．社会，2018（3）：136－169.

⑥ 赵汀阳．“天下体系”：帝国与世界制度［J］．世界哲学，2003（5）：2－33.

⑦ 徐勇．中国家户制传统与农村发展道路——以俄国、印度的村社传统为参照［J］．中国社会科学，2013（8）：102－123，207.

制等，均以家户制为基础。此外，一些经济学研究分析了家庭与其他经济主体之间的合约关系①。肖瑛②甚至提出，“以‘家’作为方法，就是透过‘家’这面多棱镜来理解各种社会组织以及民情的构成和变迁轨迹，洞悉‘家’建构社会的机制和效果。”

综上所述，家庭社会共同体、家庭政治共同体相关研究更加关注家庭在社会体制中的纵向联结，家庭经济共同体相关研究虽然关注家庭在经济体制中的横向联结，但它们均没有考察横向的家庭与家庭之间的联结关系和户际关系。由于缺乏家庭联结和户际关系视角，学界很难从学理上深刻理解一些问题。比如，当前各种“农户＋”农业生产经营组织形式中的农户家庭联结存在哪些模式？各种联结模式有哪些共性和差异？如何统合这些农户家庭联结模式？这必然会影响到对“农户怎么办”这一现实问题的回答和处理。

三、“民—群”视角下家庭联结分析框架

对农户家庭联结的研究有重要的实践和理论意义，因其关系地制度改革的社会基础。那么，如何阐明农户家庭联结与中国农村土地制度改革之间的逻辑关系？本章引入“民—群”视角予以考察。

不同的土地制度形成不同的土地名分，不同名分引发农户间差异化的集群与分群状态，由此形成各种农户集群形态。在传统农耕社会，无论采取什么样的土地产权制度，农户基本上依附于土地，他们往往通过集群成村落进而形成乡土社会。这个时期，作为经济要素的土地和作为社会要素的农户在时空上彼此重叠。但是，在工业化和城镇化不断推进的大背景下，农户不断流动和分化，农户间的组织模式也不断更新，土地和农户在时空上开始重构。本章试图通过“民—群”视角考察农户家庭联结现象，进而阐明农户与农户之间因土地制度的变迁而产生的集群与分群过程，以及不同历史时期所形成的多样化的农户集群形态，从而将“农地”视角和“农户”视角有机连接起来。

1. 家庭、家庭联结与户际关系

以“民—群”视角观之，家庭无非若干成员的集群形态。对“家庭”这一概念的理解包括两个层面的内容：从构成单位看，“家庭”概念界定了其成员范围，即哪些人是家庭成员；从构成形态看，“家庭”概念明确了哪些“集群”

① 万江红，杨柳．补充与补偿：以合约治理合约的双层机制——基于鄂中楚香家庭农场农业经营合约的分析［J］．中国农村观察，2018（1）：53-69．

② 肖瑛．“家”作为方法：中国社会理论的一种尝试［J］．中国社会科学，2020（11）：172-191，208．

形态可被称为“家庭”。王跃生[①]区分了家庭、家户和家三个概念：家庭强调亲属关系及其成员之间的抚育、赡养、继承等权利义务关系，家户强调成员之间共同居住和生活，家则包括家族之家和家人之家两种类型。王跃生所述家族之家超出了本章分析的作为生产经营单位的家庭范畴，其所述家户也与徐勇[②]所述家户有一定差别。徐勇认为，家户在我国是一种基本的经营组织体制，“家”是社会单位，“户”是政治单位。当前，“家户”还是一个有待学术界进一步阐明的概念，在政策法规中则普遍使用“家庭”称谓，例如家庭承包责任制、家庭经营等，本章因此也使用“家庭”概念，并参照国家卫生计生委家庭司《中国家庭发展报告 2015》中的做法，将家庭、家庭户和户统称为“家庭”。家庭是以婚姻和血缘关系为基础的社会单位，其成员包括父母、子女和其他共同生活的亲属。家庭成员之间既有婚姻、血缘等基本关系，也有经济、居住等联系。家庭人口不仅包括居住在本户的家庭成员，也包括外出的家庭成员。与“集体户”相对，家庭户成员主要包括依据亲属关系而共同居住和生活的人。户与家庭的区别在于：前者侧重于地理空间上的聚集，作为一户的首要条件是共同居住和生活[③]。因此，本章所述农户指拥有农村集体土地承包权或经营权的家庭、家庭户和户。

家庭联结无非家庭与家庭之间结合在一起的过程，是一个个家庭集群的过程。两个或两个以上的家庭因血缘、业缘、交往行为、共同信仰、合约等因素而联结在一起，形成家庭之间相互作用的联结网络的过程，就是本章分析意义上的家庭联结。在以家庭为基本单位的农村社会中，超越家庭的公共事务需要通过家庭联结来解决[④]。家庭联结形成社会共同体、政治共同体和经济共同体。家庭在社会共同体中的联结主要基于社会自然演化所形成的社会归属性纽带，例如血缘关系、地缘关系等；家庭在政治共同体中的联结主要基于由政治体制与国家政策法规促成的国家规制性纽带，例如保甲制、什伍制等；家庭在经济共同体中的联结主要基于不同主体之间的市场协议性纽带，例如“公司＋农户”、专业合作社等。根据联结纽带来划分，家庭联结有社会归属性联结、国家规制性联结和市场协议性联结三大类。在这三类联结形式中，有些家庭互

① 王跃生．中国当代家庭、家户和家的“分”与“合”［J］．中国社会科学，2016（4）：91－110，207.

② 徐勇．中国家户制传统与农村发展道路——以俄国、印度的村社传统为参照［J］．中国社会科学，2013（8）：102－123，207.

③ 国家卫生计生委家庭司．中国家庭发展报告 2015［M］．北京：中国人口出版社，2015：5－6.

④ 侣传振，李华胤．家户联结：探索村民自治基本单元的社会因素［J］．广西大学学报（哲学社会科学版），2017（6）：69－75.

为中介彼此直接互动，有些家庭则通过中间环节、中间媒介才发生联结。从联结是否有中间环节看，家庭联结可分为无中间环节的直接联结以及有中间环节的间接联结。

在三类联结形式中，当家庭与家庭之间形成较稳定的互动关系或权利义务关系时，就形成了“户际关系”。“户际关系”是家庭与家庭之间、住户与住户之间关系的简称，其具体含义类似人与人之间的人际关系、村与村之间的村际关系。有些家庭虽有名义上的联结，但彼此之间没有实际的互动关系或权利义务关系，则这些家庭之间便不存在户际关系。根据关系维系是否受正式制度或文件的约束来划分，户际关系可分为正式户际关系和非正式户际关系。基于家庭成员相互熟悉和了解的程度，以情感为纽带、通过非正式制度（例如邻里、联姻等）所形成的户际关系是典型的非正式户际关系。正式户际关系是指不同家庭因某种特定的目标集结，以明确的合约或正式制度为纽带形成的户际关系。例如，一个小区的住户因购房合同等协议的约定所形成的、在业主权利义务关系约束下的彼此联结，属于正式户际关系；成为邻里的住户之间在感情基础上所展开的往来互动，则形成非正式户际关系。

2. 农户、农户家庭联结与户际关系

农户是农业产业集群的基本单位[①]。费孝通[②]将以农户为单位从事农、林、牧、副、渔业活动形成的农村工副业称为“庭院经济”，并将其视为从农业到现代工业的一个中间形态。在费孝通看来，发展农村工副业的关键在于激活“家庭”活力。“我们是站在什么地方？脚下是乡土性的小农经济。我们摸的石头是什么？我想应该是家庭。”[③]

根据上文对家庭的界定，可将拥有农村土地承包权的家庭、家庭户和户统称为土地承包户，将经营自有土地或租赁土地的家庭、家庭户和户统称为土地经营户。辨别一个家庭是否为农户的前提是看其是否拥有某项土地权利，本章将拥有土地承包权或经营权的家庭称为农户。因此，应将不直接经营土地而只流转土地经营权的家庭和整合了多个农户土地的家庭农场、种粮大户等也视为农户。由于农业企业、国有农场、涉农社会组织等主体不具有家庭属性，因而不能将其作为农户看待。不过，由于地主、种粮大户、农业公司、国有农场、

① 陈风波，丁士军．农户行为变迁与农村经济发展：对民国以来江汉平原的研究［M］．北京：中国农业出版社，2007：3.

② 费孝通．农村小城镇区域发展［C］//费孝通全集（第15卷）［M］．呼和浩特：内蒙古人民出版社，2009：1-24.

③ 费孝通．豫中行［C］//费孝通全集（第15卷）［M］．呼和浩特：内蒙古人民出版社，2009：1-24.

涉农社会组织等主体通常会联结多个农户，是形成农户家庭联结网络或农户户际关系网络的重要联结点，发挥着农户集群的枢纽作用，因此，可将其作为农户家庭联结的中间环节。农户家庭联结既包括多个土地承包户、土地经营户彼此发生的直接联结，也包括由涉农主体作为中间环节而形成的间接联结。

综上所述，本章采取“民—群”视角，建构了“农户家庭联结”和“农户户际关系”分析框架（图6-1）。

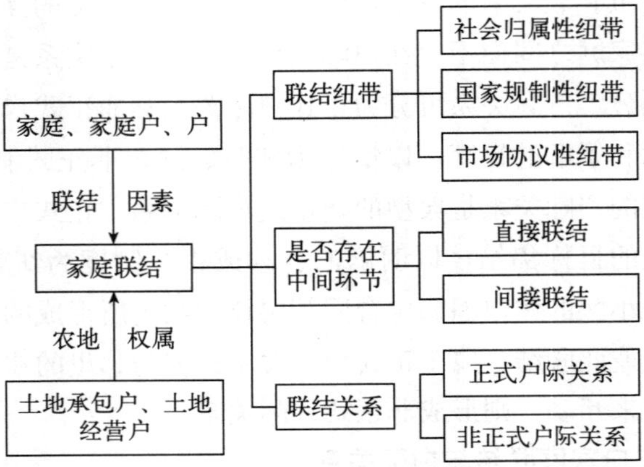

图6-1 家庭与家庭联结分析框架

四、土地制度改革与农户家庭联结

农耕文明和乡土社会是中国传统社会的典型特征。中华人民共和国成立前，农户在乡土社会中通常世居一处，形成了土地租赁制度下的地主与佃农等联结方式，又因血缘、地缘、业缘等关系，形成了村社、世族、家族等超越家庭的集群形态。传统农业以小农经营为主，农户组织化程度较低。中华人民共和国成立以来，我国农村先后经历了土地改革、农业集体化、家庭承包责任制、“三权分置”等几次大的政策调整；农村土地经营形式则经历了从家庭经营到集体经营再由集体经营到家庭经营的转变过程。那么，在不同类型的土地制度改革和政策设计中，农户家庭联结形态有何变化？

（一）从集体合作到家庭经营（1951—1978年）

1952年底，土地改革基本完成，农村土地实行农民个体所有制。与此同时，农业合作化运动也逐步启动。1951年9月，中共中央通过《关于农业生产互助合作的决议》，并以草案形式将其发给各地试行。据杜润生[①]回忆，

① 杜润生．杜润生自述［M］．北京：人民出版社，2005：39.

1953年时中央领导人提出了“计划在10～20年之内完成这个合作化的任务，改造小农经济”的设想。至1956年底，参加初级社的农户占总农户的96.3%，参加高级社的农户占农户总数的87.8%[①]，农业社会主义改造基本完成，农村土地由农民个体所有制向社会主义集体所有制转变。随着合作内容和规模的扩大，农业合作化实际上经历了互助组、初级合作社、高级合作社、人民公社四个发展阶段。党的十一届三中全会之后，全国普遍实行家庭承包责任制，农村土地集体经营阶段宣告结束。

农业合作化孕育了农户家庭联结的新形态。徐勇[②]认为，传统中国社会有大量家户互助合作。人民公社时期，农村实行集体劳动和共同分配政策，超越并背离了家户制的互助合作。但是，从家庭联结角度看，在社会主义革命和建设时期，农户家庭联结程度因土地集体化而不断加深。农户家庭联结形式从少数家庭联结发展为整村联结和整个公社的联结，农户的合作形式则从土地等农业生产资料的合作发展为大部分生活资料的合作，合作程度不断提高。当然，农户并没有因此解体，家庭生活仍然存在，家庭的大部分功能（例如共同居住、子女教育、婚育、继承、赡养等）仍然被保留。总体而言，在农业合作化时期，农村范围内的农户家庭联结程度不断加深，农村形成了高度融合的生产和生活共同体，农户之间则形成了非常紧密的直接联结，农户家庭联结的正式户际关系特征更加明显。

从“民—群”视角看，村集体通过农村土地集体所有制改革加强了农户之间的家庭联结。在集体化运动中，土地所有权主体由农户转变为村集体，农户的生产经营功能和部分生活功能也被整合到村集体中。在集体所有、集体经营的土地制度安排下，农民不得不面临农户和村集体双层集群所形成的困境。例如，在工分制中就出现了劳动工分到底记在农民名义下还是记在农户名义下的问题。农民在农业集体化运动中难以像工厂工人一样将家庭和工作单位区分开来，陷入既是家庭成员又是村集体成员的角色扮演和身份选择困境中。

不过，土地家庭经营是数千年社会演化的结果，集体化时期的农民始终没有忘记一家一户经营土地的日子，单干诉求始终存在。实际上，在农业合作化时期，以户为生产经营单位的现象（例如包干到户、包产到户）在局部地区阶

① 项继权．我国农地产权的法律主体与实践载体的变迁［J］．华中农业大学学报（社会科学版），2014（1）：5-14，22.

② 徐勇．中国家户制传统与农村发展道路——以俄国、印度的村社传统为参照［J］．中国社会科学，2013（8）：102-123，207.

段性出现，农户作为经济社会生活的基本单元始终在发挥作用。周其仁[①]认为，在社会主义合作经济中引入农民家庭经营的做法在20世纪50年代合作化后期就已经开始了，但这一做法在1978年以前受到了打压和抑制。周其仁[①]认为，联产承包开启后，有不少人民公社和生产大队把生产队的规模划小，以作业组为单位承包土地。有的公社和生产队甚至将作业组划小到仅包括两三户人家，但农民还是不接受这一做法，他们将这种情况称为“二锅饭”。这些事实表明，家庭经营之所以在农业领域具有普遍适用性，根本依据并不在于一个生产经营单位人员的多少，而在于成员之间的特殊联系[①]。不过，在农业集体化运动前后，农民高度依赖土地，农民流动和农户迁移现象均较少，作为农民集群形态的农户和村庄没有变，变的只是农户在村庄中互相联结的纽带和形态。

（二）从联产承包到经济合作（1978—2012年）

改革开放后，家庭承包责任制在农村实施。1978年底，以安徽省凤阳县小岗村18位农民分田到户为起点，以1982年发布的《全国农村工作会议纪要》为标志，农村土地集体所有权和承包经营权“两权分离”的土地制度逐步形成。

在这一时期，以土地为基础，农户之间形成了三重重要联结：**其一，**土地权利联结。家庭承包责任制实施后，农村土地集体所有的性质没有变，农户必须从享有土地所有权的村集体获得土地承包经营权，农户之间仍然通过土地集体所有权互相联结；**其二，**集体责任共担。家庭承包责任制实施后，农业集体化时期集体对国家的责任并未因此而取消。将集体的责任分解开来便是农户的责任，因而，农户在集体所有的土地上共同承担承包经营责任，共同向集体和国家负责，具体表现为农业税费的责任共担；**其三，**农村公共治理。家庭承包责任制实施后，农民获得生产和分配的自主权，为扩大生产、提高收益，农户会采用各种策略，例如开荒垦荒、施用化肥、拖欠税费、增加劳动力、压缩子女受教育时间、精耕细作等。农户因第一种联结而与村集体内其他农户博弈，主要目的在于获得更多更好的承包地，因第二种联结与基层乡镇政府和村委会博弈，主要目的在于少交农业税费。由于农户对自身利益的关注胜于对村集体和公共利益的关注，导致农业公共设施遭到破坏，农地因开发过度而地力下降，农村生态环境压力不断增加，其他农村公共问题也不断出现，农户之间不得不互相协作，共同应对这些问题。农村公共治理或社会治理成为新的家庭联

① 周其仁．家庭经营的再发现——论联产承包制引起的农业经营组织形式的变革［J］．中国社会科学，1985（2）：31－47.

结维度。总体而言，在农村土地“两权分离”基础上，农户因土地权利、集体责任和公共治理等方面的因素而相互联结。此时的农户家庭联结仍然具有非常明显的国家规制性联结和直接联结特征，农户户际关系受土地制度所确定的权利义务关系的约束，因而，正式户际关系特征非常明显。

20世纪80年代，随着农户生产经营自主权和产品支配权的扩大，家庭经营的范围已经从生产领域拓展到流通领域，而且，家庭经营规模也越来越大，由提篮小卖发展到大卖大买。“家庭经营同现代化社会化大生产联结起来……以适应更大规模发展商品经济的需要。”[①] 随之，农户又充分利用现代技术，将各种生产要素组织在家庭内部，由此形成了巨大的经济活力。与此同时，农户类型也不断增加，专业户、家庭农场、种养大户等不断涌现。然而，随着市场化改革在农村的深入推进以及城镇化、工业化的快速发展，农业和农村经济中的深层次矛盾日益显现，其中，小农户与大市场之间的矛盾最为突出[②]。农户在应对市场和公共关系时面临诸多风险，驾驭市场能力不足，难以有效分享市场化红利。“分散生产的小农户受理性和能力局限难以驾驭市场交易伴生的风险”，例如，受市场价格波动的影响，他们“难免遭遇农产品‘卖难’问题”[③]。因此，分散的小农户只有联结起来才能更好应对大市场的挑战。

进入21世纪以来，国家出台了大量惠农政策，以解决小农户与大市场的对接问题。国家推进了新农村建设战略，取消了农业税，实施了粮食最低收购价、临时收储、粮食直补、农资综合补贴、良种补贴、农机具购置补贴等政策措施。随着大量惠农惠民政策涌向乡村，农户成为公共服务和公共物品分配的基本单位。许多惠民政策的落实均需要农户的参与和支持，需要将农户集结起来，这在客观上为农户之间的联结提供了新的契机和动力。不过，这些惠农政策虽然推动了农户家庭联结，但难以形成稳定的正式户际关系，对农户的组织也缺乏制度层面的设计，所以仍然难以解决小农户与大市场之间的矛盾[③]。小农经济因缺乏必要的规模和必要的组织，故未能引导传统中国走向现代化[④]。为此，将分散的农民组织起来以增强其市场竞争力，成为理论和实践领域解决小农户与大市场之间衔接困境的重要出路。实践中，家庭承包责任制实施后，

① 徐允权．一个新概念：发达的家庭经营［J］．中国社会科学，1988（3）：29-36.

② 徐健，汪旭晖．订单农业及其组织模式对农户收入影响的实证分析［J］．中国农村经济，2009（4）：39-47.

③ 万俊毅．“公司＋农户”的组织制度变迁：诱致抑或强制［J］．改革，2009（1）：91-96.

④ 王剑锋，邓宏图．家庭联产承包责任制：绩效、影响与变迁机制辨析［J］．探索与争鸣，2014（1）：31-37.

农户开始单干，而在应对大市场时，农户之间又开始联结起来。以农村股份经济合作社为例，农户通过集体所有的房地产或其他产业以股份经济合作组织的形式相互联结在一起，合作组织成员身份通常与村集体成员身份相重叠。农户在合作社的股份配置、红利分配、经营权管理权分配等事务中形成联结。这种农户合作组织是农户家庭联结方式的创新，对这一组织形态的研究不仅加深了学术界对农民组织化和农民合作组织发展的理解，也推动形成了新乡村建设学派、农民专业合作社理论流派和综合性农业合作社理论流派三大派别①，而且还衍生出农民合作组织的两大发展思路：一是通过水平协同实现农户之间的协作，以增强农户的实力和市场地位；二是通过垂直协同加强农户与涉农企业之间的联系与合作②。

从“民—群”视角看，家庭承包责任制基础上的农户家庭联结仍然是农村土地“两权分离”基础上的联结。不过，这一时期的农户家庭联结呈现两个鲜明的特点：第一，农户集群领域超越了单纯的农地生产经营范畴，农户因土地经营、集体责任共担、农村公共治理、市场竞争、惠农政策、村集体经济等多种因素而彼此形成联结；第二，农户集群范围超越了区域边界清晰的村庄，形成了跨村镇、跨区域、跨行业、跨产业的广泛联结。

（三）从离土离乡到租地经营（2012 年至今）

党的十八大之后，国家开展了一系列土地制度改革，为农户生产经营形式的变革奠定了制度基础。2014 年 12 月，新一轮农村土地制度改革开启，中央审议通过了《关于农村土地征收、集体经营性建设用地入市、宅基地制度改革试点工作的意见》。随之，“三权分置”制度正式实施。农村土地确权、土地整理等工作不断推进，土地流转速度和规模不断提升。以“确份”“确四（四至边界）”等方式，政府进一步明晰了农村集体土地的产权归属，并在中央层面明确了第二轮土地承包到期后再延长 30 年的政策规定，确保了农村土地承包权的稳定。因此，“三权分置”是使农户走出土地依附状态的一次重大制度创新。随着土地“三权分置”制度的实施，农户依托土地进行联结的方式更加多样，涌现出农民专业合作社、股份经济合作社、“公司＋农户”、订单农业、家庭农场等多种农业生产经营模式。此时，一方面，部分拥有土地承包权的农户不再实际经营承包地；另一方面，部分具有生产经营能力的农业主体却不享有

---

① 魏丽莉．改革开放以来我国农民组织化理论流派及其比较研究［D］．北京：中共中央党校，2013.

② 徐健，汪旭晖．订单农业及其组织模式对农户收入影响的实证分析［J］．中国农村经济，2009（4）：39－47.

土地承包权，农地出现了供需矛盾。为应对这种矛盾，土地经营模式也发生了相应的变革，出现了农地的实际经营主体并非该土地承包户的现象，农村土地经营主体越来越多元。

这一现象指向一个新的农户家庭联结维度，即土地经营权基础上的联结。土地经营权进入交易市场，并不断从土地承包户转移到土地经营户手中。随着土地流转范围和规模的扩大，越来越多新的农业生产经营主体通过土地流转实现了对农地的实际经营和使用。新主体的进村，不仅使得集体经济组织发生变动从而影响集体所有权的行使，还对耕作者经营权的设权、赋权和保护提出了新要求①。农村土地经营户以合约形式与多个承包户签订协议，农户家庭联结的中间环节越来越多。因此，在当前阶段的农户家庭联结中，合约联结和间接联结现象不断增多。可以预见，随着农户对土地依赖程度的逐渐降低，农户家庭联结的对象将大大超出“乡土社会”范围，联结方式也会越来越多元。不过，这与欧洲工业化过程中所呈现出的经济活动逐步脱离家庭的情况不同，家庭经营的韧性深刻体现了中国乃至东亚社会转型的独特路径②。例如，虽然股份经济合作社和农民专业合作社在服务对象、成员范围、组建模式等方面有较大差别，但均以农户家庭联结为基础。又如，大部分家庭工厂以自有住宅为厂房，以家庭为单位购置机器、核计成本收益，以家庭自有劳动力为生产基础，生活生产不分离。从农户家庭联结看，“公司＋农户”“大农户＋小农户”、股份经济合作社、农民专业合作社、家庭农场等各种农业组织形式，无不以农户为基本组成单位。在这些联结模式中，农户之间的协议性联结和间接联结以及农户户际关系的非正式关系特征均十分明显。

从“民—群”视角看，此时的农户家庭联结有两个鲜明特点：其一，土地经营主体通过租地进入农村，形成了以土地经营权为基础的农户家庭联结；其二，跨村庄、跨区域、跨行业、跨产业的联结主体更为多元，联结方式不断创新。参与集群的农户来源大大超出中国传统互助式家户联结的农村社区范围③④。可见，农户既更加独立，开始不断摆脱对土地的依附和对村庄的依赖，

---

① 刘守英．农村土地制度改革：从家庭联产承包责任制到三权分置［J］．经济研究，2022（2）：18－26.

② 付伟．中国工业化进程中的家庭经营及其精神动力——以浙江省 H 市潮镇块状产业集群为例［J］．中国社会科学，2021：146－165，207.

③ 徐勇．中国家户制传统与农村发展道路——以俄国、印度的村社传统为参照［J］．中国社会科学，2013（8）：102－123，207.

④ 侣传振，李华胤．家户联结：探索村民自治基本单元的社会因素［J］．广西大学学报（哲学社会科学版），2017（6）：69－75.

又具有与其他农户和其他农业生产经营主体相互联结的现实需要，由此导致农户家庭联结形式更加多元。其根本原因在于土地经营权是建立在土地承包权基础上的，而土地承包权的基本单位就是农户，这就决定了农业生产经营组织必然是以农户为基础的集群。在这些新的农业生产经营组织中，土地承包户与经营户开始分离，农业经营户作为农户家庭联结主体的现象更加普遍，可将这种以农户为基础的农业组织形式称为“农户＋”农业生产经营模式。

综上所述，土地是农户家庭联结的基础。中华人民共和国成立后，农村历经农业合作化、家庭承包责任制和“三权分置”三次重要改革。随着土地制度的变革，农户家庭联结形态也相应变化（表 6－1）。土地制度改革中农户家庭联结形态的变化印证了“名分使群”观点。在农业合作化时期，农地归集体所有，农户集群到村集体，经由互助组、初级合作社、高级合作社、人民公社等过程，农户集群规模不断扩大，合作程度不断加深，这一时期的农户家庭联结形态具有明显的国家规制性联结和直接联结特征。在家庭承包责任制时期，农户对集体所有的土地享有承包经营权，农户从村集体约束和土地依附状态中脱离出来，农户集群领域超越了单纯的农地经营，集群范围超越了区域边界清晰的村庄，农户家庭联结由国家规制性联结和直接联结逐渐向市场协议性联结和间接联结转变。在“三权分置”背景下，土地承包经营权被进一步细分为承包权和经营权，在集体所有的土地上进行联结的农户已经超出了村庄范围，拓展到村庄之外的多元农业生产经营主体。随着“承包户离村”和“经营户进村”的不断进行，农户集群的形态越来越多元复杂，农户家庭联结的市场协议性和间接联结特征也越来越明显。

表 6－1　当代中国土地制度改革与农户家庭联结形态变迁

时间节点	土地制度改革	土地权属创新	联结模式	联结形态	联结基础形式和变迁趋势	具体联结形式
中华人民共和国成立后	农业合作化	集体所有权	生产生活资料合作	国家规制性联结；直接联结	从集体合作到家庭经营	从互助组、初级合作社、高级合作社到人民公社
改革开放后	家庭承包责任制	土地承包经营权	土地生产经营；集体责任；公共治理	国家规制性联结＋市场协议性联结；直接联结＋间接联结	从联产承包到经济合作	从分散的农民组织到农村股份经济合作社

（续）

时间节点	土地制度改革	土地权属创新	联结模式	联结形态	联结基础形式和变迁趋势	具体联结形式
党的十八大后	“三权分置”	土地经营权	“农户＋”模式	市场协议性联结；间接联结	从离土离乡到租地经营	专业合作社、股份经济合作社、“公司＋农户”、订单农业、家庭工厂、家庭农场等

注：笔者认为，农业合作化是土地集体所有制改革的实现方式，可以将其作为土地制度改革的组成部分。

从土地作为经济要素的集群和农户作为社会实体的集群角度看，改革开放以来，我国农地配置的市场化程度和农户家庭联结的社会化程度均不断提高。一块农地的实际经营者不再固定，一个农户所联结的群体不再固化，农地和农户的流动性越来越强。然而，农地的集体所有权和农户承包权在农地“确权”之后更加清晰，走进村庄的土地经营户或其他农业生产经营主体不得不与村集体和土地承包户发生联结，走出村庄的土地承包户同样不得不与走进村庄的土地经营户或其他农业生产经营主体发生联结，这就产生了土地承包户和土地经营户的多元家庭联结。因此，虽然农地和农户的“颗粒度”更强了，但农户之间仍因农地经营活动而联结在一起，土地制度仍然会影响农户家庭联结的形态。

从土地制度变迁看，农村土地集体化和农业合作化具有很强的政策性，家庭承包责任制的实行同样具有很强的政策性，这两次土地制度改革是国家顺应经济社会发展形势做出的选择。“三权分置”则主要是根据农地实际经营现实状况做出的适应性调整，在一定程度上是政策对社会变迁的背书。从家庭联结形态的变革看，在农业合作化时期，农村土地经营模式由家庭经营向集体经营快速变迁，农户也因此实现了快速合作化，农户因农业集体化而紧密联结在一起。改革开放后，农村土地经营模式由集体经营快速向家庭经营调整，之前高度依赖村庄和土地纽带的农户家庭联结开始随着经济社会的发展逐渐松绑，农户从土地依附中逐渐摆脱出来，农户家庭联结形式越来越多元。

五、“农户＋”多元联结与合约联结

随着我国工业化、市场化、城镇化的发展，农村出现了离土不离乡、离土又离乡和租地进村等多种情况，农户分化成从事农业和不从事农业的农村集体土地承包户，以及耕作自有承包地、在本村租地耕作和跨村租地耕作的土地经营户。这些农户的联结表现出跨区域、跨行业、跨城乡等特点，农户除了彼此之间相互联结外，还与其他农业生产经营主体互相联结，多种新的农户家庭联结方式不断涌现，呈现出“农户+”多元联结形态。

（一）“农户+”多元联结：当前我国农户家庭联结的趋势

农户是农业现代化、工业化、城镇化的重要行动主体，是我国许多地区构建城乡一体化的县域产业体系的重要经营主体①。农户走出村庄，参与到乡镇企业、县域经济、城市工商业等经济领域中。在乡镇企业的多种发展模式中，苏南模式以村办、镇办集体企业为主，浙江模式以家庭经营为主。在家庭经营基础上，浙江形成了“一村一品”“一镇一品”的县域块状产业集群。块状产业集群离不开家家户户的广泛参与，是家庭经营发挥作用的典型模式。可见，在产业集群演化、升级过程中，家庭经营始终是产业链的重要一环②。县域内的块状产业集群是中国工业化的重要形态，丰富了中国式现代化道路的具体内涵。作为块状产业集群的重要组成部分，家庭经营是一个值得深入研究的本土社会现象。在工业生产中，家庭始终是一个独立、理性的经营决策单位，将积累的财富持续投入产业发展中。家庭工业推动中国工业化在基础薄弱的农村迅速发展、不断升级，是中国奇迹的重要精神因素②。

农户走出村庄，融入城市社会空间。随着城镇化的发展，越来越多的农户迁居城镇。这些农户除保留原农村邻里之间的基本联结外，在居住空间上则形成了新的街区邻里联结或商品住宅小区的业主联结。此外，还有大量进城务工人员，他们较少将家庭迁移到工作所在的城镇，相当一部分人员还有家庭成员留守农村老家，这些进城务工人员家庭的原有社会归属性联结纽带得以存续。许多农户虽离土离村，但他们因拥有农村土地权属而与其他农户或其他农业生产经营主体仍然有所联结。不过，在这个过程中，这些农户的家庭联结形态也在变化。本章以空心村和城中村这两类典型村庄为例展开说明。其一，“空心村”的农户向城镇迁移，原有的农户家庭联结受到影响。同一空心村的农户除在少数情况下集体迁居某处外，大多数农户所迁往的居住地是分散的。农户分

---

① 陈锡文．把握农村经济结构、农业经营形式和农村社会形态变迁的脉搏［J］．开放时代，2012（3）：112-115.

王春光．中国社会发展中的社会文化主体性——以40年农村发展和减贫为例［J］．中国社会科学，2019（11）：86-103，206.

② 付伟．中国工业化进程中的家庭经营及其精神动力——以浙江省H市潮镇块状产业集群为例［J］．中国社会科学，2021（4）：146-165，207.

散迁移后，原来维系农户家庭联结的传统乡土社会的邻里关系已经不在。那么，空心村的农户迁移后有哪些新的联结纽带？集体所有的土地仍是联结农户的纽带，但其作用必然逐渐弱化。脱贫攻坚、乡村振兴等的实施为农户家庭联结提供了契机。村“两委”和其他社会组织将发挥中介作用以推动农户家庭联结，虽然空心村的农户家庭联结会因土地、惠农政策、社会组织等的纽带作用而继续维持，但这一现象必然不断减少。其二，“城中村”农民已基本实现就地城镇化，他们与“空心村”农民不同．由邻里关系维系的农户家庭联结依然存在，惠农政策和社会组织等联结纽带同样在发挥作用。“城中村”土地的主要用途发生了转变，土地不再用于农业耕种，而多被用于房地产。村民通常通过组建经济合作组织的方式来经营这些房地产。这种依据村民身份配置股份的合作社，既是村民个人的联结载体，也是农户的联结载体。集体土地基础上的合作经济组织（例如股份经济合作社、经济联社）强化了农户家庭联结。“人口城镇化使得人地关系发生实质性松动，农地对农民的经济重要性下降，农村集体土地的成员权逐渐从侧重于占有和使用等权能的财产权变成侧重于流转和收益等权能的身份财产权。”[①] 对离村离土的农户而言，土地的占有和使用权能的重要性下降，流转和收益权能的重要性则不断上升。

综上所述，随着农村土地制度改革的不断深入，农户相继集结到乡土社会、村集体、大市场中。“三权分置”进一步赋予了农户更多的自由，但农户间的联结纽带也因此开始松动，农户之间形成了土地集群基础上的“农户＋”多元联结形态。农户因工业化和城镇化而不断离土离村，并在非农业领域和非农村区域形成新的集群。农户逐渐分化为两种类型：离土离村不从事农业生产经营的农户和从事农业生产经营的农户。农户既因自身经营土地或者流转土地而与其他农业生产经营主体发生联结，也因自身离村离土融入工商业领域在城市社会空间与其他群体发生联结，农户家庭联结出现了农村集体土地基础上的“农户＋”多元联结的发展趋势，以及工业化和城镇化集群基础上的“农户＋”多元联结发展趋势。在这两种趋势下，农户家庭联结面临一些困境。一方面，尽管对农地联结基础上的各种农业生产经营组织形式均有相关制度加以规范，但是，这些制度侧重于规范农地权属，较少规范农户与农户之间的权利义务关系，也没能系统调整农户与其他生产经营主体之间的权利义务关系，这使得组

① 刘守英．农村土地制度改革：从家庭联产承包责任制到三权分置［J］．经济研究，2022（2）：18－26.

织农户集约化流转土地、组织农户参与市场竞争缺乏系统的规范。另一方面，农户集群到工业领域和城镇区域之后，难以平等享受与城镇居民同等的公共服务，这些农户在逻辑上只能逐渐融入工商业系统和城市社会。两种趋势交织在一起，构成当前我国农户家庭联结的现实图景。

总之，农户家庭联结的深层基础并没有变，这个基础就是乡土社会中的村庄以及当前我国农村的土地集体所有制。家庭承包责任制及其基础上的“三权分置”将农户从依赖村集体和依附土地的状态中释放出来，农户不再局限于乡土社会空间内部。但是，农户在摆脱土地依附后，又进入“农户＋”的多元联结形态中。农户之所以为农户，其前提条件就是拥有农村集体土地的某项权利（承包权或经营权）。家庭承包责任制及其基础上的“三权分置”制度将农户从依赖村集体和依附土地的状态中摆脱出来，农户不再局限于乡土社会空间、不再依附于农村土地，土地也不再局限于只由其所在村集体的农户来经营。在摆脱土地依附后，农户进入“农户＋”多元联结形态中。那么，如何统合“农户＋”多元联结形态？如何实现系统化联结和制度化联结？实践经验没有给出这些问题的具体答案，因而必须通过理论分析来寻找。

（二）合约联结：中国农户多元联结形态的共性特征

解决农户多元联结后的统合问题，首先需要找到统合的基础。寻找统合基础，就要厘清各种农户家庭联结形态之间的相互影响和相互作用关系，厘清普遍关系，明确共性特征。只有认识清楚事物之间的共性，才能把握矛盾，找到统合的基础。那么，“农户＋”多元联结形态是否具有共性特征？如果有，共性特征到底是什么？共性特征是否具有统合“农户＋”多元联结形态的可能？不同土地制度下有不同的农户家庭联结形态。虽然当前的家庭联结形态复杂多样，但仍然有迹可循，一些联结脉络便渗透于各种联结形态之中，其中之一就是“合约”。那么，将农户家庭联结起来的“合约”到底是什么？通过梳理文献发现，合约研究主要集中在经济学领域，大概形成了两大视角。

第一，将国家政治制度和政策规范视为“合约”。有研究认为，“三提五统”可以视作乡、村两级组织与农民之间的费用合约。因此，无论是农业合作化还是家庭承包责任制，都可以从合约角度去分析。而且，随着土地制度的变迁，签约主体以及合约结构也会发生相应的变动①。另有研究指出，在“地方政府—村社集体—农户”阶梯形农地合约结构下，土地承包户流转土地经营权

① 徐宝亮，邓宏图．农地制度变迁的机理与合约分析：生产队制和家庭联产承包责任制［J］. 华中农业大学学报（社会科学版），2018（5）：110－118，166.

的利益得以实现，农地经营权得到保障，农业绩效得以提升①。这类研究将规制农户及多元主体之间关系的制度规范视为合约。

第二，将“合约”视为市场主体之间的私人协议。这些合约主要是私人之间签订的，例如土地流转合约、农产品订单合约等。以“公司＋农户”为例，在这一模式中，公司和农户双方订立购销合同，由公司将分散的农户组织起来。以此为基础所形成的新型生产经营模式，实际上就是以公司为中心、通过合约将多个家庭组织起来的联结模式。“农业龙头企业＋农户”模式中的订单合约便属于这类私人协议②③。

不同农户的缔约方式有所差别。农户进城务工后，被整合到城市生活和工作的诸多群体中。这些农户家庭联结的实现，主要通过国家规制性联结和市场协议性联结两种方式。自己经营承包地的农户主要通过“农民专业合作社”“股份经济合作社”“公司＋农户”“订单农业”等中间环节联结在一起，农户与中间环节主体签订的协议主要是私人协议。土地经营户的家庭联结主要受市场机制调节，一方面，他们要与土地承包户签订土地流转协议，进而成为土地承包户之间家庭联结的中间环节；另一方面，他们通过签订农产品订单合约等方式，与规模更大的农业生产经营主体形成联结。

总之，将农户家庭联结起来的“合约”既可以是私人之间订立的合同，也可以是国家法规政策制度。农户家庭联结形式可概括为以下类型：农村邻里关系联结、农村土地制度联结、农业经济合作联结、农村公共服务联结、农村公共治理联结、农村社会组织联结。然而，无论是哪种形态，农户都经由各类合约达成联结关系。上文提及的各种农户家庭联结模式，均内含“合约”因素。通常情况下，这些由合约联结起来的农户彼此拥有非常相近或对等的权利和义务。笔者将这种通过“合约”方式形成的家庭联结定义为“家庭联结合约制”。家庭联结合约制是指家庭之间或者家庭与处于平等地位的自然人和法人等主体，通过签订协议确定权利义务关系的制度形式。

六、家庭联结合约制与制度创新路径

“家庭联结合约制”有何理论和实践价值？在土地制度变革时期，从农业

① 刘守英，颜嘉楠，冀县卿．集体地权制度下农地合约选择与经营体制变迁——松江集体村社型家庭农场的案例分析［J］．中国农村经济，2021（2）：19－41．

② 聂辉华．契约不完全一定导致投资无效率吗？——一个带有不对称信息的敲竹杠模型［J］．经济研究，2008（2）：132－143．

③ 黄梦思，孙剑．复合治理“挤出效应”对农产品营销渠道绩效的影响——以“农业龙头企业＋农户”模式为例［J］．中国农村经济（4）：17－30，54．

集体化到“三权分置”，在农村土地集体所有权基础上衍生出承包权和经营权，作为生产要素的土地的流动性越来越强。家庭农场、家庭承包经营均以“家庭”为经营单位，这类农户又在土地纽带下形成了多种联结形态。“三权分置”虽然顺应了家庭联结的多元化发展形势，但是并没有为多元家庭联结与海量户际合约提供制度规范。

改革开放以来，许多农户集群到城市社区生活。农户在离土离乡后，既需要理顺原农村农户之间因土地关系所形成的家庭联结关系，又需要理顺在新居住地形成的新的家庭联结关系。当前，近3亿外出务工人员进城[①]。在如此规模的农民逐渐向城市集群的背景下，没有理由不对数量庞大的农村土地承包户、农业经营户彼此之间的联结关系以及相应的权利义务关系进行系统的规范和调整。例如，到底将农村土地流转补贴发放给转出土地的承包户，还是发放给转入土地的经营户？这不仅会影响农地的收益分配情况，还会影响补贴效果(张建等，2017)[②]。从国家相关制度建设情况看，当前大量针对“农户+”多元联结模式的政策都是在被动适应社会变迁，往往是作为制度补丁不断被提出来，比较零散，与实践需要相比相对滞后。因此，从现实需要和政策优化角度看，亟须出台制度来战略性、系统性、全局性地调整和规范农业产业集群中农户家庭联结主体的权利义务关系。

那么，如何创新农户家庭联结的制度？如前所述，“农户+”多元联结形态均包含“合约”因素。这些合约既包括国家的正式制度规范，也包括市场组织和社会组织中各种主体同家庭签订的协议。虽然这些合约非常分散，但将其统合起来的可能线索就是本章所发现的“家庭联结合约制”。本章认为，“家庭联结合约制”可作为规范调整多元农户家庭联结关系中农户与其他主体之间权利义务关系的制度创新路径。笔者认为，创新“家庭联结合约制”需要以家庭为视角充分考察家庭所面临的处境：**第一**，家庭联结合约制作为新选择，是推进农业农村现代化的路径选择，是改革开放40多年来农村经济社会发展形势所趋。在信息化背景下，打通跨区域、跨城乡、跨领域、跨产业的家庭联结合作通道，既有必要性，也有可能性。**第二**，当前的多元农户家庭联结模式以组织联结为主，但企业组织联结和社会组织联结相互分离，城市社区和工厂企业联结与乡村土地联结相

① 杨梦帆．全国1亿多各类市场主体承载近3亿农民工就业［N］．农民日报，2021-09-07.

② 张建，冯淑怡，诸培新．政府干预农地流转市场会加剧农村内部收入差距吗？——基于江苏省四个县的调研［J］．公共管理学报，2017（1）：104-116，159.

互分离，由此导致规范和调整各种联结主体之间的权利义务关系的政策制度碎片化，难以适应新时代经济社会发展和农村治理现代化的需要。**第三**，家庭联结合约制的制度建设方案，需要将家庭的发展提升到国家经济社会改革发展的战略高度；需要以当前税制改革和鼓励生育政策为契机，强化家庭在经济和社会发展中的主体地位；需要梳理和分析改革开放 40 多年来经济社会制度建设中有关家庭联结的模式，用家庭联结合约制全部进行整合；需要充分整合以家庭为单位的其他经济社会发展政策，充分发挥“以人民为中心的发展”思想的潜功能，积极利用财政政策促进家庭发展和家庭联结，确保每个家庭在经济发展和社会保障两方面均有签约机会和合约保障。**第四**，可以预期，家庭联结合约制将有利于促进构建以家庭为中心的经济组织发展模式和社会保障体系，强化家庭互助和家庭社会责任，调动家庭成员积极性，激发社会活力。

本章重点分析的是农村土地经营过程中和农业经济活动中发生的农户家庭联结。那么，“家庭联结合约制”能否作为当前农业生产经营组织形式的创新方案？如果以之为创新方案，又当如何实践？

从逻辑看，答案是肯定的。因为“家庭联结合约制”是中国农业生产经营组织的基本形式，小农经济、农业合作化、家庭承包制等都以农户为基本单位，都是农户家庭联结形态的表达。由此衍生出的问题是：千万个农户与其他农业生产经营主体如何组织起来？对此，笔者认为需要转换思考方式，从农村土地集群和农业产业集群转换到农户集群。农村土地集群和农业产业集群通常关注农业生产要素（例如土地、劳动力、资本等）的集合形态，农户集群考察的则是农户之间以及农户与其他农业生产经营主体之间的联结过程与关系网络。从逻辑上看，应在农户集群基础上构建农业产业集群，即在将农业生产经营主体有效组织起来的基础上安排生产要素的组织形式。因此，从理论推演看，本章认为“家庭联结合约制”是可行的。

从形势看，伴随“农户＋”多元联结趋势的出现，农地流转从村社内部熟人之间的流转向非熟人之间的市场化流转转变。从法律社会学角度看，熟人之间的交易更倾向于诉诸非正式社会规范，陌生人之间的交易则更倾向于诉诸正式社会规范。那么，国家如何应对这种转变趋势？随着农户家庭联结形态的多元化以及联结方式的日趋“合约化”，国家必然要规范管理联结主体之间的合约关系。围绕土地权益所形成的有关农户之间的契约化联结，本质上表达的就是家庭之间彼此联结的合约过程。耿鹏鹏和罗必良的研究认为，农村治理样态发生了变化，由亲缘、地缘所维系的“关系型”传统乡村治理秩序正在向契约化、正式化、法制化的“契约型”现代村庄治理体系转变。[①] 可见，逐渐以合约方式调整乡村社会秩序是形势所趋，“家庭联结合约制”则顺应了这种趋势。

从实践看，可以从“土地承包户”和“土地经营户”两类农户入手，将联结这两类农户的农业生产经营组织方式及其相关制度规范进行合并立法或立法协调，以便系统调整两类农户及其相关主体的行为规范和权利义务关系。例如，可以对现有联结多个土地承包户或土地经营户的股份经济合作社、农民专业合作社、“公司＋农户”、家庭农场等多元农户生产经营组织模式的有关规定进行合并立法或立法协调。当前，推进工作可从两方面开始：**其一**，围绕国家大政方针和农业农村实际情况，明确农业生产经营目标，甄别清楚哪些农户家庭联结模式应该阻断、哪些应该维持、哪些应该创新，进而描绘出农业生产经营组织的蓝图。**其二**，进行区域试点，先试点后推广，具体试点内容要从农户家庭联结角度出发，整合“农户＋”相关农业生产经营组织形式中的各项制度规范，以便形成更加宏观的调整农户家庭联结中各主体权利义务关系的制度文本。

如图 6－2 所示，中华人民共和国成立以来，随着工业化、市场化、城镇化的不断发展，农村土地制度经历了三次重大改革，农地和农户流动性不断加强，土地承包户离土离村和土地经营户租地进村现象同时发生，集结土地承包户和经营户的农户家庭联结模式不断创新，“农户＋”多元联结趋势越发明显。从“民—群”视角看，三次重大土地制度改革均蕴含着集群和分群逻辑，农业集体化促成农户之间的规制性联结，但农户通过包产到户方式实现单干的愿望始终存在。最终，家庭承包责任制顺应了农户的单干意愿，农户从土地依附中被释放出来，并很快参与到市场经济活动中。然而，小农户与大市场之间始终存在矛盾，为应对这一矛盾，将农户组织起来的制度和政策纷纷出台。农户在工业化和城镇化进程中离土离乡不断集聚到工业领域和城镇区域，多地出现农地撂荒和空心村现象，对此，国家适时出台“三权分置”制度，土地承包经营权被进一步细分为承包权和经营权。这一制度促进了土地经营户和其他农业生产经营主体进村租地，促使农地集聚了更加多元的农业生产经营主体。在土地承包户离土离村和土地经营户租地进村背景下，农村出现了“农户＋”多元联结形态。虽然“三权分置”制度回应了土地集群问题，但没能回应农户分群现状和农户集群需要。在农户多元联结后，如何将各种“农户＋”联结形态及其相关法律制度统合起来，成为现实问题。本章提供的解决方案是：顺应社会发

① 耿鹏鹏，罗必良．农地确权是否推进了乡村治理的现代化？[J]．管理世界，2022（12）：59－76.

展趋势，在农户家庭联结的共性特征（合约性）基础上，创新家庭联结合约制，从而解决“三权分置”制度留下的“农户怎么办”问题和农户统合问题。

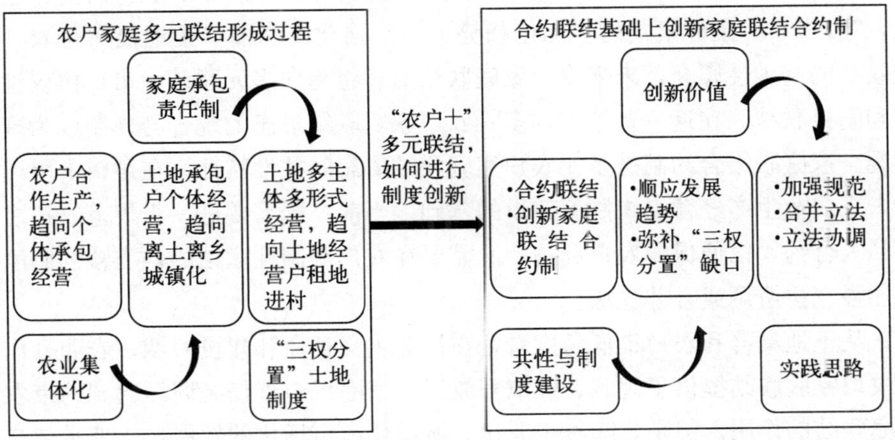

图 6-2　中国农户家庭联结形态变迁与家庭联结合约制创新思路

本章是从“民—群”视角研究农户集群现象的一次尝试。通过建立考察农户家庭联结现象的分析框架，本章研究了中华人民共和国成立后农村土地制度改革过程中的农户家庭联结形态。研究发现：土地是农户家庭联结的基础。随着土地制度的变革，农户家庭联结形态也不断变化。农业集体化时期，农户在生产资料和生活资料方面不断加强合作，农户家庭联结形态主要为国家规制性联结，所形成的户际关系以正式户际关系为主，但这一时期出现了农地家庭经营的现实要求。改革开放后，国家顺应历史趋势，实施家庭承包责任制，农户生产经营自由度和自主性大大提升，农户家庭联结出现了土地集体所有制基础上的土地分户承包和共担责任的联结维度，并因此形成了农户间的公共治理联结。不过，家庭承包制下的小农户在大市场环境下仍处于弱势地位，各种将农户有效组织起来的联结方式纷纷出现。随着城镇化和工业化的发展，农户不断离土离村。党的十八大之后，国家顺应历史趋势，制定“三权分置”制度，农户摆脱土地依附，土地经营户租地进村，农户家庭联结形式更加多元。此时，农户之间的间接联结程度有所加强，并成为新的发展趋势。

命题：农户家庭联结在三次土地制度改革中均服从“名分使群”逻辑，始终包含集群和分群两种力量。

将小农户组织起来以应对大市场，始终受到农户集群和土地集群中的“统”和“分”两股力量的作用。农业集体化运动促成了农户集群，但农户单干的分群趋势始终存在。包干到户促成了村集体的分群，但因小农户难以应对大市场，又产生了大量的“农户＋”集群。然而，这样的“农户＋”集群模式是多元的，农地流转和农户流动的趋势进一步加强。为解决农地利用问题，国家实施了“三权分置”制度，土地承包经营权被进一步细分为承包权和经营权，“农户＋”集群模式的多元化趋势进一步强化。当前，土地仍然是农户家庭联结的基础性媒介，未来农户家庭联结形态将趋向多元联结、市场协议性联结和间接联结。在这一背景下，多元农户家庭联结形态的统合与规制成为现实问题。家庭联结合约制是多元农户家庭联结形态的共性特征，在逻辑上可以成为未来农业生产经营组织制度建设的基础。当前，既需要进一步规范农户之间的私人合约，以便保障农户利益，又需要在农户规制性联结的各类合约制度方面加强立法协调或合并立法。

从土地集群和农户集群角度看，在社会主义革命和建设时期，农业合作化为农户家庭联结提供了规制。改革开放后，家庭承包责任制同样起到约束农户家庭联结的作用。但是，随着工业化、城镇化和市场化的发展，土地承包户离村与多元土地经营主体进村现象不断产生，并出现了多元农户家庭联结形态。如何将各种“农户＋”联结形态及其相关法律制度统合起来，成为现实问题。从农户视角看，这是一个相对于“地怎么种”而言的“农户怎么办”问题。为此，本章提出了“家庭联结合约制”，并将其作为解决现实问题的可能路径。

命题：制度表达为调整社会行为和权利义务关系的“导民”规范，本质上是集群形态的制度化形式。

制度的基础是名分，制度是“民表象”基础上形成的集群分群形态的结构形式，具有相对稳定性。但是，所有制度化的集群分群形态，都受名分使群效应作用，会不断发生变化。比如，当所有家庭都分田到户之后，所有家庭都拥有土地承包权，当制度化的家庭联产承包责任制对农户家庭的分群效应充分实现时，其集群分析效应也就到头了，农户家庭要有区分，必然要迎接新的“名分”，从而形成新的集群分群形态。正因为如此，人类历史产生了无数集群分群形态。

第七章　社会参与中的集群与分群[①]

无数的集群分群形态是否具有某种形式结构呢？本章笔者提出“社会参与层次”模型作为人类社会集群分群的形式结构。

柯林斯对此提出两个问题：[②] 人群在多大程度上聚集起来？聚集有多频繁和持久？霍布斯对利维坦的设计、马克思对无产阶级动员的倡导、涂尔干对社会团结模式的辨析、勒庞对乌合之众的发现、奥尔森对集体行动逻辑的分析、哈贝马斯对世界公民理论的呼吁等，无不涉及柯林斯提到的两个问题，即普通大众集群现象。2016 年笔者带团队对广州市某社区进行调研，意外发现了大众集群的一种模式——大众集群遵循“空间参与—活动参与—组织参与—政治参与”梯次展开的参与层次模式，本书将其定义为“社会参与层次”。[③] 社会参与是集群的表征。本章将分析该发现及相关理论思考，为认识大众如何集结成群现象提供一种思路。

一、社会参与问题及其理论探究

社会参与是社会学、政治学等社会科学的一个传统研究课题。学术界为了定义该现象，形成了许多概念，如社会参与、群众参与、公民参与、市民参与、社区参与、工厂参与、公共参与、大众参与等。这些概念虽有不少差别，但具有家族相似性，均为表象集群现象。本章所述社会参与，范围包含这些概念。笔者据此梳理文献发现，社会参与研究的学术问题主要有三个：人们到底参与了什么，人们参与程度如何，人们为什么会参与。

---

① 陈玉生．“民—群”视角下的社会参与层次：社区公共活动场所的集群效应研究［J］．社会科学，2020（12）．

② 兰德尔·柯林斯．互动仪式链［M］．北京：商务印书馆，2009：13．

③ 王权典，陈玉生，杜金沛等．城镇化进程中村社改制模式与法治实践探索——基于广州实证考察［M］．北京：法律出版社，2020：153．

1. 参与什么

随着近现代国家的创制，公民权利的行使备受关注，公民的政治参与总体而言随时代发展不断扩大。针对这种趋势，古德诺强调“政治—行政”二分，主张“公民参与是政治领域的适当范畴，应该远离职能化行政官员”。但是，这并不能真正妨碍人们更加深入、广泛地参与到国家治理生活中。1960 年，阿诺德·考夫曼首次提出“参与式民主”概念，在某种程度上拓展了民主范畴对公民政治生活的覆盖范围。随后，卡罗尔·佩特曼出版《参与和民主理论》，标志着参与式民主理论形成，参与研究也拓展到社区治理、工作场所和校园学生运动等领域。[①] 到 20 世纪 90 年代，治理理论兴起，参与式治理逐渐被学界运用[②]；当前，群众参与已成为政策目标和治理模式甚至全球治理战略的重要组成部分。[③~⑥]朱德米[⑦]概括指出，西方 20 世纪群众“参与什么”经历了以选举为主的政治参与、非制度化的社会运动参与、制度化的公共政策制定参与三个阶段。但从深层逻辑看，社会参与研究存在以下两个特征。

特征 1：政治参与是早期社会参与的主要研究主题，随着时代发展，社会参与研究主题越来越广泛，包括治理参与、工厂参与、社区参与等（主题上的扩散）。

特征 2：政治参与研究并没有因为社会参与研究主题扩散而边缘化，反而始终是其他领域参与研究的理论收敛焦点。社会参与研究形成了向下不断拓展而向上不断收敛的趋势，但并未形成向下收敛的奠基之处（价值上的收敛）。

为什么会出现这两个特征？第一，这两者并非互不关联，而是逻辑一致地共同反映了西方社会参与理论的关怀。学术和政治的关系犹如福柯所述知识—权力的关系，学者们有意无意地将居民各种社会参与转译为政治参与并非偶然。这不难理解。第二，从科学革命的逻辑或知识的布展看，政治参与仍旧具有范式的号召力，这种号召力是因为政治参与与近现代国家建制具有同构效

---

① 佩特曼．参与和民主理论［M］．上海：上海人民出版社，2006.

② 陈剩勇，赵光勇．“参与式治理”研究述评［J］．教学与研究，2009（8）.
张康之．论参与治理、社会自治与合作治理［J］．行政论坛，2008（6）.

③ 阿兰纳·伯兰德，朱健刚．公众参与与社区公共空间的生产——对绿色社区建设的个案研究［J］．社会学研究，2007（4）.

④ Wong L，Poon B. From Serving Neighbors to Recontrolling Urban Society：The Transformation of China's Community Policy［J］. China Information，2015XIX（3）.

⑤ Williams G. Evaluating Participatory Development：Tyranny，Power，and（re）Politicization［J］. Third World Quarterly，2004，25（3）.

⑥ Li T. Neo - Liberal Strategies of Government Through Community：The Social Development Program of the World Bank in Indonesia［J］. NYUIILJ Working Paper，2006（2）.

⑦ 朱德米．公共政策制定与公民参与研究［M］．上海：同济大学出版社，2014：7 - 8.

应，即政治参与就是国家运作的逻辑。下文我们将看到，日常生活中的“际遇”都蕴含着政治参与的线索和痕迹。

2. 参与程度如何

为了评估社会参与的程度，人们建立了很多分析框架和评估模型。比如，Milbrath[①]区分了较低程度参与（如投票—旁观者的活动）、中等程度参与（如参加政治集会—过渡的活动）、高程度参与（如从事竞选—斗士的活动）三种选举参与类型；米尔·布拉斯和戈尔[②]将参与行为分成“活动的”“消极支持的”“冷淡的”三大类；斯诺等人区分了“媒介性渠道—面对面渠道”“私人渠道—公共渠道”两类参与；斯托克[③]建立了分析影响居民参与因素的参与式治理的CLEAR模型，指出主要包括五个方面的因素，即：能够做（can do）、自愿做（like to）、使能够做（enabled to）、被邀请做（ask to）和作为回应去做（responded to）；Sherry. R. Arnstein[④]提出了包含切实性政治参与、象征性政治参与、不参与三个层次的八种公民参与模式的阶梯理论。

这些对社会参与程度类型化的理论，普遍期望群众参与“由虚到实、由低到高、由浅到深”不断提升。遗憾的是，社会参与热情并不明显，参与不足几乎是全世界的普遍现象。俞可平认为公民要么没有参与热情，要么有很高的参与热情和需求，但缺乏畅通的参与渠道；洪大用[⑤]提出中国环境社会学应重视公众参与类型和过程的研究；另有研究指认一些社区参与是“自上而下建构”的参与，“表演性参与”“参与趋向于个体化”。[⑥~⑧]国内外学者普遍担忧社会参与不足，希望通过在基层社区、工作场所和地方政治中广泛、深入地参与，培养政治能力和兴趣，进而为更高层次乃至国家层次的参与做好准备。[⑨]由此，我们可以归纳出社会参与研究的第三个特征。

---

① Milbrath. Political Participation [M]. Chicago：Ran Mc Nally，1965：17 - 22.

肖唐镖，易申波．当代我国大陆公民政治参与的变迁与类型学特点——基于2002与2011年两波全国抽样调查的分析 [J]. 政治学研究，2016 (5).

② Milbrath，Goel. Political Participation：How and Why People Get Involved in Politics? [M]. Chicago：Rand Mc Nally，1977：10 - 21.

③ 格里·斯托克．新地方主义、参与及网络化社区治理 [J]. 国家行政学院学报，2006 (3).

④ Sherry. R. Arnstein. A Ladder of Citizen Participation [J]. Journal of the American Institute of Planners，1969 (4).

⑤ 洪大用．环境社会学的研究与反思 [J]. 思想战线，2014 (4).

⑥ 阿兰纳·伯兰德，朱健刚．公众参与与社区公共空间的生产——对绿色社区建设的个案研究 [J]. 社会学研究，2007.

⑦ 杨敏．公民参与、群众参与与社区参与 [J]. 社会，2005 (5).

⑧ 陈福平．强市场中的“弱参与”：一个公民社会的考察路径 [J]. 社会学研究，2013 (6).

⑨ 陈尧．西方参与式民主：理论逻辑与限度 [J]. 政治学研究，2014 (3).

特征3：对社会参与（意愿）程度的研究主要采取分层的结构性描述（描述上的分层）。

3. 为什么参与

Skocpol，Theda 与 Morris P. Fiorina 主编的《美国民主的公民参与》① 概括了三种解释公民参与行为的理论模式：社会资本理论（代表人物为普特南）、理性选择理论（代表人物为菲奥里纳）、历史制度主义理论（代表人物为斯科克波）。笔者基本赞同这种分类，但进一步修正梳理如下。

第一，个体视角下的经济社会模式或理性选择理论。该视角关注个体的收入、能力、地位、性别等社会属性，以及认知、兴趣、效能感、满意度、归属感、信仰等心理属性对社会参与的预测作用。比如，效能感解释模式认为政治效能感与社会参与呈正相关关系②，然而，Mitchell A. Seligson③ 认为效能感只能够预测制度化参与，不能预测动员参与。此外，研究表明，参与行为能提高参与能力和公民意识，激发个人参与潜力，政策精英面对面商谈有利于提高对政府的信任，富裕的社会拥有更多公民社会特性④，共同身份和角色促成共同信仰和行动⑤，（宗教）信仰具有预测参与的效应⑥，等等。

第二，关系视角下的社会资本理论。Bourdieu 和 Coleman 的社会资本理论被引入参与研究领域。Robert Putnam⑦ 强调信任、规范、网络及社团参与对社会合作、社会行动及政治参与的促进作用。该视角主张，参与不是社团组织动员的结果，而是人际关系网络起关键作用；社会成员的强联系能形成基于非正式社会网络的身份认同，从而推动参与。例如，Light 论证了个体之间的接触会增加信任，Edward T. Walker⑧ 论证了非正式自愿组织参与是正式组织

① Skocpol，Theda，Morris P Fiorina. Civic Engagement in American Democracy [M]. New York：Russell Sage Foundation，1999.

② 王丽萍，方然．参与还是不参与：中国公民政治参与的社会心理分析——基于一项调查的考察与分析 [J]. 政治学研究，2010 (2).

胡荣．中国人的政治效能感、政治参与和警察信任 [J]. 社会学研究，2015 (1).

③ Mitchell A Seligson. Trust，Efficacy and Modes of Political Participation：A Study of Costa Rican Peasants [J]. British Journal of Political Science，1980，10 (1)：75-98.

④ 陈福平．强市场中的“弱参与”：一个公民社会的考察路径 [J]. 社会学研究，2013 (6).

⑤ Ryan Light. Like strangers we trust：Identity and generic affiliation networks [J]. Social Science Research，2015 (51)：132-144.

⑥ 刘长喜，陈心想．排他性与联通性：社会参与对普遍信任的影响 [J]. 社会学评论，2017 (5).

⑦ Putnam R D. The prosperous community：social capital and public life [J]. the American prospect，1993 (13)：35-36.

⑧ Edward T Walker. Contingent Pathways from Joiner to Activist：The Indirect Effect of Participation in Voluntary Associations on Civic Engagement [J]. Sociological Forum，2008，23 (3).

参与的基础。国内胡荣等人引入和发展了社会资本理论视角下的社会参与研究。[①~④]不过，这种自下而上的参与理论模式受到批评，“社会资本”或“信任”被认为是难以捉摸的概念，很难与可观察的现实联系起来。但不可否认，该视角以“公民参与和社团活动是公民社会的基础”为价值取向[⑤]，不断探索社会关系、参与社团活动频率、个体间的接触、组织成员多元化、个体和组织的联通性、组织与外界联通性等日常生活范畴对社会参与的预测可能，将民主政治参与研究的视阈不断往社会底蕴拓展。

第三，结构视角下的制度化（动员）模式。该模式强调制度在塑造公民行为时发挥了重要作用。[⑥⑦] 其中，①行政动员理论指出，政治体制向基层渗透，重构了城乡行政的神经末梢，居民参与到社区事务中实际上是被体制内的力量动员的结果。②资源动员理论指出，“运动企业家”往往通过社团组织来动员和招募参与者，因而，社会运动参与都是高度组织化和制度化的政治行为的产物，而不是组织薄弱的非制度化的集体行动。③生命历程制度化理论指出，“人的一生是由规范的、法律的或组织的规则所界定和编制的过程”，年轻人和老年人的参与度低，四五十岁的中年人的参与度达到高峰。④政治合法性理论指出，参与行为会使参与者更了解政治决策的过程，提升对政治制度、价值、规范的认识，从而更能接受行政结果和提高政治满意度。

综上文献梳理发现，相对于“参与什么”和“参与程度”，学者们在“为什么参与”方面倾注了更多的注意力。人们采取不同的视角和分析方法，发掘社会参与逻辑、机制、策略和结构特征，并形成了诸多解释模式，甚至得出截然相反的理论命题。由此，可归纳社会参与研究的第四、第五个特征。

特征 4：许多理论研究的志趣在于找到政治参与行为的更为深层的解释机制，并不断向日常生活领域寻找原因，目前最极端的解释莫过于日常接触（解释上的扩散）。

---

① 胡荣．社会资本与中国农村居民的地域性自主参与——影响村民在村级选举中参与的各因素分析 [J]．社会学研究，2006（2）．

② 孙昕，徐志刚，陶然等．政治信任、社会资本和村民选举参与——基于全国代表性样本调查的实证分析 [J]．社会学研究，2007（4）．

③ 孙秀林．城市移民的政治参与：一个社会网络的分析视角 [J]．社会，2010（1）．

④ 龚文娟．环境风险沟通中的公众参与和系统信任 [J]．社会学研究，2016（3）．

⑤ 陈福平．强市场中的“弱参与”：一个公民社会的考察路径 [J]．社会学研究，2013（6）．

⑥ Skocpol Theda，Morris P. Civic Engagement in American Democracy [M]. New York：Russell Sage Foundation，1999.

⑦ Tarrow，Sidney. Social Movements in Contentious Politics：A Review Article [J]. American Political Science Review，1996，90（4）.

特征 5：理论上不断向日常生活领域寻找“为什么参与”的解释机制，构建接触、关系、联通等理论范式，但几乎所有论断都受到理论挑战（解释上的挑战）。

为何如此？总体而言，社会参与研究采取社会个体的社会行动的视角，将参与视为某种个体行为，从而追问个体参与了什么、参与程度如何、为何参与等。本章开篇提及，普通大众采取集群行动，参与和聚集到某些活动中，社会参与本质上表征的是群的生成机制。倘若我们转换视角，不追问“为什么参与”，而是追问“群是怎么形成的”，就能较好地理解上述诸多社会参与理论的特征及其命题间的矛盾处。

从群的角度看，上述理论可能对某些群的形成过程更具解释力，而对另一些群的形成过程更不具有解释力。比如，社会动员理论可能更能解释战争参与，因为战争的集群距离日常生活体验较远而需要快速的意识灌输和行为整合；效能感理论可能更能解释志愿参与，因为志愿活动的集群既不能强制又缺乏经济利益激励，解释机制转换到社会心理范畴就很自然。当学者研究的集群是熟人之间的集结时，自然会引导人们关注社会资本，当研究的集群关注群体社会结构特征时，自然会在性别、教育、收入、年龄等方面有所体现。很可能，社会参与行为的原因解释与其说是因果机制，不如说是表征了不同群的不同集结方式。这个观点我们在下文经验分析中会更详细地讨论。

4. 社会参与的基础与分析模型

民主政治参与既是西方参与研究的传统优势，也是瓶颈。西方参与研究在价值取向上始终向民主政治参与回溯和收敛，没法突破（参与什么）传统；在理论上则不断向日常生活领域寻找参与行为的解释机制，构建接触、关系、联通等理论范式。比如，Edward T. Walker 论证了非正式自愿组织参与是正式组织参与的基础[①]。但几乎所有（为什么参与）论断都受到理论挑战。

国内参与研究既无传统优势，理论挑战也少，但理论渊源更复杂，对研究者提出更高的要求并稀释了理论积累势能。目前，国内参与研究形成了学科上以政治学、社会学为主，理论上以西方参与理论范式研究、民国时期关于国民性的研究及改革开放后社会运动（社会动员）研究、马克思主义民主政治参与理论研究等多元理论范式融合的研究态势。自中央提出“社会协同、居民参

① Edward T Walker. Contingent Pathways from Joiner to Activist: The Indirect Effect of Participation in Voluntary Associations on Civic Engagement [J]. Sociological Forum, Vol. 23, No. 1, March 2008.

与”社会治理大政方针以来，社会治理参与研究传统初步形成。但是，地方治理中的群众参与形式化、虚化和碎片化现象严重，扩大群众有序参与没有取得明显进展和突破[①②]，既有研究难以为“制度化治理参与”的实践提供足够的理论支撑。

笔者认为，当前社会参与研究面临三大研究难题。

① 研究取向导致的困境：民主政治参与研究传统限制了研究者的视阈，但凡民众参与都纳入政治参与框架下分析，几乎将任何集群现象都作为政治现象。

② 研究路径导致的困境：根据上述内容可知，社会参与研究进路是从研究离人们日常生活更远的政治民主参与到研究贴近人们日常生活的治理参与、社区参与推进的。这种研究进路与社会参与行为解释模式的演变结合在一起，导致研究什么对象就产生相匹配的解释模式，最终结果必然是理论上的复杂多元和弥散无序。

③ 解释逻辑上的困境：随着现实中群众社会参与越来越广泛、越来越深入，社会参与程度跟不上现实需求，导致社会参与评估倾向于认定为参与不足。同时，研究取向上仍然停留在民主政治参与方面，导致那些与普通群众日常生活非常贴近的社会参与都诉诸民主政治范畴，并在解释上能从中发现政治参与的线索。最终结果必然导致任何日常生活都置于政治权力关照之下。

综上所述，社会参与理论根本困境在于“价值取向上向政治参与收敛”和“解释维度上向生活领域扩散”。如何走出上述研究困境？笔者以为，一是需要采取逆向思维，针对当前西方社会参与研究不断向上收敛到政治参与范畴这种取向，探索和确立社会参与向下收敛的基础。那么，社会参与向下收敛的基础是什么？二是需要采用整体分析及现象学思维，既要先对当前复杂多元的社会参与理论悬而不论，又要将社会参与安置到更大的解释框架中，提出一个覆盖性强的理论解释机制。那么，这个覆盖性的解释机制是什么呢？

二、社会参与层次与空间参与假说

对上述问题，2016 年 3—4 月，笔者带团队对广州市某社区进行调查后，在整理资料过程中，初步发现社会参与向下收敛于空间参与，并服从“空间参与—活动参与—组织参与—政治参与”梯次展开的逻辑。具体发现过程如下。

① 张紧跟．公民参与地方治理的制度优化［J］．政治学研究，2017（6）．

② 张紧跟．参与式治理：地方政府治理体系创新的趋［J］．中国人民大学学报，2014（6）．

研究团队设计了《某社区居民参与状况调查问卷》，对居民社会参与情况进行调查。其中有一道多选题：您参加过社区下列哪些活动（可多选）：①政治活动，如选举，②社区文化娱乐活动，③社区管理活动，④社区公益活动，⑤社区内邻里之间的互动。统计结果如图 7-1 所示。研究团队分析指出，大部分居民参与过邻里互助活动和文化娱乐活动，而社区政治活动和管理活动参与较少。对居民社区活动参与状况进行分析可知，社区活动类型参与度从高到低排序依次为：社区内邻里之间的互动、社区文化娱乐活动、社区公益活动、社区管理活动、社区的政治活动。

于是，笔者将图 7-1 调整如图 7-2 所示，统计数据分布非常直观地形成金字塔形，邻里互动、文化娱乐活动、社区公益活动、社区管理活动到政治活动的参与度不断收敛。那么，这种收敛只是此次调查的偶然结果呢，还是具有一般性意义呢？

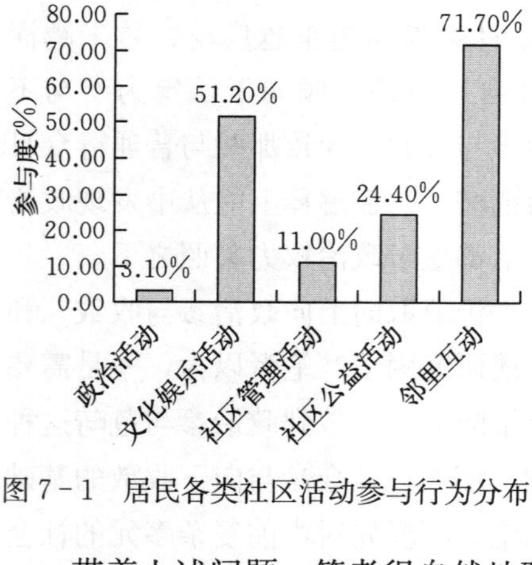

图 7-1　居民各类社区活动参与行为分布

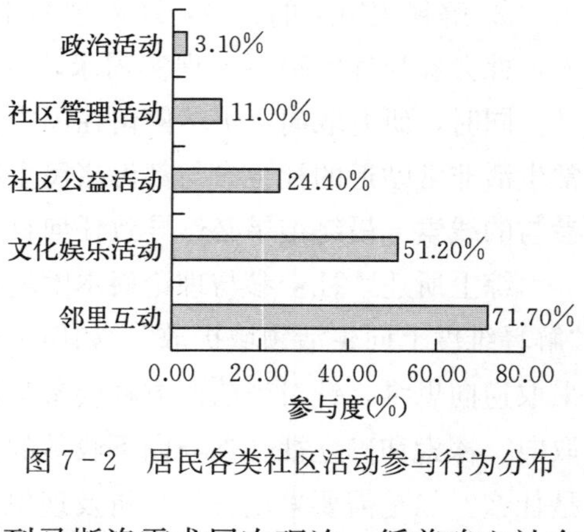

图 7-2　居民各类社区活动参与行为分布

带着上述问题，笔者很自然地联想到马斯洛需求层次理论。循着确立社会参与层次这种一般模型的思路，笔者不断修正该数据分布，采取社会现象学的思考方式，不断地还原，透过现象探寻本质，探索和确立剩余范畴。于是，一连串问题被提出，如邻里互动的本质是什么呢？人们为什么会进行邻里互动？在采取悬置和还原的思维方式后，笔者将寻找问题答案的方向瞄准定性资料，对访谈资料进行仔细阅读和甄别，终于发现了非常有意义的线索。

第一个启发笔者的线索是一位退休居民李叔叔的访谈记录。受访人非常明确地提出了几个观点：有活动平台居民就会形成一些社团组织，组织把大家凝聚起来活动，没有平台就没地方玩。平台一词就是笔者要寻找的线索，循着这个线索继续阅读访谈资料，果然有其他两位受访人同样提到了平台。他们所述的平台，就是2011—2012年新建的一栋大楼，其中二层的部分房间和三层全部房间提供给居民用作活动室，面积共约2 100米²。活动场所以一种公共空间的形式联结居民。所有社会参与都需要在一定的空间展开，空间提供给人们际遇和接触的可能和形式。虽然参与到某空间中的社会个体并不是都能相互际遇和接触，尤其是较大规模的人口集群，但是，所有人际际遇和接触必然以空间参与的形式展开。

当笔者意识到社会参与首先是“平台”这类空间的参与时，很快反思自己上述问卷设计中忽略了“平台”空间。空间为何被忽视？空间对于社会参与研究而言，常作为视为当然的存在，因为人的活动无不在空间中展开。鉴于此，笔者提出“空间参与”假说，即“一切社会参与始于空间参与”。

空间参与是社会参与的基础，空间为所有社会参与提供了形式基础，那么，是否意味着基于空间参与基础上的其他社会参与形式是空间参与的一种概率现象呢？假如空间参与概率是100%，那么，是否意味着其他社会参与只是空间参与收敛的结果呢？如果答案是肯定的，那么，空间参与之后，人群分离机制和其他参与形式是什么呢？

笔者根据图7-1、图7-2的统计数据，重新定义了各个指标，认为空间参与后人群分离机制是活动，即在空间中际遇后是否展开群体性的活动，如果是，那就产生活动参与，如果不是，那就只是空间参与。活动参与后人群的分离机制是组织，即是否形成制度化和结构化的活动形式，以便使活动更为持久，如果是，那就产生组织参与，如果不是，那就只停留在活动参与方面。组织参与后人群的分离机制是组织外公共事务参与，即人们是否在组织利益之外拓展参与形式，如果是，那就产生政治参与，如果不是，那就停留在组织参与方面。由此，笔者建立了社会参与层次模型（图7-3），如果这个模型能够成立，在逻辑上能推导出以下两个命题。

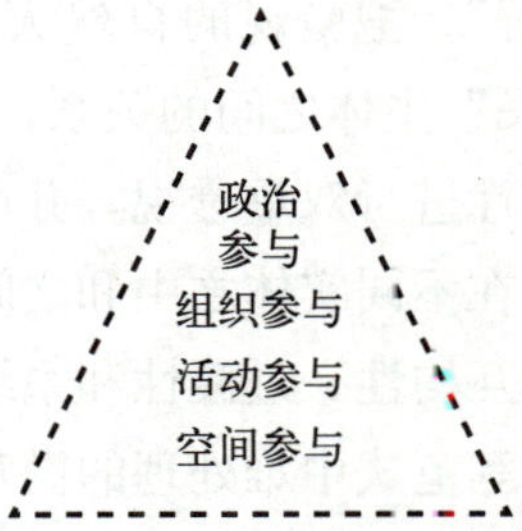

图7-3　社会参与层次模型

命题：社会参与一般按照空间参与、活动参与、组织参与、政治参与依次从较低层次向较高层次排列，参与的人数和频次依层次从低到高不断缩减。通常情况下，社会个体在较低层次参与程度越高，在较高层次参与的可能性越大。

命题：社会参与规模由低层次参与向高层次参与不断收敛，服从一个结构化模型，即社会个体即使有非常强烈的高层参与意愿，也会因为高层次参与规模限制而被阻碍。

三、空间集群与空间分群

从上述文献综述可知，既有社会参与研究主要将社会参与视为个体的社会行动。从行动维度构建理论大厦是社会学的一大传统，韦伯、帕累托、帕森斯、哈贝马斯等人属于该传统代表人物。社会行动研究传统将行动的结果表述为制度和秩序，因为社会行动分析本身就内含理性、规范等。还有一大传统从社群维度构建理论大厦，涂尔干、西美尔、柯林斯等人属于该传统代表人物。社群研究传统将社群视为一群人互动后形成团结机制的产物，实际上回到了制度本身。本章采取“民—群”视角，兼顾和融合了这两种分析路径，既将社会参与视为民的社会行动，又将社会参与视为群的实现方式。实际上，集群中既蕴含不同的社会参与行为，即不同参与逻辑；也蕴含不同的社会参与结果，即产生不同的群。

那么，什么是“民—群”视角呢？笔者对郑杭生先生“社会运行论”如何融贯群学与社会学问题展开研究，梳理出郑杭生先生理论中蕴含的“民—群”范式。[①] 在“民—群”范式的视阈中，把国家、社区、社会组织等实体视为“群”，把微观的自然人视为“民”。“民—群”视角便于考察“群”实体与“民”主体之间的关系，可以对社会现象涉及的实体的主体性及主体构成的实体性进行双重透视，并可以分析实体的层次性。这样，我们就可以观察不同主体在不同实体之中和之间的构成性、转换性和化育性，可以观察不同实体之间的互构性、过渡性和系统性。“民—群”视角可以克服国家与社会、制度与生活等范式中难处理的微观与宏观、时间与空间、行动与结构对立关系。比如，国家与社会范式将国家与社会两者对立起来，当统一到“群”以及构成“群”的“民”两个范畴后可观察到，国家或社会均充实着各种不同形态的“群”，以及数量不等的“民”。充实于国家或社会的各种形态的群，如家庭、班级、村社、政党、政府部门、社区居委会、企业组织、社会组织等，是非常直观的，但将抽象化为国家或社会，或抽象化为制度形态，则可能遮蔽充实于其中的各群与民的构成状态及其演化过程。为此，“民—群”视角将“集群”的时间过程与空间形态作为观察对象，以便更为清晰地诊断社会运行状态，探究社会发展逻辑。

假如社会参与层次可以作为社会参与的解释机制或分析模型，那么，社会

① 陈玉生．理论自觉的思想资源、本体创新与价值关怀——以社会运行理论为例［J］．学习与实践，2020（3）．

参与首先是关于空间的理论。柯林斯说："选择一个分析起点对理论家来说是策略选择的重要方面。"[①] 那么，空间是否可以作为社会参与理论分析起点？在许多具有重大影响力的西方社会理论中，社会参与通常作为社会团结和社会构造的原初形态。政治哲学史上，"从柏拉图到罗尔斯，都有关于原初状态的理论和假设"[②]。在政治学中，霍布斯的"自然状态"与罗尔斯的"原初状态"，本质而言，就是对相互际遇的人们最终参与互动并形成国家等社群的理念设计。在社会学中，同样存在大量将空间视为社会构成的原初形态的理论。涂尔干论证了随着人口的增长，社会互动更加频繁，社会聚集和集体仪式活动越来越多，如夜间的歌舞会，引发了强有力的集体兴奋。在这种集体兴奋中，人们模模糊糊地感受到激发强烈情绪的来源。这些来源逐渐成为人们注视的焦点，越来越清晰，越来越明确，逐渐成为群体的符号，最后被群体赋予其灵性，成为圣物。这就是"图腾"。[③] 按涂尔干的逻辑，社会参与是人口的空间聚集本身，并因此产生集体团结感而形成群体。同样，埃里克·岗斯提出了"原初场景"和"原初事件"假说，哈贝马斯设想出为达共识而彼此沟通的照面式互动情境，均蕴含着将空间作为集群假定。可见，上述所有"原初社会"理念形态，均假定不同个体在某个空间领域际遇后，以不同方式集结成某种形式的社群。可见，本章选择以空间作为出发点来分析社会参与，并不只是研究策略选择，而是基于深厚的理论传统。空间参与是集群的过程，反之，集群从空间聚集开始。

空间作为理论分析的起点同样可以从柯林斯情境理论中得到支撑。柯林斯发展了上述涂尔干理论传统，提出以"情境"为出发点的互动仪式链理论。他说："个体就是互动仪式链"，"情感和意识通过以前的际遇链而传递"，"际遇制造了其际遇者"。[④] 柯林斯的情境机制主要用来说明社会团结的基础。当然，空间与情境有不同内含，总体而言，空间具有更加基础的位置，情境是空间的表现形态之一。柯林斯从情境开始进行理论分析，就在于情境是个体际遇的契机。由此可以认为，空间同样是个体际遇的契机。社会参与研究表明"个体之间的接触会增加信任"。[⑤] 空间不仅承载活动、组织，更能促成本能欲望和个人目的，成为一个集群的载体。

---

① 兰德尔·柯林斯．互动仪式链［M］．北京：商务印书馆，2009：32.
② 陈建洪．论霍布斯的自然状态学说及其当代复活形式［J］．学术月刊，2008（6）.
③ 涂尔干．宗教生活的基本形式［M］．北京：商务印书馆，2011.
④ 兰德尔·柯林斯．互动仪式链［M］．北京：商务印书馆，2009：32－34.
⑤ 刘长喜，陈心想．排他性与联通性：社会参与对普遍信任的影响［J］．社会学评论，2017（5）.

那么，空间的集群是怎么产生的呢？齐美尔指出："任何一定数目的人成为社会，不是因为每一个人身上都存在着一种由物质所决定的推动他个人生活的内容，而是只有当这些内容相互影响时，当一个个人对另一个个人——直接地或者通过第三方的媒介——产生影响时，才从人的单纯空间的并存（也包括时间的先后），变成了一个社会。"[①] 齐美尔将"人的单纯空间的并存"与社会区别开来，但从逻辑上看，恰恰是人的单纯空间的并存才成就了人与人之间相互影响的形式。人在空间的充实具有逻辑起点的意义。充实于空间的个体按照柯林斯的研究，通过互动仪式激发集体情绪并形成集体情感，从而产生持久维持群体的象征符号等。许多社会参与研究同样阐述了空间参与的逻辑。有研究认为："网络使得人际互动超越物理空间限制，有共同兴趣和想法的人，能够方便地在网上形成在线社区。"[②] 但是，黄冬娅对广州市恩宁路改造中公民参与的研究认为，在虚拟社区组织起来的参与力量要转化为影响力和行动力，同样要依赖于线下的联络和动员机制，而开放的城市空间为这种现实的参与行动拓展了影响力。[③]

在集群的过程中，人们往往会有彼此亲近的动力，为了集群，人们会欢迎各类群体，并互相包容差异。访谈中了解到，广州市某社区综合楼刚开放时，不同阶层、身份、职业、年龄的多元主体聚集到了一起，求同存异，相互融合。这个过程，似乎如哈贝马斯主张的后本体论所述，人们放弃民族、宗教、地位等文化前设，能够在自觉地将内在偏见清零的情况下参与到公共空间。

当然，空间参与并不全然转化为活动参与等更高层次的参与，即从人的单纯空间并存变成社会。活动参与与否，与一项活动的时间、内容、强度等与多大程度上的普通大众相契合和匹配有关。比如，广州市某社区的音乐社团，虽说只要愿意参与的都受欢迎，但音乐技能的要求就已经排除了绝大部分居民的参与。

所以，空间参与具有社会参与分群的功能效应，人群通过空间接触和空间互动而分流。空间作为个体集群的机制、载体与形式，给个体之间接触和互动提供了契机。接触是更基础的现象，如果接触后没有产生互动，就很难跨越到更高层次的参与。此外，同样是广州市某社区，综合楼在投放给居民之前，社

① 盖奥尔格·西美尔．社会学——关于社会化形式的研究［M］．北京：华夏出版社，2004：5.

② 黄少华．社会资本对网络政治参与行为的影响——对天津、长沙、西安、兰州四城市居民的调查分析［J］．社会学评论，2018（3）.

③ 黄冬娅．人们如何卷入公共参与事件基于广州市恩宁路改造中公民行动的分析［J］．社会，2013（3）.

区居民之间的互动比较少。这说明，空间接触和互动增进了社会交往。

涂尔干提出社会交往的密度问题。空间参与中，人们交往密度如果提升，说明空间参与强度提高。空间参与同样可以用交往密度来分类和定义。不过，交往密度表征空间参与程度的同时，也体现着空间承载参与主体的强度。正如齐美尔所述，每个个体都占据一定的空间，那么，空间主体越充实，空间承载力越强。

承载力一词最早来自生态学，人们用生态足迹来量化城市生态承载力，说明支撑这个城市经济和社会发展（主要指城市人口及其消费需求）所需要的生态上具有生产能力的土地面积。[①] 依据此定义，从社会参与角度看，可界定空间承载力为支撑群众人口数量及其生活需求所需要的空间上具有生产能力的场所面积。不过，这里的生产能力并非指能提供粮食、饮用水、食盐等物质，而是指满足人们吃喝玩乐、互动沟通、聚会集群所需要的物质设施和制度供给的能力。

一台晚会、一场比赛、一栋楼、一张球台等对于集群而言，空间承载力是有限的。就广州市某社区而言，公共空间供给不足非常明显。为了满足人们空间参与需求，人们通过在同一间活动室安排更多的活动场次，增加空间使用频率来提高空间效率。但即使各个场室 24 小时开放，也还是难以满足需求。为此，该社区于 2016 年、2018 年等年份多次调整优化“综合楼”各个场室的功能。

在该社区，空间承载力成为社会参与的首要抑制因素。空间对集群活动密度和群体规模具有限制作用。以活动功能为主的公共空间，当承载力有限时，必然会出现排斥机制。笔者观察到几种阻断空间参与的形式：人们通过厌恶、冷漠等情感压力排除异己；通过收取活动费、技能竞赛等提高参与门槛的方式遴选参与者；甚至通过劝退和公开阻挠等方式挤兑不受欢迎的人。公共空间成了稀缺资源，难以满足所有参与需求，阻断参与是必然结果。

集群过程中，就生态承载力而言，可能导致资源的耗竭，公地危机主要就是解释这一现象的一个理论模型。公地危机理论的一个重要现实原型就是一块牧场，假设所有人都可以在其中放牧，牧场会因放牧过度而无法实现牧草的循环生长而最终退化。人类社会是否会发生公地悲剧，肯定会。如果按公地危机理论解释：广州市某社区有 n 个居民和一栋综合楼，每个居民都有在综合楼参与活动的自由，最终综合楼将人满为患。但是，从这个案例分析单元可以看

① 刘小流，陈玉生．环境社会学视野下的城市社区生态和谐［J］．兰州学刊，2008（2）．

到，人们总是会达到一种均衡状态，没有人满为患。

那么，为什么“综合楼”没有发生公地危机呢？居民对公共空间的自由参与为什么没有导致空间危机呢？首先，公地悲剧和公地没有关系，人们争夺的是牧草，牧草虽说可以再生，但有生长周期。“综合楼”这类活动空间一旦建成，人们日常使用并不会消耗空间资源。草地是耗费性资源，而公共空间是机会性资源。其次，在某个时间节点，公共空间是有承载力限度的，在这个承载力限度下，自由的居民想挤进去都难。最后，现实生活中当空间供给不足之时，或者当空间承载力达到某种极限时，人们会采取很多措施，比如逃避、迁移、制定制度规范、禁止、日常排斥等，规避危机发生。可见，空间会自发产生人群分流的机制和结果。

命题：共享空间先于共享价值成为群的基础。空间参与包含集群和分群两种逻辑。空间承载力饱和必然产生分群。

四、集群的收敛逻辑与社会参与层次

如上文所述，广州市某社区综合楼 2012 年落成后，居民并不是有组织地到该楼宇参与相关活动，而是自然而然地以各种不同的方式了解和认识到有该公共场所的存在，并最终普遍知晓和广泛参与。那么，居民参与后，综合楼到底形成一个怎样的空间呢？作为一个空间，当不断有人参与，进入综合楼，到底会形成怎样的集群现象呢？进而，空间参与后的集群是否具有一般意义的行为机制或结构模型呢？

1. 空间参与及其集群收敛

空间为集群提供了可能性。广州市某社区综合楼落成后，人们因好奇、尿急、被邀请等走进大楼，彼此际遇，形成空间参与。际遇是空间参与的原初形态，人们在感官上彼此感知，表现为一种接触性参与。接触性参与是人们在空间上接触的一种自然状态，人们通过空间的彼此在场而感受彼此，形成感官上的在场。对人们在空间内如何行为有很多理论阐述，比如，布迪厄认为人们对场域产生一种与生俱来的信任从而展开实践；柯林斯认为人们因仪式互动获得的情感能量，影响进一步的互动和集群情况。总之，只有在接触的基础上，人们才可能参与和集群。

命题：接触性参与是空间参与的原初形式，具有结晶群体的作用；关系性参与是接触性参与发挥分群作用的产物，社会关系是空间参与与接触性参与的结果。

空间参与的原初形式就是接触性参与。接触性参与为投入到群体中的人们营造了感官上的在场，人们感到空间群体是一个统一体。但这个统一体内部的个体在空间上的接近，彼此形体上的接触，并不导致所有人与所有人互动，更不导致霍布斯所假定的一切人对一切人的开战，而只是提供了一种相互建立关系的契机。西美尔论证了人们空间接触的结果："相遇却不必是一种敌对的遭遇……此时相遇不再意味着一种力量的相互摩擦，而是意味着一种力量的相互补充，因而意味着力量的增加，力量的增加需要并且因此也产生一个空间的支撑点。"[①] 可见，接触并不意味着交往，但接触是交往的基础。

空间接触起到群体结晶的作用。各种空间不可能满足所有自然人的需求，人们因此通过接触空间做出空间参与选择，通过空间接触做出空间交往选择。一位 25 岁的受访女性认为，该社区综合楼的那些活动不适合自己参与，并且没有兴趣参与。当空间并不满足需求时，受访人选择从空间脱域，空间接触并没有产生持久的空间参与。空间参与是群体结晶的过程，它意味着接触性参与向交往性参与收敛。空间为彼此接触的个体通过感官意识到群体和集群提供可能。人们创造各种空间以满足需求。"集市"类似于该社区综合楼，起到群体结晶的作用。施坚雅对中国集市的集群现象做了描述和分析，阐明了集市的规模、数目和集期受到人口等方面的影响。[②] 当集市区域内的各种空间能够满足人们的基本需求，成了沟通感情、谈论琐事、缔结姻亲、交易商品等的平台时，它就实现了集体的善。空间为实现集体的善提供可能。

但是，接触性参与导致分群。西美尔认为，在人们很接近的情况下，人们会产生两种极化的情感连接方式，一种是接触刺激的冲动性反应，另一种是因不断接触难以计数的人而产生的麻木不仁。[①] 空间接触的人们可能彼此吸引而互相交往，也可能彼此排斥而互相隔离。交往与否受到在场感官产生的初始分群效应的作用。感官上形成一种在场集群和统一体，随着分群效应的作用，收敛为各种更小的互动群体。

个体之间通过接触增加信任，[③] 并进而相互交往。空间提供了接触性参与的契机之后，人们彼此熟悉并建立起联系。自此之后，提供接触契机的原初空间产生了具有持久价值的集群的结晶点和关系网络。关系纽带替代空间接触发挥引发人们社会参与的作用。参与行为也将超越原来的空间。这时，人们因为空间接触形成的形式上的际遇群体，转变和升华为实质上的交往群体。人们通

① 盖奥尔格·西美尔．社会学——关于社会化形式的研究［M］．北京：华夏出版社，2004：475，483.

② 施坚雅．中国农村的市场和社会结构［M］．北京：中国社会科学出版社，1998.

③ 刘长喜，陈心想．排他性与联通性：社会参与对普遍信任的影响［J］．社会学评论，2017（5）.

过闲聊、打乒乓球、儿童游戏、下象棋、约会、串门等，相互熟悉和建立关系，相约或默契地参与到空间场所，形成关系性参与。可以说，关系性参与是接触性参与发挥分群作用的产物，但逐渐摆脱了空间际遇的偶然性，依靠彼此建立的社会关系来约定和规划集群。人们参与的契机由空间际遇变为社会关系。这在一定程度上遮蔽了空间参与基础，这种遮蔽效应，可以作为解释当前社会参与理论为何没有研究向下收敛到空间参与的原因。

不同接触形态产生不同关系网络，不同关系网络导致不同参与形式和集群形式。比如，西美尔区分了完全参与和局部参与两种形式，前者如女仆对主人家庭的参与，后者如临时雇佣的家务女工对主人家庭的参与。[①] 女仆相对临时女工与主人家庭成员接触更为持久和深入，关系相对更为稳定和持久，相应参与主人家庭事务等也更深入，甚至完全参与到主人家庭生活当中。在长久的历史时期，女仆通常被视为主人的家庭成员。据此可认为，传统村落基于世居而形成了相对稳态的关系性参与和相对完全的参与，但是，现代社会因流动性加快形成了大量接触性参与和相对局部的参与。

接触的频度是否提升了交往的可能性？身份范式提供了一个分析的入口。公共场所的参与主要是基于大家居住在某地的居民身份。居民身份的均质性将多元身份的居民，如高学历者和低学历者、干部和农民、南方人和北方人、男人和女人等不同身份的居民联通在一起。通过接触，居民联通并交往。居民的根本属性不是来自居住行为，而是居住空间，住在同一个城市、同一个小区、同一栋楼、同一间房、同一张床可以转译为各种不同的联结或接触方式。空间与社会关系相互建构，或者说社会关系是空间的一种形态。不管是垂直关系网络还是横向关系网络都难以真正阐明人们的参与，唯有空间接触才是基础。

2. 活动参与及其集群收敛

空间际遇和日常交往虽然是社会参与的基础，但具有很强的自发性、个体性和随意性。在空间场所，人们因际遇和接触，形成感官的在场空间，并进而通过互动交往，形成社会关系网络空间。空间际遇和关系网络对于社会参与具有非常重要的形式意义，虽然空间有级差，关系有强弱，但真正影响集群效应的是其密度，即空间际遇的密度和关系网络的密度。涂尔干指出人口增加导致社会交往密度提升。确实，人口密度的增加会相应提高空间际遇概率和社会交

① 盖奥尔格·西美尔．社会学——关于社会化形式的研究［M］．北京：华夏出版社，2004：468-469.

往的可能性。形式社会学提供了一种集群分析基础。

接触性参与和关系性参与只充实了空间参与的形式，活动参与则充实了空间参与的内容。持续的空间参与必然在参与形式上充实内容。社会关系网络形成后，人们从际遇到相约，形成群体活动。仪式活动可以充实空间参与内容的典型形态。普特南认为："邻里组织、合唱队、合作社、体育俱乐部、大众性政党等都属于密切的横向互动。这些网络是社会资本的基本组成部分"[①]。有许多学者在参与研究中都表达了与普特南一致的观点：公民参与和社团活动是公民社会的基础。[①]通过活动参与，个人与社会连接起来，由此产生的社会资本是社会得以成型和运作的基础。

广州市某社区综合楼建成后，形成了十几个活动场所。空间参与因空间的活动场所化而收敛为活动场所参与。但是，活动场所参与者并非均参与活动。在这里，"无事难参与，参与必有活。各活动场所和各组织经常开展各类活动，如文体活动、社区服务活动、公益活动等。活动成为参与的主要形式和载体。"[②] 那么，人们为何参与活动呢？有研究表明，社区认同感对社区参与存在着影响，人们对社区的认同感越强烈，参与小区活动的积极性也越高。[③] 该社区也存在类似现象，比如，受访人杜女士认为"老年人的活动场所特别活跃"。活动充实了空间参与，活动参与呈现群体异质性。

空间具有复杂性，按照布迪厄的理论，人们根据与生俱来的对世界的信任从事活动。但是，对于每个个体而言，空间参与和活动参与原因是具体的。比如受访人杜女士认为自己主要是退休后感到失落和寂寞，所以参与社区活动。此外，"超过八成受访人认同通过参与社区活动能扩大交往范围和促进邻居关系，并且社区活动参与积极性高的人认同度更高。""年龄越大的居民越愿意接受亲友邻里邀请去参加社区活动。"[②]实际上，居民的兴趣爱好、能力素质、人际网络、年龄、职业等很多因素都影响居民的参与决策。类似观点在社会行动视角下的社会参与理论中有详尽阐述。

活动参与专业化对社会参与产生分群效应。从广州市某社区个案看，很多娱乐活动参与门槛较低甚至没有门槛，比如老年大学对老年人几乎没有门槛，乒乓球活动也没有准入规则，几乎只要愿意玩，人人都可以参与。但

① 杨敏．公民参与、群众参与与社区参与［J］．社会，2005（5）．

② 王权典，陈玉生，杜金沛等．城镇化进程中村社改制模式与法治实践探索——基于广州实证考察［M］．北京：法律出版社，2020．

③ 张红霞．不同居住区居民社区参与的差异性比较——对上海两个社区居民参与情况的调查［J］．社会，2004（5）．

是，交响乐、武术、模特队等活动，要求具有一定的专业性，门槛高，参与群体的开放程度就相对低很多。可见，专业性活动参与相比非专业活动参与具有更高的收敛效应。这里的活动主要指群体活动，区别于个体或家庭这种私人活动，特别限定于公共活动或群体性活动。活动参与相比其所处的空间参与具有更强的群体性、要约性。活动通常有一定的目的，人们围绕该目的集结并采取行动，通常需要加以组织。当一些活动经常举行时，会产生活动文化。

总之，活动场所提供了一个集体善的领域。公共场所相对于家而言，是个异托帮，这个异托帮从家分离出来，赋予了更多人的参与，将部分家庭功能带到更大的群体，实现了人的大部分幸福。当人的基本欲望在某个空间都能够实现，空间参与能最大限度地满足人们的幸福时，这个空间就是最大的善。居住在小区内的成员因为空间参与发生关系，这种关系最初始的形态就是接触：照面、擦肩而过、鸡犬之声相闻等。接触并不一定产生交往，从接触到交往的过程是收敛的。可以说，活动参与是社会参与的一个重要指标，甚至是一个社会参与状况的晴雨表。

3. 组织参与及其集群收敛

在活动参与之上是组织参与。从逻辑上看，当一些活动或社会参与常态化运作时，会产生人际较稳定的联系系统，促成活动集群的规则化和常规化运作模式，这就是组织。可以说，组织是集群和结社的制度化成就。相对于际遇基于偶然，交往基于情感，活动是空间参与形式的内容充实，组织则是空间参与的形式和内容的双重结构化和制度化。

广州市某社区形成了不少社区社会组织，推动了相应的组织参与。该社区建成后，入住的居民通过空间际遇、交往、活动彼此熟悉，一些志同道合的居民开始集群结社，形成成员相对稳定的活动队伍。居民因聚居而在空间上集群，并形成综合楼的空间参与。随着接触、交往和活动的展开，居民进一步组织化。截至 2013 年，以该社区作为成立地址并在民政部门注册登记或居委会备案成立的社会组织就有 20 多个，如该社区名媛女德文化协会、书画协会、武术队、腰鼓队、乒乓球协会、羽毛球协会、合唱团、舞蹈艺术团等。大部分社会组织事实上拥有相对独立的场所，并制定了准入规则，经常举行活动。从调查研究看，居民组织参与有几个重要特征：成员权和群体界限、参与形式和内容制度化、参与空间的相对固化、组织人格化并超越成员。

规则化是人们空间参与和活动参与后集群发展的必然趋势。从规则角度看，活动场地一开始主要依靠参与者自身的道德自觉。道德自觉有其非常现实的外在力量，当他人站在台球桌旁等待参与打台球时，自然感受到来自他人的压力，这种压力会产生一种内向要求自律的情感，但是，这种道德难以稳定、持续地实现资源利用的协调。比如，有两人占领半小时乒乓球台后觉得并无不妥，但旁边想打球的觉得他们使用太久，可是，道德只启示人们不能占有乒乓球台太久，并没有指示多久才是太久。因此道德启动人们评估使用时间，道德压力转化成评估等理智负担。倘若任何行为都由个体依据内在道德来应对，那么个体会随时感受到道德压力和理智负担，为减轻负担，群体发明了习惯、习俗、礼制、法律等外在规范来解决这个问题。例如，经济行为最终向企业组织收敛，表明“企业的适度边界不单纯由技术因素决定，而是由技术、交易费用和组织费用等因素共同决定。”[①] 总之，集群给个体带来的道德压力促使参与方式合理化，并最终诉诸规则。

组织参与是空间集群过程中有关群体的心灵的界限的合理化和规则化的成就。齐美尔指出：“任何界限都是一种心灵的事件，更准确地说，是一种社会学的事件……社会学上划分界限的另一个头等大问题在于集体组织的各个成员们参与这些组织的规模的不同。”[②] 成员参与规则化是空间参与和活动参与的结构化效应，并因此形成明确的集群的界限。空间际遇后，人们凭借感官选择交往对象，进而依据兴趣爱好、能力等比较个性化的因素集结活动，并进而形成组织。如同组织参与收敛同样包含着类似企业组织因降低交易成本而存在一样，空间参与层次收敛的整个过程都蕴含着社会复杂性的宽减逻辑。群集界限和复杂性宽减机制决定了组织必然阻断空间参与和活动参与的部分人员，发挥收敛社会参与的作用。

那么，什么因素会影响组织参与呢？帕特南在《独自打保龄球》中指出，尽管美国被认为具有浓厚的公民参与传统，但 20 世纪 60 年代以来美国的公民参与率下降了。具体体现为美国人越来越习惯于独自活动，参加社团生活（如保龄球俱乐部、教会、工会或其他志愿组织）的人数与参与频率都大大减少。帕特南将公民参与率的下降归结为社会信任的下降与社会联系的解体。[③] 可见，组织参与在普特南看来受社会信任和社会联系的影响。但是，从社会参与层次视角看，组织参与是空间参与和活动参与向上收敛的结果，倘若集群的基

---

① 刘和旺．西方新产业组织理论述评［J］．学习与实践，2013（7）．

② 盖奥尔格·西美尔．社会学——关于社会化形式的研究［M］．北京：华夏出版社，2004：468．

③ Putnam，Robert. Bowling Alone：The Collapse of and Revival of American Community［M］. New York：Simow & Schuster，2001.

础如接触、交往、活动足够活跃，机会足够大，密度足够高，那制度化、结构化的组织参与诉求既可能增强，也可能减弱。比如，通信技术为人们跨时空联通提供了契机，空间接触和交往这种参与机会就大大加强，既可能强化组织参与，也可能只强化了活动参与和交往参与。

社会参与层次在社会资本理论之外提供了一种新的分析可能。从信任角度分析参与程度在逻辑和经验上确实会遇到挑战，像"参与的社团越多，参与社团活动越频繁，普遍信任度也越高"[①] 这类观点将受到质疑。因为，单从组织参与程度说明社会信任度降低容易导致公民忽视空间参与和活动参与维度及其内涵的说法是不准确的。比如，在社交媒体上互动及通过社交媒体促成的约会等集群现象越来越成为我们时代的特征。网络空间实际上为人们提供了一个全新的空间际遇和交往的契机，从目前阶段看，它充实的是社会参与层次的底部，而在这个底部，社会参与程度更受际遇、交往、活动的密度的影响。当社会参与层次底部得到强化，也可能阻碍向上层参与的通道。这反过来也论证了组织参与具有的收敛性。因此，组织参与程度低很可能是社会参与层次底部得到强化的结果，而不一定是普遍社会信任不足的结果，很可能恰恰因为交往或活动的空间提升了社会资本和信任的程度。

很显然，组织一旦成立则具有人格化。组织成员要以组织的宗旨为使命。组织成立需要人们的支持，所以，组织有一个很大的动力就是整合社会，尤其是挖掘人才。如广州市某社区老年大学这个社团，既从社团内部发掘人才，又通过各种方式发展成员。如上文所述，齐美尔区分了两种组织参与形式，像中世纪结社主要为完全参与，而现代结社多为局部参与。广州市某社区大部分组织参与属于局部参与，在此基础上才向完全参与收敛。"邻里组织、合唱队、合作社、体育俱乐部、大众性政党等都属于密切的横向互动。这些网络是社会资本的基本组成部分"[②]。通过社会参与，"民"与"群"互构共生，由此产生的集群与社会资本是社会得以成型和运作的基础。

4. 政治参与及其集群收敛

组织的典范形式要属韦伯提出的科层制组织。参与科层制组织的成员按职位分级，各自按照专业技能、组织内部确定的规则（而非个人情感）分工合作，完成组织目标。韦伯科层制虽然是理想类型，但为组织参与分析提供了理

① 胡荣，李静雅．城市居民信任的构成及影响因素［J］. 社会，2006（6）.

② Putnam R D. Making Democracy Work：Civil Traditions in Modern Italy［M］. Princeton：Princeton University，1993.

论范式。另一个典范要属现代国家理论，民集群而成的组织有不同类型，经格劳秀斯、霍布斯等人的设计，创制了现代国家。[①] 斯宾塞将国家视为群的一种重要形式。[②] 国家是一种典型的组织形态，由一群具有自由意志的人让渡自然权利，形成公权力和人格权，并将其物化为法律制度、官僚体系、暴力机构等要素，组织而成。当前历史阶段，国家是“民”集“群”的最高形式。这种以国家权力展开的各种活动和集群现象，是典型的政治现象。在现代社会，与国家权力有关的参与就是政治参与。

如上文所述，社会参与研究长期以来有意无意地指向政治参与。俞可平是较早涉足公众参与研究领域的学者，他认为，公民参与又称公共参与、公众参与，就是公民试图影响公共政策和公民生活的一切活动。他指的公众参与是广泛意义上的一个概念，它包括：投票、竞选、公决、结社、请愿、集会、抗议、游行、示威、反抗、宣传、动员、串联、检举、对话、辩论、协商、游说、听证、上访等。[③] 贾西津则引用美国学者和《布莱克维尔政治学百科全书》中的观点，把经典意义上的公民参与界定为公民通过政治制度内的渠道，试图影响政府的活动，特别是与投票相关的一系列行为。这类社会参与概念，主要指“平民试图影响政府的活动”，实质为政治参与。亨廷顿指出，政治参与是行动而非态度，排除了影响公民政治参与的主观成分；政治参与是指平民的、非职业化的政治活动。[④]

不过，随着新的理论的出现，比如治理参与理论，人们发现可以绕过政府直接实现公共目的。社会治理参与对此作了最好的诠释。那种“为了社会，社会发展和发动社会力量服务、建设、监管社会的活动过程”[⑤] 就是社会治理，人们规划社会、组织社会、服务社会，直接面对社会并因此改变他人的行为方式的行为，均具有公共治理的性质。本章也将其纳入政治参与范畴。麻宝斌和马振清根据政治参与方式不同，把政治参与划分为四种基本结构形式：一是公民个体的制度化参与；二是公民个体的非制度化参与；三是群体性制度化参与；四是群体性非制度化参与。[⑥]

“一直以来，直接参与公共治理是人们的理想，但是，这种理想基本上只

① 李猛．自然社会：自然法与现代道德世界的形成．北京：生活·读书·新知三联书店，2015.

② 斯宾塞．译余赘语［M］．严复，译．北京：商务印书馆，1981.

③ 俞可平．公民参与的几个理论问题［N］．学习时报，2006－12－19.

④ S. 亨廷顿，琼·纳尔逊．难以抉择［M］．北京：华夏出版，1989：5.

⑤ 陈玉生．社会治理社会化：桂城社区治理的精神气质［C］//谭建光，麦绍强．关爱一年［M］．北京：中国社会出版社，2019.

⑥ 麻宝斌，马振清．新时期中国社会的群体性政治参与［J］．政治学研究，2005（2）．

能停留在人们的记忆中，原因在于地理空间的约束以及公民能力的限制”。参与式治理能够有效解决过去政治模式下公民和精英之间委托代理机制产生的困境，能有效黏合公民与政府之间的关系，增强政府的回应性、提升服务质量和公共福利。与公共政策相关的个人和组织，特别是弱势群体，往往希望参与到与自己息息相关的决策和治理过程中，包括地方社区、工作场所以及基层治理，都希望充分和广泛地体现公民参与，并认为，公民不仅仅是挑选政治精英的选民和自私自利的消费者，更不是政府行政过程中的被管理者，而是自治者、共治者与自己命运的主宰者。[①] 尤其是在底层和社区层面，需要将公民带入政策议程、社区项目管理和公共服务事物的中心地带，需要创造开放的参与机制，以迎接而不是威胁的态度欢迎公民的进入。但在具体治理实践中，公民的参与依然缺乏有效的途径和手段。

政治参与显然超越了空间参与、活动参与、组织参与那种主要为自我和成员服务的范围，将参与行为结果覆盖到空间际遇、交往、活动、组织范围之外，甚至涉及难以界定具体对象的大众。Edward T. Walker 认为市民组织参与度较低的时期，投票和其他参与形式的参与度也降低。[②] 政治参与“要求个体参加活动并与他人互动”。[③] 但是，在社区层面，政治秩序逻辑统领管理逻辑与生活逻辑，居民更多地在个体生活界面活动，个体往往是在生活受挫时才会主张社会、政治权利。[④] 因此，政治参与的收敛不仅体现在既有社会参与理论的取向上，也不仅体现在上述经验数据上，更体现在从集群为己向集群为他的转变上，即参与旨趣从群内向群外的转变上，是更低层次社会参与向上集群的效应和表征。

五、集群分群形式结构：社会参与层次

本章尝试运用“民—群”视角，将社会参与研究转换到更为基础的“群学”理论上来，并将其表征为“集群”现象。集群不仅是居民的集聚，还包括分群和群分。“民—群”范式是笔者学习郑杭生先生理论遗产的一个发现，其包含着深邃的中国传统思想文化精髓，能够很好地透析广州市某社区综合楼集

---

① 钟伟军，沈荣华．Web2.0时代的参与式治理：争议与反思［J］．中国行政管理，2014（5）．

② Edward T Walker. Contingent Pathways from Joiner to Activist：The Indirect Effect of Participation in Voluntary Associations on Civic Engagement［J］. Sociological Forum，2008，23（3）．

③ 黄少华．社会资本对网络政治参与行为的影响——对天津、长沙、西安、兰州四城市居民的调查分析［J］．社会学评论，2018（3）．

④ 吴晓林．治权统合、服务下沉与选择性参与：改革开放四十年城市社区治理的“复合结构”［J］．中国行政管理，2019（7）．

群现象。郑杭生先生以“群学”为基础定义社会学概念并构建社会运行论体系，继承和发扬了群学思想。近些年，景天魁对古代群学尤其是荀子群学思想进行了富有成效的研究，谢立中等人对此进行了回应。[①②] 这些理论都启发了本章“民—群”范式的运用。在运用该范式具体分析经验现象的同时，本章也回顾了涂尔干关于社会团结和齐美尔关于形式社会学等相关经典理论，以便更好地分析集群现象。

本章的研究目的在于创新和论证集群现象中存在社会参与层次模型。社会参与层次概念是笔者在一项调研项目中发现的，本章是对该发现开展学术性的探索性研究。为了完成该项工作，首先，本章对既有社会参与理论进行了梳理并形成了几点认识：一是社会参与理论总是预设了政治参与并以之收敛各种参与现象；二是社会参与知识布展路径不断向日常生活拓展，旨在探寻政治参与的深层逻辑和基础；三是社会参与理论始终没有确定向下收敛的基础。其次，本章采取“民—群”范式对经验现象进行研究，对广州市某社区综合楼集群现象进行研究，建构了社会参与层次模型。从研究结果看，社会参与层次模型得到了经验现象的支撑，也得到了相关社会参与理论的检验和支持。

长期情感能量的基础到底是什么？对于社区居民而言，共享公共空间才是长期情感能量的真正基础。正因为需要长期在一起相处并长期互动，长期情感能量就建立起来了。相对而言，学习教育并不是不能产生情感能量，好的教育可能引发非常强烈的情感能量，但不可能具有日常互动或活动那样的持续性。[③] 观察两种方式我们很容易发现，人际互动具有日常性和情景性，容易激发人们持续的情感能量，引导人们可持续的社会参与。

命题：大众集群服从“空间参与—活动参与—组织参与—政治参与”层次模型。社会参与层次对大众集群具有预测作用，社会参与层次中较低层次参与程度越高，则较高层次参与的可能性越高。

总之，社会参与研究存在“价值取向上向政治参与收敛”和“解释维度上向生活领域扩散”的困境，本章因此以广州市某社区为个案，将其社会参与现象纳入集群范畴并置于“民—群”视角下进行考察，以探究社会参与的一般逻辑。研究发现，该社区公共空间综合楼起到集群效应，集群遵循“空间参与—

① 景天魁．中国社会学崛起的历史基础［J］．北京工业大学学报（社会科学版），2017（4）．

② 谢立中．“中国本土社会学”辨析［J］．北京工业大学学报（社会科学版），2020（2）．

③ 兰德尔·柯林斯．互动仪式链［M］．北京：商务印书馆，2009：206－209．

活动参与—组织参与—政治参与”梯次展开的参与层次模型，其中“空间参与”能够在解释维度上对社会参与起到收敛作用。总的结论是：社会参与具有层次性，大众集群服从社会参与层次模型。公共空间供给将促进社会参与。公共空间将发挥社会参与收敛的效应，其作用可以通过活动参与、组织参与传递到政治（公共）参与。可见，空间、活动、组织、政治为大众集群和分群提供了契机，并成为分群集群的重要机制。

第八章　过渡社会中的集群与分群

社会世界从混沌到名分是历史的发展趋势。社会研究的重要目的就是要不断使“社会”摆脱混沌，增强“社会”的可见性，增强民集群的形态和过程的可见性，从而为预测和干预未来民集群的趋势提供理论基础。

社会治理总是在践行某种社会想象，实质上是变革现实社会，通向目标社会的治理，治理的对象始终处于通向未来社会的过渡状态，故实为“过渡社会治理”。过渡社会概念用于定义从一种状态向另一种状态发展变化中的社会，旨在强调社会治理的“未来价值”。因此，“过渡社会治理”的最终落脚点就是“社会”，包括治理客体和治理内容的“社会”，以及治理主体和治理手段的“社会”。“民”集结成“群”首先集结于“社会想象”和“社会事务”。社会治理事务问题化和议题化后，到底依靠什么力量即什么“群”来应对出现的问题？有两条路径，一条是将原来社会私人领域处理的事务纳入公共领域，成为公共事务；另一条是将原来公共领域处理的事务纳入私人领域，成为社会事务。比如，罗斯福新政时期就是将许多社会性的事务，包括市场经济领域与社会自治领域的事务国家化，属于“社会性的公共化”；而撒切尔、里根改革时期则是反过来将福利国家制度中公共性的事务私域化，属于“公共性的社会化”。

一、社会性的公共化与公共性的社会化

在人类社会整体性宏大历史进程中，包含着无数中微观和阶段性的各类社会形态的多元发展变化形态，为此，笔者构建了过渡社会概念，从理论上补充线性历史观和宏观社会转型论的一些认识，为更好地认识社会运行机制和规律提供概念工具和范式。在中国现代化进程中，包含着包括省、市、县（区）、镇街、村居（社区）等多层级变化，包含着军事现代化、政治现代化、经济现代化、治理现代化等多个维度的发展变迁，并且这些层级和维度都包含着非常

曲折的历史发展过程，过渡社会范畴就是用来表征这些发展历程的概念工具。当描述整个国家近现代化进程时形成宏观历史叙事，将视角定位于国家，国家以世界近现代进程为处境，世界历史成为国家存在的宏观情境，同时，叙述国家又要着眼于国家内在变化，包括宏观社会结构、社会文化、国家地理空间等的深层发展变迁。当描述某个村庄近现代化进程时形成相对微观的历史叙事，将视角定位于村庄，村庄以其自身发展历史为基础，与外围社会世界发生关联，并因此导入外部力量和资源，催生内部发展变化。从某个区域观察，区域外部是类似于卢曼系统论中的环境，区域内部就是系统本身；同样，从某个领域观察，领域外部是环境，内部构成系统。所有这些构成过渡社会图景，从观察者角度看，那些发生变化的社会形态，就是过渡社会的表征。

周晓虹研究的周庄和虹桥两镇显示了过渡社会图景。在 20 世纪 20～30 年代的苏南乡村，“既有大批的农场人口为现代城市文明所吸引，前往上海、苏州、无锡等地，或经商、或求学、或打工，也有现代工业和城市文明下乡。但在当时的温州乡村，却只有乡间的农民及士绅，或因无法依靠越来越少的土地生存下去，或受现代城市文明的吸引，走出土地，走向城市。而现代城市文明对乡间社会的影响则相当少，现代工业更是难觅踪迹。”① 这种差别到了 20 世纪 70 年代后更加明显，苏南农民办起乡镇企业，温州农民则走出去接受和融入城市文明。从这两个样本可以看出，不同区域的农村近现代化进程中存在不同的路径，甚至形成不同的发展模式；不同历史时期，这种变化的情况也有所不同。反映在城市化和工业化两个维度上，也有所差别。可见，在宏大的中国近现代社会进程中，更为微观的区域或领域在变化历程上有不同的路径。

李进修则对中国近现代政治制度进行了梳理和勾勒，并记述了学术界对近现代划分是以 1919 年的五四运动为标志还是以 1949 年中华人民共和国成立为标志存在不同的意见和争论，并认为“学术界的意见逐渐趋于一致，主张按社会性质来区分，以中华人民共和国成立作为区分近代和现代的标志，即从 1840 年鸦片战争开始到中华人民共和国成立，这 109 年的历史统称为近代，从 1949 年中华人民共和国成立后则属于现代。”② 李进修研究表明，政治制度作为人们政治活动的规范，在中国近现代不同时期、不同政权下，有不同的特点和本质区别。这其实揭示了政治制度领域的过渡社会图景。

① 周晓虹．传统与变迁：江浙农民的社会心理及其近代以来的嬗变［M］．北京：生活·读书·新知三联书店，1998：312.

② 李进修．中国近代政治制度史纲［M］．北京：求实出版社，1988.

现代化是一个大叙事，对应框架是传统与现代。日本学者富永健一的著作《日本的现代化与社会变迁》有一个非常有意思的框架，书本第一部分阐述了用现代化理论阐述日本时需要把握的基本观点，其中一章分析了日本传统向现代变迁的各个历史时期；第二部分则从现代化的不同领域阐明日本德川时代起的现代化过程；第三部分则按照狭义社会固有领域的五种类型，即家庭、地域社会、组织、社会阶层、国家与国民社会，逐一进行分析。① 该书还将宏观现代化分为经济、政治、社会、文化的现代化四大系统，并套用帕森斯的 AGIL 模型进行分析。① 这个框架表明现代化既可以表征为宏观社会由传统向现代变迁的总体性叙事，又包含不同历史时期的阶段性叙事，还包括不同社会类型的领域性叙事。虽然富永健一没有用过渡社会这个概念，但其书中所涉及的框架非常吻合本书要阐明的过渡社会的所指，虽然现代化只是过渡社会叙事的部分或主要内容：过渡社会研究可以对更为宏观的社会进行总体性叙事，可以对更为微观的区域或者领域进行单独叙事，可以对总体及其构成领域或区域进行历史性的阶段性叙事。

进行总体性叙事，我们可以建构无数对称性结构来讲述社会形态的变化和历史进程。比如，传统—现代、乡村—城市、共同体—社区、农业社会—工业社会—后工业社会、冷兵器时代—热兵器时代等。这种对称性的结构措述，就像帕特里克·贝尔特所指的，历史在社会科学中的作用存在五个谜题，这五个谜题以线性、循环性、不可逆转性、辩证法和人类行动为核心。② 这些谜题往往忽略了对称结构的中间状态，即一种社会形态向另一种社会形态转变的中间社会形态。过渡社会研究就其内涵而言，就是要审视这中间形态，但并不意味着分析过渡形态就要采取线性史观、进步史观等，从而陷入上述五个谜题，而是要指明，将某个区域或领域演变过程视为过渡社会时，意味着确实存在对称性的社会形态，但是，这种对称性既内在于更为宏观的对称性社会形态中，又内含着更为微观的对称性社会形态。这样就建立起时间和空间双重维度的对称性。

对更为微观的领域或区域进行时空观察。为了更好地观察这种对称性，笔者倡导以“民—群”视角进行观察。比如，以“乡村—城市”作为对称结构进行观察，可能看到具有显著差异的并具有非常强烈对比性的两种社会形态，这就是两种不同的“民”聚集成“群”的模式。但是，过渡社会却还表征这样的形态：由“乡村”这种聚集成群的社会形态逐渐向“城市”这种聚集成群的社

① 富永健一. 日本的现代化与社会变迁［M］. 北京：商务印书馆，2004：1，25-26.

② 帕特里克·贝尔特. 时间、自我与社会存在［M］. 北京：北京师范大学出版社，2009：137.

会形态的转变过程，这是另一种集群的模式。上述周晓虹研究的表明，温州农民流入城市并融入工业社会中，苏南农民将城市和工业要素引入农村社会中，同样是工业化和城市化，采取了不同的路径和模式。从“民—群”视角观之，温州农民向城市集群，侧重农民城市化；苏南农民则在农村重新集群，侧重农村工业化。将社会想象成许多自然人所构成的各种各样的群，那么，“民—群”视角则要在空间上分析所有这些构成群的自然人与所有这些由自然人构成的群，以及在时间上分析所有这些自然人构成群的过程与所有这些群由这类群向另一类群发展变化的过程。空间维度表征的是社会形态，时间维度表征的是一种社会形态向另一种社会形态转变的过程。而过渡社会就是两种对称的空间形态在时间维度上的叠加、映射、流变状态。所以，以“民—群”视角观察，可以深入观察社会构成的最基本单位——个人。

过渡社会研究对构成“群”的“民”的观察，实际上，随着时间社会学得到深入研究，理论支撑非常丰富。贝尔特提出“双重重演”概念并认为：“如果审视过去的社会行动，就无法回避这样一个事实，被调查的人们已经自己表象了自己的过程。从这一点可以得出一个方法论策略：假如社会学家要尝试重温生活在过去的人们的经验，那么他（她）也应该努力重温或重述——这些人是如何经历并表象他们‘那时的过去’（past - for - then）和‘那时中的过去’（past - in - then）。”[①] 这种社会理论家和研究对象展开的双重重演，即双重表象“那时的过去”和“那时中的过去”，也适合考察过渡社会，只要将“那时”替换成“过渡社会”即可。过渡社会研究要表象“过渡社会的过去”和“过渡社会中的过去”。

那么，社会理论家要研究过渡社会，可以考察哪些领域呢？认识和构建对称性社会形态，进行社会形态本体创新；辨明两种对称性社会形态中“民”聚集成“群”的模式及其差异；分析由一种社会形态向另一种社会形态转变的过程，包括周期律、阶段性特征、逻辑机制、路径趋势，以及期间可能存在的社会行动、策略方法、建制规范等；探讨该过渡社会作为某个区域或领域或系统，与其外部环境之间的信息、能量、资源的传递过程；研究过渡社会中各社会要素的增量和衰变，发掘因此引发的关联性变化，并尽可能提出干预的方法；研究过渡社会中不同主体和不同群体适应过渡社会的行动策略，以及因此引起彼此间关系协调与社会结构的变化；对比分析不同过渡社会之间在前述各分析维度上存在哪些异同，并分析过渡社会历史经验和教训；研究过渡社会某

① 帕特里克·贝尔特．时间、自我与社会存在［M］．北京：北京师范大学出版社，2009：143.

个维度的变化及其对其他维度产生的影响；在充满社会想象力的基础上，勾勒出相对宏观的社会及其微观部分主要维度变化的状态和趋势。

然而，当人们已经意识到过渡社会具有其发展逻辑机制，并试图通过注入精神意志干预其自然演化进程时，实际上在时间维度上在“那时的过去”（past－for－then）和在“那时中的过去”（past－in－then）中联结了在“那时的未来”（future－for－then）。对于过渡社会而言，在“过渡社会的过去”和“过渡社会中的过去”中联结了过渡社会的未来。当这个过渡社会的未来以已经明确提出的对称性社会形态出现时，也就是已经表述为未来的过渡社会时，就意味着形成了社会想象。人是会想象并创造未来社会的动物。在中国古代思想史中，先秦诸子如老子、孔子、墨子、庄子、商鞅等，无不有其所畅想的社会图景。在中国历史上，这类社会想象表现在许多事件中，如“封土建国”实为小邦周统治大邑商的建制，“胡服骑射”典故讲的是军事装备的改进，“保甲制”是为巩固基层政权的建制，“科举制”是有关人才选拔的建制，“义仓”是为救济穷人的建制。类似事件，无不表明建制者在设计制度时所畅想的未来社会图景。

根据张一兵的“构境存在论”可知，过渡社会研究就是要考察过渡社会的构境存在，在时间维度上，那就是历史构境，在精神层面上，那就是思想构境。作为社会理论家，当已经探明存在对称性社会形态，那么，这种构境实际上就是一种社会状态和另一种社会状态中“民”集“群”的图景，以及两种社会状态之间的演化图景。根据按照赵汀阳的“变在论”可知，过渡社会服从变在逻辑，也就是服从某种社会形态向另一种社会形态的演变，或者迎接其种新社会形态的到来。从双重重演角度看，社会理论家既要重演过渡社会自身自然演化的过程，研究人为过渡社会构境存在的过程，又要讲述研究者自身对过渡社会自然演化或者人为干预的历程。本章将这个过程定义为过渡社会的构境存在，即社会构境。社会构境是一种“民”集“群”的构境存在，是一种有关社会时空的形态表征与形态演进图式。

对于社会构境，斯科特有一段话值得注意，他说：“我越研究这些定居化的努力，越感觉到这是国家试图使社会更为清晰、重新安排人口从而使古典的国家职能（如税收、征兵和防止暴乱）更为简单的努力。从这些概念出发，我开始看到，清晰性是国家机器的中心问题。前现代化国家在许多关键方面几乎是盲人。”[①] 斯科特用“清晰性”来表明前现代国家与现代国家之间的对称性，

① 詹姆斯 C. 斯科特．国家的视角：那些试图改善人类状况的项目是如何失败的［M］．北京：社会科学文献出版社，2004：1－2.

那么，这个清晰性是指什么呢？那就是对国家治理对象的清晰性。斯科特发现，现代国家“只表达了官方观察员所感兴趣的片段”的清晰性，这些清晰性并不等于对社会客观性和复杂性的真正把握，这最终导致国家对自然生态复杂系统和社会复杂系统的简单化。斯科特注意到国家在多大程度上将社会性事务公共化的能力。从逻辑上说，社会构境的素材就是公共性与社会性要素，社会构境一旦启动，就意味着社会性的公共化，或者公共性的社会化。

命题：过渡社会治理中，服务、监管、建设社会之内容从私人领域向公共领域转变时意味着“社会性的公共化”，反之，服务、监管、建设社会之内容从公共领域向私人领域转变时意味着“公共性的社会化”。

在过渡社会理论中，公共性不是哈贝马斯所称的相对于国家或者市场的公共领域的公共性，而是一个相对概念。我们说的公共性和社会性，主要从两个层面进行理解。第一个层面是“民”集“群”形成的“民”和“群”，即民、小群体与大群体的包含关系。比如，有一个多姓氏家族，并且家族具有相对独立的群体特征的村庄。如果出现一起事件，这起事件事关整个村庄，那么，这起事件逻辑上说是事关村庄的公共性事件，如果将这些事务分解到村庄内的各个家族、各个构成家族的家庭或者村庄个体，那就是公共性的社会化。以此推理，某事件事关某个家族，那么，这起事件逻辑上说是事关家族的公共性事件，如果将这些事务分解到家族内的各个构成家族的家庭或者村庄个体，那就是公共性的社会化。反之，如果因两个个体发生纠纷，很快纠纷演化引起两个家庭、两个姓氏家族之间的争斗，最后启动了整个村庄的纠纷解决惯例甚至上升到国家法律的介入，这个过程可以称之为社会性的公共化。第二个层面是“民”集“群”中“集”民和“集”群的联结关系，即民、小群体与大群体的联结关系。比如，某个村庄已经形成了公共组织或者公共事务处理机制，那么，一旦村庄内的家族、家庭或者个人之间发生纠纷，不能自行解决，启动公共组织或者公共事务处理机制时，就是社会性的公共化；而一旦公共组织或者公共事务处理机制出现问题，需要村庄内的家族、家庭或者个人力量干预，就是公共性的社会化。

二、以“民—群”视角观世界

由于引用的案例有限，很难就此认为中国群学更侧重于鲜活的“民”集聚成“群”的实践性伦理价值取向，西方社会学更侧重于抽象的“民”集聚成“群”的形式化分析价值取向。笔者分析的目的在于建构更妥当、更有效、更合理的理论辨明集群分群的形态与过程。这个理论就是“民—群”视角理论范式。

总体而言，“民—群”视角的研究首要工作是使“民集群的形态与过程”变得清晰可见。从上述分析看，中国群学和西方社会学的共性角度是：“民”同时在客观上构成“群”和在主观上成就“群”。我们可以结合两者，一方面从群的规模等非常具体的维度将群区分为各种类型，比如家国天下、君子小人等；另一方面可以从群内社会关系模式等相对抽象的维度将群区分为各种类型，比如阶层、共同体与结合体等。结合之后可见，只有经由集群分群的研究，社会治理之“社会”方可变得更加清晰可见。我们可以以之考察那些著名的社会理论，从而呈现其集群的观点。比如，布迪厄将社会视为由一个一个场域所构成，而场域又由位子系统、赌注等资源、规则构成；福柯阐明了一种“全景敞视主义”的理想类型——“圆形监狱”，并以之隐喻通过监视来规训人的现代社会。场域和“圆形监狱”属于建构的理想类型，为认识民集群的形态提供了范式。此外，勒庞的“乌合之众”研究，福柯的“疯癫史”研究，则为认识民集群的过程提供了范式。“乌合之众”理论阐明了群体特征的形成过程，当群众集聚时，往往会情绪高涨，出现个性的消失和感情的强化，个人情感被集体意识俘获，最终一种“无意识品质占上风”的群体行为产生。“疯癫史”研究结果与“乌合之众”理论正好倒置，在现代化进程之前，“疯癫的人”处于社会整体之中，直到18世纪末，疯癫被确定为一种精神疾病，安置到了非理性的一侧，与理性隔离，并且只有理性的人才能与社会交流。不管“乌合之众”还是“疯癫的人”，在勒庞和福柯的研究中，均在话语活动中建构出来。建构“乌合之众”的话语是那些高亢的口号，是非理性的、简短的、反复呐喊的语词；建构“疯癫的人”的话语是那些冷静的精神病学术语，是理性的长篇大论的科学的语词。这两种看似逻辑背反的集群路径，共同指向中国传统“名分使群”思想。

如何使“社会”变得清晰可见是群学思想和社会学理论的首要议题，也是“民—群”视角的独特价值。从上一章社会参与中的集群分群研究可知，人们在空间集群基础上服从互动交往、活动组织、公共政治等多元机制的分化整合。那么，整个社会到底集聚成了哪些群，分化出了哪些群呢？这个问题如此重要，但至今尚未得到研究。我们需要将“社会”表达为“民集聚成群的形态与过程”，可更加清晰地发现其面貌。

命题：“民—群”视角是探索民集群现象的理论工具，通过它使混沌状态的“社会世界”更加清晰可见。

从“民—群”视角看，我国社会学一级学科下设的七门二级学科均为有关

“群”的专业。其中，社会学专业上文已有论述，是有关民集聚成群的形态与过程的一门学科；女性学和老年学分别针对女性群体和老年群体展开研究，称其为有关“群”的专业恰如其分；家政学的核心专业课程有家庭关系学、家庭护理学、家庭经济学、家庭教育学、家庭营养学、家庭社会学、家庭心理学等，紧紧围绕作为群体的“家庭”展开研究；社会工作专业中，有许多分支社会工作，如老年社会工作、青少年儿童社会工作、残障社会工作、社区社会工作、医务社会工作、学校社会工作等，是“身份群体”或“空间群体”的社会工作；社会政策专业的群体性没那么明显，有关政策内容如人口政策、社会保障政策、住房政策、文化教育政策、医疗卫生政策、就业政策等。之所以需要社会政策，除了社会整体福利水平需要提升外，还因为社会群体之分化需要不同的政策供给，如大病救助政策针对医疗负担过重者群体，残疾人就业政策针对残障人士等；人类学不管是体制人类学还是文化人类学，总是在甄别各种各样的人类群体，通过研究揭示不同群体为何在文化和体质等许多具体维度（如体质、文化、经济制度、政治制度、宗教、巫术、神话、传说、艺术、语言等方面）存在时间上的变异和空间上的差异。我们稍加整理就明白，七个专业为何隶属于社会学一级学科，当然也可看出，它们可以融贯于群学思想之中，可为集群分群研究提供理论基础，同时可以置于“民集聚成群的形态与过程”理论之下进行考察。

当我们以“民—群”视角考察学科专业时，不仅能使该专业的研究对象清晰可见，而且能使其专业定位清晰可见。我们以社会工作专业为例：从社会工作本科专业人才培养方案设置的“专业”课程看，这些课程可以分为六大类，一是包括老年社会工作、青少年儿童社会工作、残障社会工作、社区社会工作、医务社会工作、学校社会工作、矫正社会工作、性别与社会工作等在内的分支社会工作；二是个案工作、小组工作、社区工作三大社会工作服务方法，以及沙盘游戏、咨询心理学、社会心理学等服务方法；三是社会调查理论与方法、社会统计学、质性研究方法、社会工作研究方法等社会研究方法；四是社会工作行政、项目管理、社会组织管理等社会工作行业管理知识；五是社会学理论、社会工作导论、社会工作理论、人类行为与环境、社会问题等基础理论知识；六是社会政策、社会保障与福利、公益慈善学等政策环境知识。在这六大类专业知识中，后面五大类专业知识要落实的话，最终要回归到第一类分支社会工作之中。社会工作专业知识回归分支社会工作，也就是回归到以人为中心的服务中。笔者甚至可以认为，社会科学专业知识在最终价值取向上还是要回归到人的价值追求上，回归到以人为中心的实践上。因此，不管是社会科学研究，还是社会服务，都需要使"社会"变得清晰可见。只有"社会"清晰可见，我们才能搞清楚研究的是什么，服务的是什么。

命题：社会科学是有关民集群形态与过程的发现、描述、解释、干预的知识体系，其前提是使"社会"变得清晰可见。

社会科学研究非常重视"求真"和"求全"，[①] 通过求"真"获得关于社会世界的真实知识，通过求"全"获得关于社会世界的完整知识。但是，在哪里求真，在哪里求全，"社会世界"到底在何处，研究的对象是否指示清楚了，这些更基础性的问题往往被忽视了。因此，研究者首先要向读者阐明所研究的社会世界，而社会科学研究方法中同样包含着"导赏社会世界"的方法。在经验研究中，"导赏社会世界"首先要导赏到某个"人"或"群"，然后导赏到与该"人"或"群"相关的某个具体的分析维度。比如，针对"大学生就业行为"的经验研究，研究者必须明确具体的调研对象"大学生"是指在校大学生、即将毕业的大学生还是已经毕业的大学生，是指某个城市的大学生、某所学校的大学生还是某类高校的大学生，是指现阶段的大学生还是过去某个时期的大学生，是指国内大学生还是国外大学生，等等。然后要非常明确地界定"就业行为"，使"就业行为"变得可经验、可观察、可表征、可描述。可见，以"民—群"视角观之，"社会世界"的"可见性"增强。

"民—群"视角应用研究一：外来人口服务中服务对象和服务主体的分群。

服务对象的清晰化是服务精细化、精准化、效能最大化的前提和基础。

首先，服务谁？广州市某区为创新来穗人员社会治理现代化，创建了来穗人员服务示范中心。该中心聘请笔者为项目督导，笔者按照"分群治理"思想提出服务设想。分群治理的第一步工作就是甄别来穗人员群体，进而聚焦几类更加细分的群体，如新业态从业人员（外卖骑手、快递小哥、网约车司机、保姆、厨师等）、二手房东、随迁老人、随迁子女、流动党员等，使来穗人员作为一个整体变得更加清晰可见。

通过"民—群"视角增强"社会世界的可见性"适用于社会治理。在社会治理中，"社会世界的可见性"的第一步就是分群。在此基础上，根据各群特征，细化治理维度。比如，针对外卖骑手的社会治理，就包括提供积分入户、子女积分入学、创新创业服务、心理健康服务、纠纷调解等公共服务，以及引导他们参与社区活动、社区治理、志愿者活动等公共事务。这使得外卖骑手的公共服务需求和公共参与行为变得更加具体和清晰可见。最终达到一种"以人

① 渠敬东．迈向社会全体的个案研究 [J]. 社会，2019 (1).

为中心”的社会治理理想目标。

其次，谁来服务？“共建、共治、共享”社区治理格局离不开多元主体的共同参与。示范中心积极探索多主体参与、多部门联动的社区治理模式，实现资源共享、成本共担。至2022年9月，示范中心已联动16个区级部门、吸引18个合作单位进驻，梳理出示范中心5大模块、12个功能区、84项来穗人员公共服务菜单，探索出“来穗人员下单、示范中心派单、党群政企接单”公共服务机制，为来穗人员提供多元化的公共服务。此外，示范中心积极探索多元主体参与社区治理的有效路径，以党建为引领，明晰各方参与主体的责任分工，通过项目化运作方式，积极培育和发展社区社会组织、将社区资源加以整合、加大宣传力度，并建立培训和激励机制，充分调动参与主体积极性、提升参与主体参与能力，形成多元治理共同体。例如，联动多元主体参与石牌街城中村安全治理。示范中心致力于“一站式”办结、“一条龙”服务的平台搭建，提升来穗人员获取政策福利和公共服务的便利性，让来穗人员“学有所教、病有所医、住有所居、老有所安、业有所成、险有所保”，共享城市发展成果。来穗人员服务要充分契合他们对美好生活的向往，要便民、利民、惠民，要以城乡一体化为目标，不断推动来穗人员真真正正融入广州市。

“民—群”视角应用研究二：基层社会工作中服务供需的分群。

在基层社会工作服务中，我们同样可以通过增强“社会世界的可见性”来解决社会工作服务的供给问题。可以建立基层“事务清单”制度，解决向谁提供公共服务、提供怎样的公共服务和怎样提供公共服务的问题。

基层公共服务实务中，要彻底放弃那种所谓的科学调查方法，只有通过排查、登记、备案等方式，对以家庭或个人为单位的不同主体的公共服务供给状况和需求状况登记清楚，才能系统摸查清楚辖区内公共服务需求点，精准到人、精细到个性化服务，并建立数据库。建库后，新增服务对象和服务需求只要持续补充进去即可。制作一个供给图表，对已经供给到位的，标明供给物品、供给主体、供给方式；对尚未供给到位的，明确供给主体、方式和物品种类。以此保证基层公共事务供给有责，责到人，供给有物，物尽效；做到各司其职，各归其位，位其所位。总之，通过设置“系统性的社会问题排查和公共服务供需的信息处理机制”，形成“事务清单”，逐步建立基层社会治理和公共服务的大数据平台。第一步，政府自身确定公共服务和社会服务的供给水平，包括覆盖人群，然后请专业人士根据上述数据库登记的信息，为有需要政府提供服务的对象进行专业评估，明确需要政府提供哪种服务。第二步，镇街和社区公共物品供给必须一盘棋。可以依托“权力清单”，使各条线传递下来的政策、事务、责任在转化为具体行动时，能整合的整合，能化约的化约；再建立一个“事务清单”，以此保证基层公共服务的事务不交叉、不虚设、不重复浪费。第三步，社会工作服务依据“各司其职，位其所位；社工补位，充实修复”原则。对社会工作而言，当案主（个人、家庭、群体、组织和社区）需要社会工作服务时，必然意味着案主存在某些功能缺陷，在公共服务政策和社会资本难以补偿的情况下，社工补位。第四步，对辖区内居民的社工服务，应该将需求评估、服务供给、服务过程监管、服务结果评价四项工作分离开来。[①] 在社会工作服务中，通过使用在社会调查基础上的“事务清单”制度等工具，使基层社会工作服务的案主的“社会世界”清晰可见，犹如中医“望闻问切”和西医“仪器检测”等手段，使病症清晰可见一样。

“民一群”视角应用研究三：妇女工作中妇女工作者的分群

为了促进男女平等和妇女全面发展，确保妇女平等分享发展成果，保障妇女权益和减少妇女歧视，充分发挥妇女潜能和才干，推动广大妇女参与经济社会发展，同样要使“妇女”群体变得清晰可见。众所周知，联合国是全球妇女发展运动的主要倡导者和推动者，早在 1945 年通过的《联合国宪章》序言中就开宗明义地重申了“基本人权、人格尊严与价值以及男女与大小国平等权利的信念”。联合国召开了四次世界妇女大会（分别在墨西哥、哥本哈根、内罗毕、北京举行），制定了纲领性文献，推动了联合国环境与发展大会（1992 年）和《21 世纪议程》、世界人权大会和《维也纳宣言》与《行动纲领》（1993 年）等制度的建设。1979 年，《消除对妇女一切形式歧视公约》（以下简称《消歧公约》）在联合国大会上获得通过并于两年后正式生效；1993 年，在维也纳人权会议上通过了由联合国妇女地位委员会起草的《消除针对妇女暴力的宣言》；1994 年，联合国人权委员设立针对妇女暴力问题联合国特别报告员。2010 年 7 月，联合国大会决定成立联合国促进两性平等和妇女赋权实体（又称妇女署）。联合国利用《消歧公约》等制度规范，作为监测世界各国妇女权益保障状况的重要工具，从而确保各国妇女群体的生存发展状况变得可见。同样，世界各国也因此受到规范引导和约束，围绕这些规范保障妇女权益和促进妇女发展。

中国妇女作为一个群体，其发展状况同样受到近现代世界妇女发展的影响。近现代进程中，从早期妇女“放天足”运动，到新文化运动，进而到新中

① 陈玉生，胡文辉，李瑶葵．社会工作行业与专业发展［M］．北京：光明日报出版社，2022：17-20.

国成立后的妇女解放运动，妇女权益保障水平不断提升，妇女发展取得重大胜利。随后，1995年在北京召开的联合国第四次世界妇女大会（以下简称“95世妇会”）对中国妇女和中国社会产生了深远的影响。“用妇女的眼光看世界”是95世妇会论坛最富鼓动性的口号。95世妇会后，中国妇女对诸多新型词汇和口号，如“性别意识”“女权主义”“NGO”“用妇女的眼光看世界”有了空前的接触和了解。国内的纲领性文件有第四次世界妇女大会的《行动纲领》及联合国《千年发展目标》，以及《中华人民共和国妇女权益保障法》《中国妇女发展纲要》（1995—2000年，2001—2010年，2021—2030年）和《中国儿童发展纲要（2021—2030年）》等。受到联合国规范文件约束，中国政府有开展大会纪念活动的惯例，以回顾和评价《行动纲领》和《北京宣言》的执行和落实情况；受《消歧公约》约束，中国政府向联合国提供公约履行情况的评估报告，如《中国性别平等与妇女发展评估报告（1995—2005年）》。除了官方提供的调查报告外，联合国还可能委托第三方组织通过非官方的形式开展调查，形成“影子报告”。从治理的角度看，这些文件和报告描述、定义了妇女群体，并成为政府和社会组织推动女性事业发展的重要合法性来源。同时，正是联合国和各个国家出台的有关妇女权益方面规范文件和调查报告等，使得妇女群体相关的生存发展状况清晰可见。

学术研究同样可以增强女性群体的可见性。比如，仅女权主义就形成了自由主义女权主义、马克思主义女权主义、文化女权主义、激进女权主义和后现代女权主义五大主要流派。[①][②] 第一，自由女权主义兴盛于20世纪60～70年代，认为男女除了生理构造不同外，两性在责任、命运、活动方式等其他方面不存在差别；反对社会对妇女的任何歧视，主张妇女摆脱“贤妻良母”的传统角色，摆脱家庭的限制，进入由男人长期把持的公共领域；要求赋权女性和男性平等的法律权利，侧重在现存体制内争取男女平等权。第二，马克思主义女权主义产生于19世纪与20世纪之交，发展比较缓慢，主要成员是从共产主义运动中分化出来的独立的女权分子，主张阶级斗争与性别斗争。反抗整个社会的性别歧视，认为妇女受生产、生育、性生活和社会化四大传统结构的交叉束缚，不可能在某个单一的领域取得成功，强调妇女的解放离不开对资本主义经济制度的社会主义改造。[③] 第三，文化女权主义是20世纪70年代在美国女权

① 于晓琪．女权主义方法论意义的中国化解读［J］：苏州大学学报（哲学社会科学版），2009（2）.

② 张鼎良．女权主义政治思潮对西方政治的影响［J］．前沿，2010（16）.

③ 马芳平．改革开放四十年马克思主义妇女观研究综述［J］．山东女子学院学报，2019（3）.

主义中出现的新思潮，主张“女性优越论”，质疑男性统治文化的价值，大力张扬女性主义在社会各个思想传统上的文化表达，内容涉及视觉艺术、音乐、文学、戏剧、宗教和政治社会组织。认为平等并不仅仅是指男女两性的“完全相同的对待”，如果男女不在同一起点上，统一对待永远无法达到真正有意义的平等。性别中立对妇女是不利的，他们倡导对妇女的特殊需要进行保护。第四，激进女权主义起源于20世纪60年代末至20世纪70年代初的美国纽约及波士顿等地，20世纪80年代形成广泛影响，强调男女差异是后天形成的，认为要铲除性别压迫，必须首先铲除其生理基础，主张只有通过诸如避孕技术、试管婴儿、人工授精及无性繁殖等，把妇女从生理功能上解放出来，妇女的处境才会有实质性的改善。[①] 第五，后现代女权主义随20世纪60年代后现代主义兴起，至90年代以后，受后现代思潮的影响，女权主义进入多样化阶段，[②] 形成了没有统一学派、内部分化、流派繁多的一种思潮，因而准确地说是后现代女权主义思潮。该思潮不仅要颠覆父权秩序，而且要颠覆女性主义三大流派据以存在的基础。比如，要将爱情、女性解放等附属在“性”上的道德驱逐出去，不相信有普遍的解放和自由。经由女权主义研究，有关女性群体的许多观测维度被显现出来，提升了人们对该群体的认知能力和水平，并为推动妇女政策提供了理论基础，最终使女性群体变得更加可见。

三、集群形态的可见性

社会实为群，表达的是民集聚成群的形态与过程。那么“民—群”视角下的社会群体有哪些形态？怎样进行社会治理，怎样看待“民—群”视角下的社会？

命题：集群形态包括空间集群和身份集群两大类。

1. 空间集群与社会治理

首先是空间形态的民集群社会。空间集群，从社会学的理论来说，研究得比较好的是西美尔的研究。我们生活在特定的空间里，比如屯军，屯边等，这些都是属于空间集群的策略，发挥了很大的国家治理效应。从现实层面来看，比如说小型家庭、农村社区、城市社区以及中国比较传统的社和会，尤其是祭神等祭祀性的社等都是空间形态的社会，还有城镇、街区等民集群的形态，都属于空间形态。此外，霍布斯等人构建的现代化国家，也属于空间形态，尤其

① 余永跃，秦丽萍．反叛与激进——西方激进主义女权主义述评［J］．山东女子学院学报，2017（1）．
② 黄盈盈，张育智．女权主义的性论述［J］．社会学评论，2018（6）．

是近现代的一些国家，它的空间形态是标明了边界的，并把这种边界叫做主权，用主权这个概念来覆盖它，主权不可侵犯，也就是这一群人居住的这个空间的边界，划分得清清楚楚。空间形态还有一种，体现在社会治理体制上，比如有很多关于基层治理空间形态的管理手段。以前是以街区制为主，主要是指一条街以及周围的居民联合起来，这是最典型的街区制，也是一种空间形态。现在更多的（尤其是在城市社区）是进行网格化治理。在社区范围之内，再划出更细密的网格作为自己的空间形态，比如说华南农业大学是一个单位制的社区，将单位制的社区划分为若干网格，每一个所在的区都属于一个网格，并设置网格员，他们会对网格里面的民居群进行管理。在城市社会治理中，有一个比网格员更精细的设置叫作楼栋长。设楼栋长制、楼长制、栋长制，这也是一种更精细的空间形态，也就是说国家将自己的触角，不只是延伸到社区还延伸社区下面的网格以及社区下面的楼栋。还有比楼栋更小的管理形态，比如出租屋管理，是指对一些出租屋里面的一些房间进行治理。这里能够看到国家的治理延伸到一个房间里面来，这就会涉及一些私人领域，但它并不是要管理私人的生活，主要是登记出租信息，以及对在出租屋居住的居民的信息进行登记。为什么要进行出租管理呢？这实际上涉及户籍制度，户籍是另外一个民集群的形式。户籍也是空间治理的一种形态，出租屋管理是对户籍制度的一个很好的补充。出租屋管理的是流动的人，而户籍制度是以居住地作为居民的信息的记载，出租屋管理是将流动的人和固定的场所搭配起来进行管理。出租屋管理涉及流动的人，难度相对较大，而房屋是固定的。所以将出租屋这种信息登记清楚之后，就可以很好地管理住在这个房间里面的人，从空间管理形成对流动的人口的管理。

上述例证都体现了社会治理中的空间集群形态，同时民集群在空间的表现形态为一些基层治理模式提供了重要衡量要素。

第一个例证是国家公权力与私人生活领域的延伸尺度把握。在肇庆端州区有一个独居老人，为了照顾他、保证他的安全，在他家里面装了摄像头，包括卧室、浴室都装了摄像头。但是在调研过程中领导提出：这样老人就没有隐私权了，将这个公权力无限延伸到日常生活的私密领域，延伸到私人空间，这就不太合适。后来当地社区就采取另外的方式，用智能看护手环，老人一摔倒就会自动报警。这样既保障了老人的隐私权又保证了老人的安全。

第二个例证则是空间与空间之间的边界的问题。2011 年笔者去萝岗区东区街进行调研的时候，当地普遍反映出一个现象：辖区内都有自己的边界，辖区内发生的事情只有本辖区内的部门负责，比如说外地的一个大货车开到辖区内发生了重大的交通事故，那么这个交通事故的责任算到哪里呢，就算到这个发生事故的辖区内的管理者身上。这里还可能涉及“空间起诉”。比如说，以前有人为了吸引顾客在街道上放一个大喇叭叫卖，但是产生噪声污染，引起居民反感，遂举报之。举报之后，就有城管来管，店家就赶紧搬到屋里面去，一放到屋里面城管就管不了了，它就属于另一个部门管，而另一个部门来了之后他又搬出来，放到门口。这样的一些策略，其实就是空间形态下的民集群社会形态。

2. 身份集群与社会治理

除了空间集群，还有以对人的身份识别为特征的集群形态。首先是根据人的生理特征形成的群体，比如老年人、儿童、妇女群体。对于老年人的社会治理如针对 60 岁以上或 65 岁以上的老人发放一定的补贴，而且给 80 岁以上的老年人补贴比较高，他们就组成一个群体。其次是根据职业分类群体，比如大学生、外出务工人员群体等。社会治理中通常说社会是为了某一类群体的福祉进行服务，或者说是对他们的管理和监督展开的治理模式。最后，根据社会特征分类群体还包括一些特殊群体，如吸毒人员、社区矫正人员、刑满释放人员等。上述都是基于对人的身份识别分离出来的群体，这些群体有些是照顾性的，有些是管理性的，有些是具有控制性的，比如精神病患者。

福柯有一本书叫作《疯癫与文明》，研究了一个非常有意思的疯人船，而他所研究的疯子这个群体的识别并不是自古就有的，而是在近几百年才有的。福柯研究的疯人船就是一种隔离制度，识别出来疯人之后，把这一类人当成非正常人来看待，接着建立疯人院，如果这还不够，就建立疯人岛，把他们流放到这个岛上去。福柯在《疯癫与文明》中写到“在禁闭实践中，无非以权力惩治、医学疗救、家庭驯化、道德审判加剧且制造疯癫，以知识的名义统治疯癫。”[①] 回归今天，虽然不排除有“复元理念”“人本主义”等指导下的支持体系，但主流仍以疯人院、精神院监管为主，将这样一种人关起来管理，但是这些地方的床位是不够的。那么从社会治理出发，这些群体作为社会治理对象，如何更好地分布，从而得到更好的照顾。于是衍生出了“社区照顾”“家庭康复”等。照顾性群体比如“残疾人”群体，按照联合国的标准，应当使残疾人群体跟正常人一样享有正常的社会生活。就是要让正常的社会群体去接纳残疾人群体，也就是说让我们正常的社会去适应残疾人的社会，而不是让残疾人的社会去适应正常的社会，比如建立无障碍设施。再比如双职工家庭小孩的照料

① 米歇尔·福柯．疯癫与文明［M］．刘北成，杨远婴，译．上海：上海三联书店，2012.

问题、大学生的就业问题等，都是需要提供支持的社会治理问题。还有一类管理性群体（如农民工群体或者劳工群体），需要管理他们的劳动生产、日常生活（如工伤以及福利保障）等。除了上述三大类身份识别群体，还有一些地方化的、更加微观但是存在数量很多的群体。比如依据地缘关系、血缘关系、学缘关系结合起来的宗族、同学会、老乡会、协会、帮派等，为解决帮派问题就成立地方性商会，让有资金、有威望的人担任会长，缴纳税赋，让他们的组织合法化，从地下走到地上，在阳光下运行，反而更有利于社会的发展。此外，还有些在隐秘角落里拉帮结派的坏小伙、秘密会社、宗教群体、黑社会组织、地方恶霸等。

除了上述依据生理、职业、社会特征的现实标准划分的第一大类群体以外，还有很重要的根据身份的政治性以及阶级性等意识形态标准来化划分的第二大类群体。福柯所说的疯人院就是人类知识所构造的，这叫知识权利。人类知识以及阶级都是构造出来的，可能平时看不到，但是只要有人一号召，马上就会显现。比如说马克思主义属于无产阶级，这一划分是在意识形态的召唤之下成立的。这种群体有很强烈的政治色彩，它不只是一种很明显的任务，还是通过政治动员整合实现的一种群体。包括美国的新社会运动人员、欧洲的环保主义份子、女权主义者等不同身份的集群，各种空间都有，但主要是依靠特定理念、想象和意识形态构造起来的。这些群体有些很难识别，有些特征比较明显。比如朋克这样一个群体，根据他们的打扮和兴趣爱好是比较好识别的。有些是临时性的，有些是常规性的。比如堕胎组织和计划生育群体，这些群体是一种政治形态组织起来的群体。

四、集群过程的可见性

大众集群服从“空间参与—活动参与—组织参与—政治参与”层次模型，大众空间参与、活动参与、组织参与或政治参与过程产生分群与集群效应。集群和分群几乎同时出现。古人在狩猎、采集或农牧社会中，不得不依附土地，通常逐水草而居，集群与分群受食物来源的地理空间约束。农业社会中人们通常聚族居住，而族群规模受限于农作物物种、气候水文、地形地貌、生态环境、土壤土质、水利系统、农业工具等因素。当一定地理空间的土地承载力难以满足越来越多的聚族而居的人口的生存资源需求时，必然要裂族迁居一部分人口。许多古代族群研究阐明了这样一种历史逻辑：氏族集结了血族群体，但血族群体与血族群体之间出现分化；氏族联盟集结了不同氏族，但导致部落之间的分化；部落联盟集结了部落，但早期国家之间出现分化。由此可见，社会参与层次模型虽然表达的是大众社会参与的一种选择性行为逻辑，但是，由于空间、活动、组织、政治等维度的客观约束，大众不得不被空间、活动、组织、政治分割。从逻辑上看，社群的底层逻辑是地理空间约束下的生存逻辑，地理空间基础上的生存资源约束导致人口分群与集群。

社会科学中，有许多理论阐明地理空间的集群与分群。我们以中国农业集群研究成果为例做简要说明。施坚雅以地理学家克里斯塔勒的中心地理论研究中国农业及其农村集市，分析了 20 世纪初至 20 世纪 60 年代的中国农村基层市场、中间市场和中心市场形态结构和发展过程，指出在基层集市的空间分布中，平均 18 个自然村以六边形的形式围绕集结产生一个集市，这个集市成为经济中心，并与这 18 个自然村共同构成集市共同体。[①] 施坚雅甚至认为，这种六边形基层集镇是中国乡村社会的基本结构单元。在这个平均约 18 个村庄组成的六边形基层集市共同体中居住着约 7 000 人，区域半径大约 2～6 千米，其中最边远的居民可以不费力气地步行到集市。[①]但是，与施坚雅提出的基层市场共同体相对应，日本学者平野义太郎提出村落共同体假设。[②] 杜赞奇同样强调村落共同体，并指出了村落共同体的内聚性：①具有明确而稳定的边界，②具有很强的封闭性，存在明显的“排外”现象（本村人与外村人具有明显的身份差别，获得村民身份具有比较严格的条件），③具有高度的集体认同感和高于个人层次的集体生存利益，④内部具有比较密切的互动关系，⑤是下层合作的中心，存在集体的行动和仪式，⑥是道义的权威中心。总之，中国传统社会的村落是一个封闭的、结构完整的、功能完备的基本社会单元。[②]从集群的角度看，村落是非常明显的民集聚成群的一种空间形态，同样，集镇也是非常明显的民集聚成群的一种空间形态。

那么，如何认识空间集群分群呢？从逻辑上看，可以考察如下问题：空间集群、分群形态有哪些，空间集群、分群形态如何形成，空间集群、分群如何干预。六边形集市共同体表明，空间集群形态有一定规则性。施坚雅进一步针对中国市镇的历史发展进行研究发现，19 世纪晚期中国农业形成了标准市镇、中间市镇、中心市镇、地方城市、大城市、地区城市、地区都会、中心都会八种经济层级。[③] 这八种经济层级，实际上是八种人口规模不断增大的集群形态。在上一章，我们分析得出空间集群受社会个体兴趣爱好、能力、年龄等因

① 施坚雅．中国农村的市场和社会结构［M］，史建云，译．北京：中国社会科学出版社，1998.

② 刘玉照．村落共同体、基层市场共同体与基层生产共同体——中国乡村社会结构及其变迁［J］．社会科学战线，2002（5）.

③ 施坚雅．中华帝国晚期的城市［M］．北京：中华书局，2000：339.

素影响。那么，小规模的群体集结成更大规模的群体，即群体与群体之间的集群与分群，受哪些因素的影响呢？刘玉照指出："村落、基层市场、行政区划、宗族、宗教、通婚圈、水利协作、武装自卫等几个结构因素应该分为两类，一类是因为边界而导致内聚，另一类是因为内聚而产生边界。第一类包括村落、基层市场和行政区划，第二类包括宗族、宗教、通婚圈、水利协作和武装自卫。另外，基层市场和行政区划是存在等级的，而其他的几个因素是不存在等级的。"[①] 也就是说，社会集群、分群的形态在社会结构的多个维度上表现出来。

从宏观角度看，随着航海时代的开启，全球化已经成为现实。这个时代带来了几乎地球上全人类相互接触的可能。从集群角度看，人类集群已经远远超越了施坚雅提出的从乡村基础上的标准市镇到中心都会的八种规模的集群层级，还包括更多宏观的集群概念。地区、国家、联邦、帝国、区域国家共同体、（欧洲）联盟、联合国等，这些概念表达了在中心城市之上的空间集群形态。1947—1991 年，全球各个国家卷入美国、北大西洋公约组织为主的资本主义阵营与苏联、华沙条约组织为主的社会主义阵营。对于全人类集群的宏观形态，有许多非常经典的论述。第一，毛泽东提出的三个世界战略思想指出，美国、苏联是第一世界；日本、欧洲、加拿大，是第二世界；亚洲除了日本都是第三世界，整个非洲都是第三世界，拉丁美洲是第三世界。第二，亨廷顿则认为 1991 年后世界格局的决定因素表现为七大文明或八大文明，即中华文明、日本文明、印度文明、伊斯兰文明、西方文明、东正教文明、拉美文明，还有可能存在的非洲文明。第三，沃勒斯坦认为，世界政治、经济、文化等体系分为中心地区、半边缘地区和边缘地区。从这些历史事实和理论论述中可知，当今世界正面临着全世界人类集群的形态与过程问题。这个问题的答案至今知之甚少。对一个人数有限的家庭、氏族、村庄，人们多有研究，但是，当今世界几十亿规模的人口的集群，未来到底如何集结，尚需更深入的研究。

从微观角度看，近现代化进程中，政府组织、企业组织和社会组织成为民集聚成群的重要形态。这些次级群体的组织主要集结在城市。农业农村人口逐渐向第二、三产业和城市社会集聚，同样也集聚到这些组织。不过，随着时代的发展，尤其是在早发现代化的西方发达国家，在城市化和工业化之后又出现逆城市化和后工业化新趋势。后工业社会生成于社会经济史的框架中，生成于

① 刘玉照．村落共同体、基层市场共同体与基层生产共同体——中国乡村社会结构及其变迁［J］．社会科学战线，2002（5）．

前工业世界、工业世界和后工业世界的演进中。[①] 根据丹尼尔·贝尔的研究，相对于工业社会，后工业社会中从事制造业的劳动力人口占比明显降低。[①]也就是说，随着工业社会的来临，农业人口向工业企业和城市集聚，随着后工业社会来临，劳动力人口又从工业企业向服务业集聚。当前，一些新的人口集聚趋势也非常明显，一是随着国家治理中所谓的第三条道路的兴起，大量公共物品供给从政府部门释放出来，通过购买社会服务等方式转移到社会组织，结果导致大量劳动力人口集聚到社会组织；二是随着人工智能的广泛运用，包括服务业在内的许多企业开始裁员。可以预见，第三产业将迎来新的革命，那些受到人工智能挑战的行业将进一步萎缩，那些当前机器人难以替代的行业必然将集结更多的人口。

那么，哪些因素影响结构化群体的集群分群呢？这是一个非常复杂的问题。为研究群体之间的集群分群，还是需要回到“民—群”视角。以“民—群”视角考察民集聚成群的形态与过程，可以观察民集聚成的各种群的形态，可以观察民在各种群中游离，可以观察各种群实体的结构形态，可以观察各种群实体的变迁，可以观察民集聚成群的过程，可以观察更小规模的群集结成更大规模的群的过程，可以观察各种群之间的集结和结构化的过程。上一章有关基层公共活动场所中的社会参与层次集群模型就是以“民—群”视角考察经验现象的一项研究发现。提出“民—群”视角的一个重要目的在于融贯中国群学和西方社会学。其中，融贯的基础就在于社会概念的界定：社会表达为民集聚成群的形态与过程。中国群学和西方社会学融通于民集群现象的思想结晶，能够共同为集群分群研究提供理论支撑。

景天魁通过研究中国传统群学思想，试图证明群学是中国古已有之的社会学，并且在此基础上构建了 34 个概念，其中群、伦、仁、中庸为 4 个基础性概念，另外 30 个基本概念划分为两个范畴，“一个是合群和能群，其中包含修身和齐家两个层次；一个是善群和乐群，其中包含治国和平天下两个层次”。[②]也就是说，个人通过修身与齐家践行或体现合群与能群，通过治国与平天下践行或体现善群与乐群。从这里可以推导出一种逻辑关系：个人从修养己身通达为家国天下，在集群的精神品质上从合群与能群通达为善群与乐群。从集群角度分析，《大学》三纲领“明明德、亲民、止于至善”和八条目“格物、致知、

① 丹尼尔·贝尔，王建民．技术轴心时代（上）——《后工业社会的来临》1999 年版前言［J］．当代世界社会主义问题，2003（2）．

② 景天魁．史海拾贝：中国社会学概念体系的历史资源［J］．社会学评论，2017（5）．

诚意、正心、修身、齐家、治国、平天下”思想，蕴含着“修‘己’以‘群’天下”的伦理价值取向。但是，将“三纲八目”反过来看，“群”天下最终可以分解和还原到个人修养己身。个人“格物、致知、诚意、正心”等方面的修养实践最终指向“明德、亲民、至善”与“齐家、治国、平天下”。

韦伯认为社会学的研究对象是意向他人的行动，即社会行动。韦伯将社会化约为意向行动和社会行动，定位于“意向”的探究最终导向解释学，定位于“行动”的探究最终导向个人主义。从集群角度看，韦伯从个体的意向行动出发，将“目的理性”行动作为社会行动的“理想型”和“原型”，并由此派生出价值理性、情感性、传统性三种类型。韦伯以微观的社会构成单元（社会行动）为基础，观察社会关系、社会权威、社会组织等类型，从而甄别和构建民集聚成群的形态与过程。“韦伯的目的是欲将个人的‘行动’连接到一般所谓的社会‘秩序’上，并借以说明任何像‘国家’‘社团’或‘封建主义’等概念，莫不是指称人们的共同行动，而‘社会学的任务便是要将这些概念还原到可理解的行动，亦即还原到参与者个人的行动’.”[①]

上述以景天魁为例引介中国群学思想，以韦伯为例引介西方社会学思想。我们将这两种思想安置在“民集群”的框架下可见：“民”可以通过“格物、致知、诚意、正心、修身”而积极施为于己身，从而亲近和影响其他的“民”，实现以己身作为“集群”家国天下的价值取向；可以通过在“意向他人”各种行动中，客观上联结其他的“民”，形成各种具有不同秩序规则的“集群”形态。以个人修身养性达到集群之功效的中国传统群学思想，侧重阐述了具体的集群原则。每个人都具有集群的能力，但是每个人因能力不同，其集聚的具体的群的规模的大小有差别，至大者可以是整个“天下”，至小者可以是一个小“家”。韦伯社会学理论侧重阐述了抽象的群体的抽象集群原则。韦伯认为人们既可以基于情感性的、情绪性的或传统性的基础，如宗教上的兄弟情谊、性爱关系等，建立起参与者主观感受到的具有相互隶属关系的共同体；也可以基于目的理性或价值理性的基础，如目的结社和信念结社等，建立起参与者以理性利益动机寻求利益平衡或利益结合的结合体。[①]韦伯以行动者的社会行动为基础建构出两种集群的形态：共同体与结合体。这对概念类似共同体与社会、初级群体与次级群体两对概念。前者表达的是相对传统和非正式制度调整的集群，后者表达的是相对现代和正式制度调整的集群。

---

① 韦伯．社会学的基本概念［M］．顾中华，译．桂林：广西师范大学出版社，2005：10－11，54－55.

德国社会学家滕尼斯（1887）最早对“共同体”进行完备表述，他采用二分法将社会区分为礼俗社会与法理社会，指出“共同体是一种持久的和真正的共同生活”，“一种原始的或者天然状态的人的意志的完善的统一体”，包括自然群体如家庭、宗族，历史联合体如村庄，思想联合体如友谊、师徒关系。韦伯在滕尼斯的基础上区分了“共同体”和“结合体”两种联结群体。共同体包括宗教、兄弟会、同志关系、情感关系等，在其中，人们的社会行动以参与者感受到的相互隶属性为基础。结合体包括目的理性的自由市场交换，纯粹的、依自由协议而组成的“目的结社”，基于价值理性动机而成立的“信念结社”等，在其中，人们的社会行动以参与者理性利益为动机，特别是以双方认可的理性同意为基础，寻求利益平衡或利益结合。[①] 从两位社会学家对共同体概念的辨析可见，“共同体”被提出来，主要作为传统社会集群形态的一种概括，与现代社会重要集群形态“结合体”相对应。

当然，这绝对不是说传统社会只有共同体，或者现代社会只有结合体，而是表明近现代化打破了传统社会进程，迎来了新的集群方式。韦伯一是将结合体视为分析集群形态的一种理想类型，二是将结合体视为未来人类集群形态的发展趋势。涂尔干提出“社会团结”的概念，并区分为“机械团结”和“有机团结”两种类型，实际上也表达了类似观点。从几位早期社会学家的理论看，在相对传统的社会中，人们基于长期的共同生活，自然而然地形成社会生活群体，彼此通过血缘关系、朋友关系、邻里关系等相互联结，形成和共享共同的情感纽带、社会记忆、行为习惯、信任基础等。随着现代社会的到来，人们相互联结的共同情感纽带和私人关系基础逐渐受到冲击，越来越多的人因劳动分工和契约关系结合在一起，正式社会关系越来越被接受，人们因为目的理性和形式理性而集聚到一起。随着流变的后现代社会的到来，人口流动加快，不同文化记忆和生活习惯的人们加速集群，人们长期共同生活的社会基础不断被侵蚀。总之，生活共同体在现代社会发展中不断受到冲击，结合体的集群方式越来越明显。

毫无疑问，滕尼斯有关共同体与社会、韦伯有关共同体与结合体或者涂尔干有关机械团结与有机团结的分析，对他们所处时代的集群形态和过程具有相当的解释力。但是，随着时代的发展，这些两分概念越来越难以解释当前社会状况。从逻辑上看，不管是共同体还是结合体，都只是理想类型和中间形态。所谓理想类型是与历史现实相对应而言，从现实角度看，现代社会许多集群形

① 韦伯．社会学的基本概念［M］．顾中华，译．桂林：广西师范大学出版社，2005.

态中既包含着共同体又包含着结合体，如一所现代大学总体上是结合体式的集群形态，但内部包含着同乡会、师门等共同体式的集群形态；一个传统型的村庄总体上是共同体式的集群形态，但内部包含着党组织、社区社会组织等结合体式的集群形态。所谓中间形态是相对于“民—群”的两个端极而言，其中最微观的一极是社会个体，最宏观的一极是全人类社会。

五、使群之策：联通 VS 分化

中国古人很早就畅想着“大同世界”，一代代先贤怀着“齐家、治国、平天下”的理想鞠躬尽瘁。《礼记·礼运》讲：“大道之行也，天下为公，选贤与能，讲信修睦。故人不独亲其亲，不独子其子，使老有所终，壮有所用，幼有所长，鳏寡孤独废疾者皆有所养，男有分，女有归。货恶其弃于地也，不必藏于己；力恶其不出于身也，不必为己。是故谋闭而不兴，盗窃乱贼而不作，故外户而不闭，是谓大同。”在大同世界，各类人群都能够诚信和睦相处，互相关爱，共享天下，以致奸邪、盗贼、乱贼之徒不作恶。大同世界虽有群分，但彼此和睦相处。

然而，世界混沌初开之时，个人与个人之间、个人与群体之间、群体与群体之间纷争不断，矛盾冲突此起彼伏，人类在治乱兴衰的历史循环中匍匐前行。千万年来，世代先民足迹遍布世界各地，你方唱罢我登台，在这个蓝色星球上集群、分群，用生命汇聚成滚滚向前的人类历史洪流，用智慧谱写出悲欢离合的人类史诗旋律。每个时代，总有些集群、分群形态和过程，让人们不可忍受。为此，我们要干预社会，要干预集群分群过程。

如何干预社会呢？以下我们以中国现代化进程中，创新推动新型城镇化、乡村振兴战略与城乡融合协调发展中的集群、分群历史趋势进行分析，并提出相应的干预策略。以此作为使群之策的案例。

案例一：2015 年，笔者撰写完成了《广东省家庭发展报告》和《广东省积极稳妥推进新型城镇化专题研究报告》两份报告，撰写过程中发现：一是家庭人均收入越高的家庭，其家庭规模越小。二是人口仍然不断向大城市聚集，人口按照乡村—乡镇—县城—地级市—超大城市的路径迁移。三是迁居到地级市的居民自有住房率较高，居住相对稳定。四是珠三角（包括广州和深圳在内）的所有城市，对外来人口都释放越来越多的友好政策。根据这些发现，笔者预测未来各个城市将展开人口争夺战，不仅争夺劳动力人口，而且争夺消费人口。这就是民集聚成群的趋势。

案例二：2021 年底，笔者受广东省社会主义学院邀请，赴清远市阳山县开展“驻村帮镇扶村情况下统一战线服务乡村振兴战略”专题实地调研。在调研过程中，笔者提出“居县城、工乡镇、客乡村”九个字政策建议。九字建言的意思是：最需要公共服务的“386199”部队（38指妇女，61指儿童，99指老人）能够进县城居住，乡镇打造成三产融合的阵地，农民进城后乡村成为城市居民的后花园。这个建言也是分析民集聚成群的趋势之后提出来的。这个趋势就是：农民进城、资本下乡。

社会表达为民集聚成群的形态与过程。干预社会，无非干预集群形态与过程，以免出现社会极化、权利关系失谐、矛盾冲突极端化等危险的集群分群现象。干预社会主要就是要干预社会集群与分群，大众集群服从社会参与层次模型，集群与分群的底层逻辑是名分使群和样子使群。为此，要么通过强化个体与个体之间的际遇联通，防止分化；要么通过强化个体与个体之间的隔膜分化，阻断联通。不管强化际遇联通，防止分化；还是强化隔膜分化，阻断联通，集群、分群是时间性的，干预集群、分群需要尊重历史趋势。

命题：干预社会就是干预集群、分群的形态与过程，要么强化个体之间的际遇联通，防止分化；要么强化个体之间的隔膜分化，阻断联通。

分群治理体制化如何展开，有哪些特征？中国特色的国家治理是随着国家政治经济社会的发展不断推进的，改革开放以来，中国国家治理主体从“一元”向“多元”转变，社会治理能力逐渐加强，其中20世纪80年代中期开启社区建设，90年代中期兴起社会组织建设与社会服务建设。党的十九届四中全会审议通过的《中共中央关于坚持和完善中国特色社会主义制度、推进国家治理体系和治理能力现代化若干重大问题的决定》，更是标志着在国家层面形成了非常系统而深刻的国家治理理论体系。其中，“完善党委领导、政府负责、民主协商、社会协同、公众参与、法治保障、科技支撑的社会治理体系”的提出，阐明了我国多元治理主体之间要分工合作；“建设人人有责、人人尽责、人人享有的社会治理共同体”的提出，则意味着多元治理主体间的“权责共有”“主体联通”和“价值共享”。学术界尤其对基层社区治理、社会组织和社会服务发展展开了深刻的研究。这既指明了社会治理体系和治理共同体建设的主要路径，也表明了我们对分群治理中“民”集“群”的各种群的类型的认识仍然有很大进步空间。中国分群治理体制化的最终目标就是要通过治理体制的建设，即各类“群”的识别与建设，覆盖到“人人”，即命运共同体中所有的“民”，从而实现各种“为了社会”的社会想象，实现未来发展价值。

结论：分群治理的逻辑

21世纪，社会大众不再如传统农耕社会的农民依附于土地，世居于村落，而是拥有了更多自由，可以在各地流动和生活。那种通过固定空间来固化居民的聚落形态，逐渐成为历史记忆。大众在流动，社会再也不像曾经居住着世代居民的村庄那么直观，那么显而易见，似乎隐匿不见了。人们不再阈限于某个空间群体，空间集群形态似乎再也难以准确地定义社会了。那么，社会在哪里？社会除了村庄这样的空间集群外，还有君子、小人这样的身份集群。这就是社会，表达为民聚集成群的形态与过程。社会摇身变为集群形态，变成一个个民集聚而成的社群。国家范式、民族范式、帝国范式、村庄范式、社会组织范式、阶级范式、共同体范式等，任何单一或少数范式再也难以真正阐明人们的集群形态。集群形态越来越复杂，越来越多元。

但是，各种各样的集群形态都蕴含着集群、分群双重机制，社会仍然危机重重。通过“民—群”视角，可以考察人类有史以来的集群形态及其集群过程，可以考察各种集群、分群的内在逻辑，可以考察干预集群、分群的策略机制。笔者建构“民—群”视角，重新审视和定义社会，从而更好地认识和干预各种各样的集群形态。为干预集群形态与过程，笔者提出分群治理。分群治理论为集群形态越来越多元的现代复杂社会提供了认识和干预的理论方案。社会治理就是干预集群形态和过程的一种方式，其实质就是分群治理。

社会治理是指为了社会，社会发展和发动社会力量服务、监管、建设社会的活动过程。社会治理总是在践行某种社会想象，因此，社会治理实质上是通向目标社会的治理，治理的对象始终处于通向未来社会的过渡状态，故实为“过渡社会治理”。过渡社会概念旨在强调社会治理的“未来价值”，用于定义从一种状态向另一种状态发展变化中的社会，可分为自然演化和社会工程两大类型。社会治理就是对过渡社会自然演化进程的干预，对社会进行工程化建设，故“过渡社会治理”既包含着价值取向和社会想象，也包含着科学理性与技术理性，是社会发展的合理化机制。因此，“过渡社会治理”的最终落脚点就是“社会”，包括治理客体和治理内容的“社会”，以及治理主体和治理手段的“社会”。

命题：社会治理实为过渡社会治理，过渡社会治理以未来价值为取向，最终落脚点是“社会”。

社会是“民”集结成“群”的过程和结果。故社会治理既是对“群”及构成“群”的“民”的治理与合理化，也需要通过“群”及构成“群”的“民”来实现治理与合理化，所以，社会治理是取之于社会，用之于社会，是社会性的。社会治理实际上就是合理推动“群”从一种状态向另一种状态改变的活动过程。社会治理是一门科学，其根本属性是社会性，是有关社会的合理化实践，其实践的机制就是以“群”治“群”，即有治理能力的“民”集结成的有治理力量的“群”去治理（服务、监管、建设）有社会需求的“民”集结成的有社会困境的“群”。

命题：社会治理的根本属性是社会性，“社会”的本质是“民”集聚而成的“群”，社会治理实为以“群”治“群”。

社会治理事务问题化和议题化后，到底依靠什么力量即什么“群”来应对，有两条路径：一条是将原来社会私人领域处理的事务纳入公共领域，成为公共事务，属于“社会性的公共化”；另一条是将原来公共领域处理的事务纳入私人领域，成为社会事务，属于“公共性的社会化”。社会治理事务传递给“民”，那些“民”持续治理该事务必然集结成治理之“群”。这个过程可被定义为“名分使群”。社会治理最终表现为“分群之治”。当某“群”在“分群之治”中效力无法发挥或发挥到极限之时，出现社会治理体制效力内卷化时，其处理的社会治理事务必然出现新的困境，进而要溢出该群，将促使改革创新。

命题：社会治理中“群”困境的疏解主要有“社会性的公共化”和“公共性的社会化”两种路径，并最终疏导到某个或某些“群”，促成“分群之治”。

对治理者如何集群，西方社会治理理论形成了多元主义、法团主义、威权主义三大理论范式。三大理论范式表面上表征了国家治理存在“社会中心”与“国家中心”之争，但是，实质上历史性地表征了西方世界近半个世纪社会力量参与国家治理或公共事务的进程，是从国家放任多元主体无序竞争，到国家规制多元主体有序合作，再到国家吸纳并统领多元主体于治理体系之中，社会力量不断制度化和体制化的过程。三大理论在历史实践中遵循一个扬弃逻辑：“多元主义”在于应对“一元主义”，推动了社会治理多元主体的培育；“法团主义”在于改进“多元主义”中多元主体无序竞争状态，推动了多元治理主体的联通与合作；“威权主义”在于改进“法团主义”合作的不稳定状态，推动了多元治理主体的体制化建设，强化了“国家中心”和“国家自主性”。三大理论范式实质上共同致力于探究社会力量如何负担国家治理释放出来的公共事务，其中，多元主义推动国家治理从“一元”向“多元”的转变，法团主义推动国家治理从“多元”主体“分化”到“合作”的转变，威权主义推动国家治理从“合作”到“融合”的转变。

命题：西方国家社会治理事务在当代主要通过“公共性的社会化”路径释放给“社会”，并形成了多元主义、法团主义与威权主义三大理论范式，三大理论范式主要差别在于集结起来的各种社会治理主体的体制化程度。

中国学者对西方三大理论范式是否适应中国存在较大理论分歧，实际上中了西方理论的圈套，被其理论的表象所迷惑。西方国家治理理论三大范式虽然在价值取向和理论传统上存在差别甚至对立，但是，在西方三大理论范式下，国家能动性地依靠自身科层体系将主权辖区内分散的“民”集结成“国”之外，又能动性地和创造性地将在主权辖区内分散的“民”集结成各种“社群”，进而将各种“社群”联通整合到“国家”体系中，分散的“社群”逐渐体制化。多元主义、法团主义和威权主义三大理论范式既体现了西方国家治理演化历程，也体现了分群治理体制化的逻辑趋势。

命题：学术界对西方国家治理三大理论范式及其对中国的适应性展开了丰富的研究，但研究主要集中在“国家与社会”关系上，没有把握到社会治理理论要研究的实为“分群治理体制化”。“分群治理”才是社会治理的深层逻辑。

西方国家治理三大理论范式的最大迷雾就在于民主、自由、平等等治理主体的治理关系和体制上，忽略了治理的根本在于“未来价值”。中国特色的国家治理是随着国家政治、经济、社会的发展不断推进的，改革开放以来，中国国家治理主体从“一元”向“多元”转变，社会治理能力逐渐加强，在20世纪80年代中期开启社区建设，90年代中期兴起社会组织建设与社会服务建设。党的十九届四中全会审议通过的《中共中央关于坚持和完善中国特色社会主义制度、推进国家治理体系和治理能力现代化若干重大问题的决定》，更是标志着在国家层面形成了非常系统而深刻的国家治理理论体系。其中，“完善党委领导、政府负责、民主协商、社会协同、公众参与、法治保障、科技支撑的社会治理体系”的提出，阐明了我国多元治理主体之间要分工合作；“建设人人有责、人人尽责、人人享有的社会治理共同体”的提出，则意味着多元治理主体间的“权责共有”“主体联通”和“价值共享”。学术界尤其对基层社区治理、社会组织和社会服务发展展开了深刻的研究。这既指明了社会治理体系和治理共同体建设的主要路径，也表明了我们对分群治理中“民”集“群”的各种群的类型的认识仍然有很大进步空间。中国分群治理体制化的最终目标就是要通过治理体制的建设，即各类“群”的识别与建设，覆盖到“人人”，即命运共同体中所有的“民”，从而实现各种“为了社会”的社会想象，实现未来发展价值。

命题：中国实践界对国家治理的探索实际上形成了“以未来价值为取向”的“分群治理”方案。分群治理的关键就在于联通或阻断“人际”和“群际”关系，以此创新社会治理，改革社会体制，变革现实社会。

社会治理从直接目的看，是要激发社会活力和维护社会秩序，即既有活力又有秩序，但其最终目的却要回到国家治理的战略目标中，回到治理体制中最为微观的“民”与各类“群”，以及“国家”这一最为宏观的“群”。分群治理体制化与社会体制改革既作为社会价值的美好想象，又作为社会实体的改造对象，包含着价值和行动双重属性。在价值取向的指引下，以往的研究是围绕“社会权利的实现”与“共同体的建设展开”；在行动取向的指引下，以往的研究是围绕“资源配置方式的转变”“社会政策的调整”与“社会组织的培育”而展开。但是，社会体制改革与社会治理创新服从整个国家治理战略目标，对于作为发展中国家的中国而言，其战略目的就是“现代化”，最终实现中华民族的伟大复兴。反过来，社会体制与社会治理要服务于“民”与“群”（包括国家）的“未来价值”，并随着未来价值的不断转换不断改革创新。国家治理和社会治理的未来价值，从抽象意义或理论表述上说，就是所有“民”的“权利”、所有“群”的“秩序”、主权“国家”的“现代化”在一定历史条件下最大限度地得到实现。在逻辑上，民向群收敛，群向国收敛，三者要有活力和能力；现代化以秩序为依托，秩序以权利为依托，三者要有秩序和发展。

命题：分群治理的未来价值就是“民”之“权利”、“群”之“秩序”和“国”之“现代化”三者的统一。

改革与创新本身也如同自由民主一样，是历史事件，是“名分”“使群”的机制，所以，当其不断模式化、规范化和制度化时，就有了改革体制、创新体制。改革体制和创新体制服从精神和历史构境存在的逻辑，是人类生存环境之一，它将持续推动社会体制和社会治理的改革与创新。当改革体制和创新体制成为独立的系统时，就会不断再生产自身，其结果可能导致社会治理和社会体制研究总是侧重社会治理体制研究，而偏废社会治理事务本身的研究。但是，当改革体制和创新体制成熟时，其自身在改革中会保持相对的稳定，因此，形成一条稳定轨，然后针对需要改革的内容进行变革，形成另一条创新轨。改革与创新因此遵循“稳定轨”和“创新轨”双轨逻辑。[①] 中国的现代化进程遵循双轨逻辑，社会体制改革与社会治理创新同样遵循这套逻辑。这套逻辑为国家治理不断实现“未来价值”提供了有力保障，用大白话说，就是保障“指哪打哪，无往不胜”。

命题：现代化是无止境的未来价值追求，故分群治理改革创新亦无止境，必然形成创新体制或改革体制。

综上所述，在“民—群”视角下，社会是民集聚成群的形态与过程，社会体制是民集群形态的制度化形式，社会治理是集群治理和分群治理。分群治理论就是以“一群人引领一群人为了一群人的理想生活而奋斗”所形成的现象为研究对象的知识体系。分群治理论为集群形态越来越多元的现代复杂社会提供认识和干预的理论方案。本书为分群治理论抛砖引玉，希望能够促成人类“集群”历史学和“集群”博物学，从而为人类追求理想的集群形态提供更扎实的理论方案。分群治理可以“一群一理，一群一梦，一群一制，一群一治”为治理理想，以“大同世界”为社会理想，即未来价值永远在路上。这就是“分群治理论”。

① 陈玉生，张开云．“创新”逻辑下的中国国家治理：进程、模式及其有效性［J］．马克思主义与现实，2015（3）．

后 记

2005年，我有幸参加导师郑杭生先生的课题“华北农村80年变迁”，随同门深入河北省定州市的翟城村开展调查。翟城村自1904年开展村民自治运动起，至我们调查时历经百年近现代化变迁。百年村史吸引我做深入思考，完成了博士学位论文《转型社会中的农村社会动员——以河北定州翟城村为例》。在博士论文中，我主要从社会动员角度分析了村庄百年变迁中的八起历史事件，发现每起事件都是由外力推动，并最终依靠动员村民组织起来推进。毕业后，一个问题一直萦绕在我心头：像翟城村村民一样的普通大众，是如何组织到社会变迁洪流之中，是如何组织到近现代化历史进程之中。这个问题引发我做更深层次的思考和理论考察。

2007年，博士毕业后，我大概花了五年时间在书斋里阅读先秦历史和诸子百家经典，以及西方哲学、语言学、社会学等经典著作，聚焦研究两个基础理论问题：社会是什么，如何研究社会。研究成果集中在名分、样子、剩余范畴几个概念上，完成的几篇文章主要发表在《社会理论学报》。这里要特别感谢北京大学谢立中老师的大力支持。在“社会是什么”问题上，我大概形成了这样的认识：混沌世界是天地名分的基础，天地名分是天人合一的基础。社会就是经由人们对人的样子的名分，划分成一个个可识别的群体或类别。社会的底层逻辑是样子使群、名分使群。与涂尔干的社会分工论相对应，应该有社会名分论。这是当时的一个想法。

2013年，我挂职广东省社会工作委员会，因工作需要，不得不思考：如何将考察数年的基础理论运用到实践中。在此之前，我也做了不少经验研究，但当时秉持一个观念：理论研究与经验研究是可以分开的。随着遇到的经验问题更加复杂多元，又不得不回到基础理论中去寻找答案。但是，名分、样子这类概念在现实中无法言说，为此，我又回头阅读郑杭生先生发表的几乎所有论文，试图在导师的深厚理论体系中找到解题的思路。在深入考察郑杭生先生的思想时，我形成了两个对我而言非常有价值的发现：一是郑杭生先生社会思想的重要源头就是严复的群学思想，二是郑杭生先生的社会运行论实际上融贯了中国群学思想和西方社会学理论。这使我豁然开朗，终于找到了“社会是什么”问题的答案：社会表达为民集聚成群的形态与过程。样子使群、名分使群概念中的使群也有两种含义：集群与分群。最终，通过集群与分群范畴，我将中国传统思想中的混沌世界、天地名分、天人合一等范畴，融贯到西方社会学理论中，也将西方社会学理论融贯到中国传统思想中。社会无他，无非集群分群。

2016 年，我负责带领团队调研广州市某社区时，就是从集群分群角度意外发现大众集群遵循“空间参与—活动参与—组织参与—政治参与”梯次展开的参与层次模式。我将其定义为“社会参与层次”，研究成果为本书的第七章。在此之前，我以此思考和考察社会治理（本书第三章）、农村土地制度改革（本书第六章）等，并撰写文章。这算是我以“集群与分群”理论分析经验现象的一次尝试。三篇文章虽然写得比较早，尤其本书第三章内容，自我给本科生讲授“社会管理”课程开始就基本形成了初稿，但正式发表都在数年之后。2020 年和 2023 年，本书第七章、第三章和第六章内容得以正式发表。这里要特别感谢《社会科学》《社会学评论》《中国农村观察》三个刊物的编辑和匿名评审专家。其中，《农村土地制度改革中的农户家庭联结》在最初投稿时没敢写“民—群”视角，担心评审专家不接受这种新视角，后来，编辑部陈秋红副主任一方面指出文章需要一个理论统辖，另一方面又明确表示鼓励用本土理论，我才将本来蕴含着的“民—群”视角加上了。家庭已是初级群体，家庭与家庭之间的联结就是家庭之间的集群。到这时，我感觉已经能够将自己所研究的理论与实践融通起来了。从理论研究上，“民—群”视角为我研究社会世界打开了一扇新的窗户。

2017年，在佛山市南海区调研时，我将对“社会动员”和“社会参与层次”的理论思考与当时南海区社会工作委员会的陈曾悦等工作人员分享。南海区也将该理论运用到建设“南海区新型特色社会动员体系”政策实践之中。2021年，我受邀作为广州市天河区来穗人员服务示范中心项目顾问，对如何开展来穗人员服务问题，我提出总的指导思路就是“分群治理”。来穗人员如何分群治理呢？概括而言，对外卖小哥、出租车司机、二手房东、随迁子女等不同的来穗人员群体分别开展服务和管理。这个时候，我将“民—群”视角运用于社会实践，已经非常清晰和熟练。从社会服务上，“民—群”视角为我支持实务工作开辟了一片新的领域。

2019年，杨发祥教授邀我参加他主持的国家社科基金重点项目“郑杭生与中国社会学理论自觉研究”，并将成果组稿发表于《学习与实践》。我欣然接受，将此前对郑杭生先生思想研究的一点思考所形成的稿子修改完善，形成初稿。初稿定名为《社会运行论如何融贯中国群学思想与西方社会学理论》，后经反复推敲，修改为《理论自觉的思想资源、本体创新与价值关怀——以社会运行理论为例》。该文阐明了“察民群之变端”与“惟修惟和”作为社会学的价值追求，以及“民—群”范式作为社会学的研究范式。对该发现，我非常乐意将其报道出来，因为这是经过一定的实践检验的，到写这篇后记时，又有了更多实践检验。拙著《分群治理论》也是在这些实践经验基础之上形成的理论阐述。我在此预测，未来的社会治理，除了对行政区划的空间分群治理外，将形成非常复杂的身份群体的治理体系。这就是分群治理。

2019年，同样受华东理工大学杨发祥教授的邀请，我负责国家社科基金重大项目“中国特色社会体制改革与社会治理创新研究”(16ZDAO78) 第一子课题“中国特色社会体制改革与社会治理创新的基础理论研究”。这个课题的研究主题是社会体制和社会治理，这正好是我一直以来坚持的“社会史、社会治理、社会科学方法论”三个研究领域的其中一个。该课题同时强调中国特色，为此，我将以“民—群”视角考察社会治理视为某种特色创新，将前期研究成果整合在一起，形成了一个初步成果。

2021年7月25日，农工党广东省委会组织骨干党员到大连理工大学开展参政议政培训，我有幸受邀参加。不巧的是，广州飞往大连的航班上出现一例新冠肺炎确诊病例，到大连第三天就被通知需要隔离2周。通常情况下，隔离是比较难受的事情。但是，这次隔离，给我提供了一个非常难得的不为琐事干扰的独立空间和自主时间，我一口气在初步成果汇集的基础上，将结题报告初稿完成了。这个结题报告就是本书的雏形。这要感谢农工党省委会各位领导无微不至的关怀，以及同样被隔离的各位同学团结抗疫，组织了丰富多彩的线上讲座。2023年10月14日至15日，培训班生活委员、广东省医药企业管理协会会长陈维东邀请同学们在广州相聚，参观灵芝生产基地和制药基地，以续隔离期间不得相聚之情。聚会后，陈维东会长填词一首以抒怀，平时爱写几句诗词自娱自乐的我，忍不住原题原韵奉和了一首《长生乐·庆大连同舟》(在此附录于后)，以此纪念一下完成本书初稿的特殊日子，隐喻一下本书集群和分群思想，点缀一下这流水账一样的后记。

2022年，我的工作单位华南农业大学公共管理学院支持出版专著。我趁机将结题报告及后期发表的几篇文章整合凝练，于2023年10月1日终于完成拙著《分群治理论》，正式向中国农业出版社交稿，本书的出版除了感谢工作单位提供出版经费支持外，还要特别感谢郑杭生先生和谢立中、杨发祥、徐永祥三位教授。对导师郑杭生先生的教育之恩的感谢自不待言，对其辉煌巨著以及豁然大公的精神带给我的涵养之恩，同样铭记于心。“民—群”视角正是从郑杭生先生知识海洋中拾得的一片贝壳。社会学理论研究是比较寂寞的，中国社会学界真正从事社会学理论研究的学者不多，谢立中老师是其中我敬仰且学习追随的大家，他对我的勉励和支持带给我巨大的动力，让我能够一直坚持从事“社会是什么”“如何研究社会”这样的基础理论问题研究。杨发祥教授邀我参与他的项目，为本书的成型提供了契机。该重大项目，此前由华东理工大学徐永祥教授任首席专家，徐永祥教授去世之后，由杨发祥教授接任首席专家，我有幸参与课题并完成研究报告。得益于前任首席专家徐勇祥教授申请立项之功，得益于现任首席专家杨发祥教授邀请之惠。本书基于项目的结题报告形成，在后期修改并形成本书内容时，也得到首席专家杨发祥教授的肯定和支持。同时，感谢江西省石城县原政协主席黄光庆拍摄的封面照片，照片为该县小松镇胜和村的黄土排小村庄风景。当然，书中存在问题在所难免，请广大读者批评指正。

人的一生，能做的事情很少，想做的事情很多。与社会学结缘凡二十载，只思考了“社会（治理）是什么，如何研究社会”两个问题，只写了《分群治理论》等 5 本著作（含未出版的 2 本已经成型的书稿）。成果不多，故事很长，要感谢的人也很多，此后记，说个梗概，聊以记录。

长生乐·庆大连同舟

雁阵摇风五岭秋。

霞泼珠水幽。

数朵仙芝，更几盏美酒。
相视喃喃数语，乱影迷眸。
往事如纱，
几处胜览情悠悠。

沧溟空转，
岁序三秋。
邀来同学相游。
再相聚、怦然鸿儒风流。
遥看征途何忧，
相笑渡飞舟。

陈玉生

2024年1月30日

图书在版编目（CIP）数据

分群治理论 / 陈玉生著．—北京：中国农业出版社，2024.3

（新时代城乡基层治理前沿问题研究丛书）

ISBN 978-7-109-31806-9

Ⅰ.①分…　Ⅱ.①陈…　Ⅲ.①社会管理—理论研究　Ⅳ.①C916

中国国家版本馆 CIP 数据核字（2024）第 054817 号

分群治理论

FENQUN ZHILILUN

中国农业出版社出版

地址：北京市朝阳区麦子店街 18 号楼

邮编：100125

责任编辑：边　疆

版式设计：王　晨　　责任校对：吴丽婷

印刷：北京中兴印刷有限公司

版次：2024 年 3 月第 1 版

印次：2024 年 3 月北京第 1 次印刷

发行：新华书店北京发行所

开本：700mm×1000mm　1/16

印张：13.5

字数：242 千字

定价：88.00 元
